2018年，获浙江省教育厅授予"浙江省高校文化育人示范载体"称号

"浙江省哲学社会科学研究基地——现代职业教育研究中心研究成果"

"杭州市重点哲社基地——高等职业教育（陶行知研究）中心研究成果"

思想政治教育研究文库

校长请我喝杯茶

——高校文化育人典型案例

谢列卫 主编

光明日报出版社

图书在版编目（CIP）数据

校长请我喝杯茶：高校文化育人典型案例 ／ 谢列卫
主编．－－北京：光明日报出版社，2021.6
ISBN 978－7－5194－6110－2

Ⅰ．①校… Ⅱ．①谢… Ⅲ．①高等学校—文化素质教
育—研究—中国 Ⅳ．①G640

中国版本图书馆 CIP 数据核字（2021）第 089295 号

校长请我喝杯茶：高校文化育人典型案例
XIAOZHANG QINGWO HEBEICHA：GAOXIAO WENHUA YUREN DIANXING ANLI

主　　编：谢列卫

责任编辑：许　怡　　　　　　　　责任校对：刘文文
封面设计：中联华文　　　　　　　责任印制：曹　净

出版发行：光明日报出版社
地　　址：北京市西城区永安路 106 号，100050
电　　话：010－63169890（咨询），63131930（邮购）
传　　真：010－63131930
网　　址：http：//book. gmw. cn
E － mail：gmcbs@ gmw. cn
法律顾问：北京德恒律师事务所龚柳方律师

印　　刷：三河市华东印刷有限公司
装　　订：三河市华东印刷有限公司
本书如有破损、缺页、装订错误，请与本社联系调换，电话：010－63131930

开　　本：170mm×240mm
字　　数：301 千字　　　　　　　印　　张：18
版　　次：2021 年 6 月第 1 版　　印　　次：2021 年 6 月第 1 次印刷
书　　号：ISBN 978－7－5194－6110－2
定　　价：98.00 元

序　言

　　我和杭州科技职业技术学院结缘于 2011 年，那时杭科院刚建院不久，新校园、新理念、新专业、新学生，就像一张轮廓初具、等着你去勤勉加墨添彩的蓝图，充满了蓬勃的生机。这所年轻的学校的前身是严州师范和陶行知创办的湘湖师范，后学校增加了机电工程、信息技术等现代专业，确立了培养中国特色社会主义现代化建设人才的目标。学校存续了严州师范、湘湖师范的传统，矢志将陶行知教育思想研究与高等职业教育办学实践相结合，以百年文脉为底，以现代职业教育创新发展为题，要交一张立德树人、服务社会的新答卷。彼时我虽已朝枚之年，仍然被这种奋进的心情和力量所感染，欣然应允担任杭科院的发展总顾问。

　　"校长请我喝杯茶"活动秉承陶行知先生"爱满天下"的教育思想，传承"真正的教育是心心相印的活动，唯独从心里发出来，才能打动心灵的深处"的教育理念，结合社会热点与学校工作重点，对在校大学生进行思想政治教育、核心价值观引导和先进文化传播，让校领导、师长与广大学生平等交往，民主交流，共同践行行知文化、推进学校管理。2014 年 10 月，我曾作为嘉宾参加了学校组织的"校长请我喝杯茶"活动，和教育学院的师生一起，在学校风光绮丽的面山露台上茶叙。杭科院开设学前教育专业，招收农村幼儿教师定向生班，鼓励学生扎根乡村、投身幼教事业，"下得去、用得上、干得好、留得住"这句话反复被师生们提到，我听后觉得很高兴，感到浙江湘湖师范 90 年乡村教育传统真真切切在杭科院得到了延续，陶行知的"爱满天下"思想也扎扎实实地生根在杭科院的校园。

　　如今，"校长请我喝杯茶"活动资料被整理成集要问世出版了，在我眼中，这不是一本简单的谈话实录。无目的的喝茶漫谈容易做，有目的的浸润引导不易为。和风细雨润物无声背后，要有教育理念的支撑和教育方法的设计，只是所有的"设计"都"软着陆"了，所有的"教育"都贴心了，才具备了温暖人、感动人的力量。读完全书，我发觉书中师生聊的话题全都源于生活，即便是"大话题"也从"小切口"进入，师生的对话，也全发自内心，真诚、朴实。我认为这与陶行知先生看重的生活教育、真教育，在精神气质上是非常契合的。"校长请我喝杯茶"思政活动品牌的可贵之处就在于"大题小做"、久久为功，通过点滴积累、言传身教，搭建起了立德树人的思政教育平台、深耕行知文化的文化沃土、践行民主办学的平台。

"校长请我喝杯茶"活动是杭科院将陶行知教育思想用于高职文化育人实践的代表性成果之一。杭科院从构建文化精神价值、探索制度机制、创新实践路径入手，赋予行知文化新的时代内涵和实践内涵，对深化新时代陶行知思想研究、促进高职院校育人水平提升，起到了积极的示范作用。

教育是最崇高的事业，办人民满意的教育、培养德智体美劳全面发展的社会主义建设者和接班人是教育工作者的共同使命。希望杭科院不断深化对生活教育、真教育的探索，将"校长请我喝杯茶"思政文化品牌越办越好，让陶行知教育思想在新时代的高职教育领域开出新花、结出硕果，这是我们对教育先贤最好的纪念，也是我们对这个伟大时代最好的贡献。

中国教育学会原会长、北京师范大学资深教授
杭州科技职业技术学院发展咨询委员会总顾问

2020 年 12 月

前　言

育人，如同静候花开，需要耐得住岁月，需要推陈出新，需要精耕细作至久久为功。"校长请我喝杯茶"活动就是这样一个持续了8年、不断蜕变成长的高职院校文化育人品牌活动。

2013年1月，本人担任杭科院校长。为了能更好地倾听同学们的呼声，改进学生管理和服务工作，我召集学生处和团委的负责同志一起研究，准备搭建一个可以和学生直接交流的平台。团委负责人介绍说，校团委从2011年开始举办"我与校长面对面，请喝一杯下午茶"活动，每期由分管学生工作的副校长参加，每隔半年举办一次，共举办了四期。我说，就利用这个现存的平台，不过，活动需做四处重大调整：一是活动名称改为"校长请我喝杯茶"，表明参加活动的学生是校长请来的客人，是活动的"座上宾"；二是活动规格提升，原则上每期活动校长必须出席，其他校领导根据活动主题轮流出席，相关职能部门负责人也参加；三是活动必须有主题，每期围绕一个主题"聊天喝茶"，形式地点可随主题内容进行变化；四是活动时间从半年一次改为一月一次（除寒暑假外原则上每月举办），让更多同学参加到这个活动中来。可以说，这是"校长请我喝杯茶"的1.0版本。

2015年4月，第12期"校长请我喝杯茶"推出了2.0版本。第二次升级优化了活动机制，建立起从话题选择、话题预热、人员海选、讨论交流到问题梳理、问题交办与反馈的一整套较为完整的配套机制。虽然在喝茶现场的同学每一期活动只有十人左右，但是通过话题征集和人员海选，间接参与的同学达到几百人，我们听到了更多同学的心声。比如，在题为"桃李时节话桃李——课堂点赞会"那期活动中，公众号海选了9位来喝茶现场的同学，而线上也引发了对"什么样的老师受大家欢迎""什么样的课堂值得推广""怎么学才有意思"这些问题的大讨论。

2017年11月，我从校长岗位转到党委书记岗位。根据中央、省委加强和改进思政工作的总体要求，我校党委颁布《关于加强和改进新形势下思想政治工作的实施办法》，明确提出"学校领导在全员育人中要以上率下并发挥独特的作用，坚持并创新每月一次的'校长请我喝杯茶'活动，把该活动打造成校领导与师生直接沟通、交流，弘扬'爱满天下'精神，实践民主办学治校的思想政治工作示范品牌"。这一年，校党委出台《打造学校思政工作示范品牌——"校长请我喝杯茶"活动升级方案》，明确该活动由校党委宣传部、校团委共同主办，活动规格再一次得到提升。同年，学校召开双代会，代表们递交喝茶活动增设教师代表的提案。因此，从第27期"唱好毕业这首歌"起，喝杯茶活动又增设了10名教师代表，活动也迎来了3.0版本。我还记得就在那一期，老师们敞开心扉，回忆自己的成长历程；同学们憧憬着自己的未来，青春的样子格外生动，所有人都深受感染。事实上，从那时候起，喝杯茶活动实际已经成为一个由嘉宾、老师、学生共同参与的、开放的思政大课堂，育人价值进一步彰显。

2018年11月，活动被立项为省高校文化育人示范载体后，我们针对00后学生群体特点改进参与方式，扩大参与范围，增设线上活动内容，活动也发展到了现在的4.0版本。线上平台的引入，进一步扩大了活动的受众面，增强了传播力。在第36期"每一种经历都是成长"的活动现场，我与师生们分享了疫情下自己对自然、对世界、对祖国、对家庭、对自我的"重新思考"，也以这种特殊的形式为同学们上了"开学第一课"。这一期活动我们采用了现场直播的形式，共吸引了1500多名师生在线收看，收获点赞过万。

如今，杭科院办学十余载，"喝杯茶"活动也持续了八年。这杯茶已经成为学校校园文化价值体系中的独特标识，为喝茶而定制的纪念茶杯，也被师生争相收藏。作为喝茶活动的发起人、见证人和参与者，我有很多体会、很多感悟，亦有很多收获。

一是思政教育要有深度，首先要有温度。从外在言行到内在三观，从方向引领到实践养成，思政教育不能只是宏大叙事，更要入细入微，离

"人"近一点，再近一点。2018 年 4 月，在汶川大地震十周年之际，我们做了"敬畏生命，尊重自然"专题，邀请了公羊队全国总队长、浙江省人民政府个人一等功获得者徐立军与学生一起"聊生命"。徐队长说起灾难中一个个逝去的生命时，在场师生们多次泪目；说到救援过程时，师生们不自觉地鼓起热烈的掌声，活动现场充满热度的讨论成就了话题的深度。同样，"我眼中的'优质校'""如果我是党代表"等话题也获得非常好的反响，爱国爱校、公共事务这些宏大的话题找到了有温度的切口，培养"大爱"情怀、引导理性思考的思政教育也找到了落脚点。

二是教学相长要有互动，首先要放下姿态。一杯茶拉近了领导、嘉宾、师生的距离，大家不仅是地位上的平等，更是思想上的平等。2015年，有位新生误以为自己学院没有代表上台领生日蛋糕，在开学典礼上公开表示不满。在之后的新生专场喝茶活动中，他被特意邀请来成为我的座上宾。我们探讨了公平、纪律、权益等问题，没有说教、没有批评也没有结论，后来，这位同学担任了校学生自律委员会青年权益部的部长。陶行知说："真教育是心心相印的活动。"这件事让我对这句话有了新的认识：开展思政教育，真情、平等的交流远比居高临下的说教要有效。所谓"互动"一定是相互影响，我想"喝杯茶"活动就是这样一个相互影响的平台，是学校"教学相长，自化化人"教风的具体实践。

三是"因材施教"要有举措，首先要学会倾听。记得有位学生被邀请来喝茶时很是惴惴不安，以为自己又犯了错误要被校长训话。原来在他以前就读的中职学校，只有犯错误的学生才会被叫到校长办公室。我们高职学生和本科生、研究生不同，高职学生在高中阶段未必有良好的学习习惯、突出的学习能力，他们被认为是高考的"失败者"，带着深深的挫败感来到杭科院。对于这样的学生，课堂上我们要"授人以渔"，让他们有好的学习习惯，有立足社会的一技之长；课堂之外，我们需要让他们重拾自信。喝茶交流中我越发坚信，"倾听"和"肯定"是帮助同学们树立信心的第一步，只有从内心认同他们是独立、成熟、完整的个体，尊重他们的所思所想，倾听他们的意见，让他们有作为主人翁的真实感受，才能激发他们内心的力量。

四是民主办学要有实效，首先要了解需求。师生是学校共同的主人，共同参与学校的管理。"双代会"等制度为教师表达诉求提供保障，民主办学得以彰显。那么学生的主人翁地位又如何体现呢？这些问题，我们在"喝杯茶"活动中找到答案。早在第一次升级时，"喝杯茶"活动就建立了交办机制、归档机制：每次活动结束后整理师生提出的合理诉求和建议，填写《工作交办单》或《咨询建议单》，由校长签批后交对口职能部门定期整改，党办、校办负责督办。经过这样的程序作出的改进，形成的制度，更受师生欢迎和拥护，学校也更有"大家庭"的凝聚力。当我们给学生发声机会后，我们收到了更多的惊喜。2013年4月，我们举办了题为"宜学宜居，共话发展"的学生干部专场，使得大家齐心协力为校园建设出点子。5月，我收到了4份来自学生组织的报告：《关于杭科院学生食堂的调研报告》《关于杭科院学生网络情况的调研报告》《校医务室学生满意度调研报告》《关于杭科院学生寝室墙壁脱落的统计报告》。这4份凝结着学生青春智慧和爱校情怀的报告沉甸甸的，一直提醒我民主办学不能是一纸空谈，不能一蹴而就，它需要我们的点滴积累。学校改造食堂，建设美食广场，改建灯光球场、学生广场，安排周二下午不排课为专业社团活动时间……很多学生的建议得到立竿见影的积极回应，校园也正在因为全体师生的积极建言献策，而变得更加美好。

五是文化育人要有氛围，首先要有好的载体。从现场到网络，从校内到校外，"校长请我喝杯茶"最大限度地拓展了参与对象范围。"生涯导航，追寻梦想"我们请来中国教育学会名誉会长、著名教育家顾明远谈行知教育；"青春绽放G20"我们请来国家会议中心总经理、杭州国际博览中心总经理刘海莹谈志愿服务；"寝室那点事儿"我们请来时任浙工大党委副书记何智蕴、浙江小和山高教园区管委会办公室主任陈雷等省教育厅文明寝室检查组的老师谈寝室建设……诸多行业的翘楚、优秀毕业生校友都曾是"喝杯茶"活动的座上宾。在校内，校领导、管理人员、专业教师、电工、保安都曾来喝过茶。活动的开放性为大学生的成长提供了开阔的阅历脚本和身边榜样的"现身说法"，不仅体现学校自身"全员育人"的理念，更积极建设"社会育人共同体"，形成良好的育人氛围。

8年，40期，"校长请我喝杯茶"活动在摸索中提升改进，得到充分的实践，定位也日渐清晰：它是杭科院立德树人的思政教育平台，深耕行知文化的校本教育平台，践行民主办学的校园沃土。从这三个定位出发，"喝杯茶"活动的育人内涵逐渐丰富，育人效果有目共睹，获得了社会各界的认可。

2016年，在中国高等教育学会、中国青年报社联合中华全国学生联合会共同主办的"学生喜爱的大学校长"活动论坛上，我校的"校长请我喝杯茶"活动经验介绍引起了与会校长们的强烈反响，来我校学习取经并推出类似师生交流活动的高校众多；同年，我也因此项活动获浙江省中华职业教育社、浙江省成人教育与职业教育协会授予的首届浙江省黄炎培职业教育奖"杰出校长奖"。2018年1月，"校长请我喝杯茶"获第五届全国教育改革创新奖。2018年6月，"校长请我喝杯茶"品牌案例被收录《德业兼修　知行合一——传承陶行知教育思想的高职人才培养典型案例》一书，由光明日报出版社出版发行。2018年7月，《生活教育》杂志专题报道了我校在高等职业教育中传承与实践陶行知教育思想、以行知文化育人的经验做法。2018年11月，"校长请我喝杯茶"活动获浙江省教育厅授予的"浙江省高校文化育人示范载体"称号。截至2020年，"校长请我喝杯茶"文化品牌获得中国青年报、浙江教育报、杭州日报、中青在线等主流媒体十余次报道。

不忘教育之初心，方得育人之始终，正是因为一颗初心，与学生之间的这杯茶一直喝到今天。学校有一片种着"龙井43号"的茶园，喝杯茶活动所用的茶叶正是来自于此。我经常驻足回望这片茶园，每每清风拂过，都仿佛带着茶香。我想我们的"喝杯茶"活动就如同这"龙井43号"一样，不张扬、不浮躁，始终忠于育人这一"本味"，不断传递教育温度，沁人心脾，余味悠长。

杭州科技职业技术学院党委书记、教授、博士

谢列卫

2020年12月

目　录
CONTENTS

第1期：宜学宜居，共话发展

　　不坚持，什么事都做不好；不调整，人的状态没法恢复；不思考，容易原地踏步；不取舍，生活容易焦头烂额。要在解决问题中提升能力，在有限的时间中平衡生活、工作与学习。

——本期活动师生对话金句

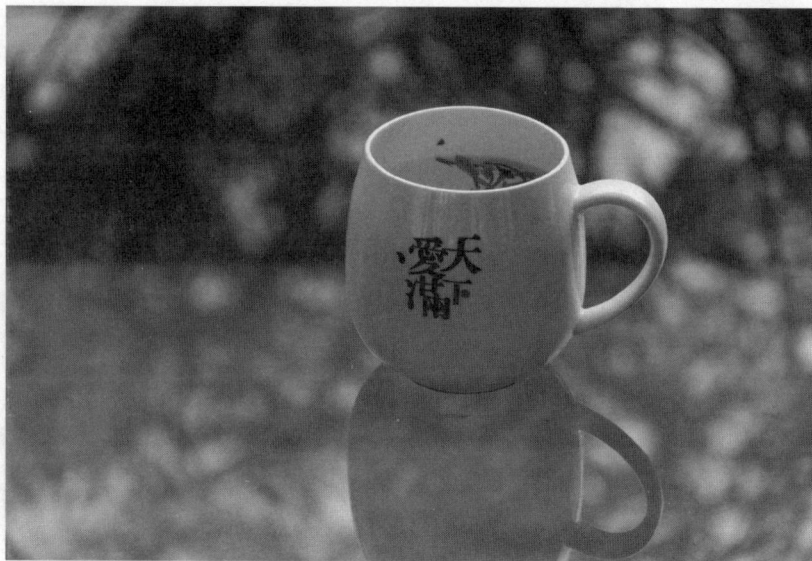

【主题背景】

民主办学、开放办学是杭科院的优良传统。陶行知先生1928年创办的浙江省湘湖师范学校，是杭科院的办学渊源之一，陶先生提出的"爱满天下"教育精神也一直为学校所传承。真正关心学生，就要了解学生的所需所求；真正重视学生，就要尊重他们的主人翁地位。学生与校长们喝着茶，聊着学校大家庭的家长里短，学生不仅仅是受教育的对象，更是学校的主人；"校长"不仅仅是学校的管理者，更是学生成长的直接导师。

【场景描述】

主题：宜学宜居，共话发展

时间：2013年4月23日

地点：高桥校区综合楼3号楼二楼西露台

师生：谢列卫（校党委副书记、校长）

　　　徐　红（校党委委员、副校长）

　　　汪灿祥（学生处处长）

　　　周俊炯（团委副书记）

　　　林　燕（旅游学院会展1102班学生）

　　　施家良（信息工程学院应电1111班学生）

　　　易明明（艺术设计学院建装1102班学生）

　　　吴　宁（教育学院表演艺术1211班学生）

　　　张　挺（机电工程学院高汽1103班学生）

　　　殷　宇（工商学院商务1111班学生）

　　　盛汉斌（机电工程学院模具1111班学生）

　　　陈　严（城市建设学院建经1101班学生）

　　　钱　慧（旅游学院酒店1204班学生）

四月的午后绿色环绕，清茶飘香，同学们在这一片初春景致中轻松地与校领导畅谈自己的学习与生活，共同参与学校建设，共谋学校发展。

答疑解惑，这堂课别开生面

学生是学校的主人，生活在杭科院，学习在杭科院，同学们都说"杭科院是我们的第二个家"。来自教育学院表演艺术专业的吴宁同学一落座就主动和校领导谈起了专业转型问题。对于表演艺术专业不再继续招生，吴宁表示了深深的惋惜："我们这些表演艺术专业的学生，在专业学习上倾注了很大的精力和感情，在课余时间艰苦训练，希望这种专业精神还可以有学弟学妹来传承下去。"

谢列卫校长和徐红副校长被同学们对专业的热情深深感动，"爱自己的专业，钻研自己的专业，是成功的前提"。同时，谢列卫也趁此机会向同学们耐心解释了学校在专业转型、专业整合等方面的考虑。谢列卫表示，停招表演艺术专业是因为高校的专业开设是以就业为导向，必须高度重视技能的应用与人才市场需求等现实问题，还要考虑学生的就业前景。他鼓励同学们把眼光放得宽一点、远一点。"来到杭科院的校园，不管学什么专业，都要把低年级的同学看作自己的学弟学妹。表演艺术专业的这种不怕苦、勤磨炼的精神，应该传承给我们学校的每一个学生，把它发扬光大。"他说。他还激励同学们培养大局意识，对人、对事应学会理性地分析、客观地思考。

"对我们艺术专业课堂学习和社团学习的平衡问题，我一直有点迷糊，不清楚到底是课堂上课有用些，还是动手实践重要些，总觉得上课学到的知识有点少。"艺术设计学院的易明明同学迫不及待地抛出了他的问题。

谢列卫分析道："专业课堂教学问题可能是受课时的限制，也可能是高职教学模式强调做中教，教中做。我们会去二级学院进一步了解情况。学校会向二级学院提议，课堂教学和社团实践的互动要寻找到一个结合点，老师在课堂教学方法上要改进，第一课堂不要只进行理论教学，还要扩展一些知识，加大训练，理实结合。"

旅游学院的林燕同学是学校学生膳食管理委员会的学生干部，工作特别忙碌，而自己的专业学习与社会实践又异常繁重，尤其是到了大二以后，专业实训经常要到校外的公司进行，"经常要加班到凌晨才忙得完一天的工作"。"你的情况很有代表性！"徐红笑着对林燕同学说，"不坚持，什么事都做不好；不调整，人的状态没法恢复；不思考，容易原地踏步；不取舍，生活容易焦头烂额。要在解决问题中提升能力，在有限的时间中平衡生活、工作与学习。"徐红鼓励林燕一要坚持，二要调整，三要琢磨工作方法，四要有所取舍，"我们的学生干部要在解决问题中提升能力，在有限的时间里学会生活、工作、学习的有效平衡"。

此后，又有学生就学生社团建设、学校教学设备使用效率等问题向谢列卫和徐红提问，两位校长一一解答。在这融洽的氛围中，学生得到的不仅仅是问题的答案，更是思考问题和解决问题的方法与角度。

献计献策，师生共谋学校发展

一旦打开话匣子，现场的气氛就热烈起来。同学们就校园医疗、校园网络、食品安全等问题和两位校长展开讨论。谈及学生生活，两位校长觉得学生自己最有发言权。

钱慧同学对校园医疗特别关心，"健康是人的根本，我自己就医后，感觉学校的医疗条件还不是很令人满意。学校近万人，学生们需要良好的医疗机构和医疗服务，希望学校会对医务室资源不足的问题进行专题研究和整治，改进校医务室的管理模式和看病方式"。

"医疗卫生事关大家的根本利益，我觉得钱慧的提议很好。除此之外，我还有一个小小的'槽点'，就是学校的网络。我横向比较了几所学校的上网费用，我们学校的可不便宜！"陈严同学希望学校能引进竞争机制，避免一网独大和垄断经营，让杭科院的学子享受到低价优质的网络服务。

来自校学生自律委员会的盛汉斌则从自身工作角度出发，希望大家更多关注食品安全，加大监督力度，对校门口、商业街、食堂的食品安全进行监管和不定期的监察，制定相应制度，对不符合要求的商家进行处理。林燕附和说："应该执行好餐具回收的倡议，整改好餐具回收处的服务流程，引入电子菜价牌，更好实现餐厅高峰时段的错峰引流问题，利用好微信公众平台实现食堂的个性化服务。"

指出问题是为了解决问题。在聊天过程中，两位校长对学生敏锐的观察力、高度的责任意识表示极大的认可。谢列卫认为，学校的主人应该是学生，我们的同学通过观察、通过思考为学校谋发展，体现了学生朝气蓬勃的精神面貌和高度的主人翁意识。

谢列卫建议："同学们可以对学校医疗、校园网络等问题开展调研，用数据说话，并把自己的对策用调查报告的形式递交有关职能部门和我，这些材料将成为学校改进工作的重要参考。"

经过两个多小时的热烈讨论，活动接近尾声，大家都显得有点意犹未尽。谢列卫表示，和学生畅谈，最让他欣慰的是，同学们都没有将自己的关注点放在自己身上，而着眼于为我们的同学争取利益，为学校的建设出谋划策。高度的热情、广阔的视角、深入的思考，只有在这样的情怀、意识和精神中，才能将素质教育落到实处。

【一杯茶的蝴蝶效应】

根据"喝杯茶"活动中谢列卫校长的提议，校学生会等学生组织经过了一个月的调研，于5月拿出了4份学生关注的调研报告——《关于杭科院学生食堂的调研报告》《关于杭科院学生网络情况的调研报告》《校医务室学生满意度调研报告》《关于杭科院学生寝室墙壁脱落的统计报告》。谢列卫对"学生网络情况"等报告做了重点批示，所有调研报告反映的问题都批转给校有关职能部门办理，学生反映的这些问题一一得到妥善解决。

一杯茶，简单；喝杯茶，融洽；简单融洽的氛围偏偏让人印象深刻。如今已是一个两岁孩子母亲的林燕，提起2013年的这次喝茶活动依然记忆犹新，"6年过去了，当时的场景历历在目。徐校长告诫我要做好取舍、平衡好工作与生活，这个道理我至今仍在践行"。如今的林燕，在萧山一家外贸公司工作，虽然和大学所学的专业并不直接相关，但她认为杭科院教给她的做事、为人的态度和方法一直深深影响着自己。"学校民主办学、开放办学、积极听取群众意见的做派对我现在从事具体细微的工作有着很大的指导意义。"林燕毕业工作6年来，每当遇到工作上的难题或有解不开的思想疙瘩，也会和同事们清茶一盏，轻语漫谈，延续了当年学校里"喝杯茶"的习惯。

林燕说，"喝杯茶"活动让她意识到，每个人都有自己的思想和观点，都有自己的角度和道理，但只要目标一致，总可以达成共识，"所以无论工作、生活中遇到什么困难，我都相信可以通过沟通来赢得支持。假如喝一杯茶不够，那就再来一杯"。

第2期：社团建设，校园生活

只有心存更为开阔的格局，才能做出更为长远的成绩。

——本期活动师生对话金句

【主题背景】

陶行知生活教育思想是学校一直在努力传承和实践的重要办学指导思想。从2011年起，学校就传承陶行知先生当年倡导的"小先生"做法，在工商学院试点组建"小先生"社团，积极开展"朋辈教育"，着力培养学生"能者为师""即知即传"的行知精神。在"小先生"们的带领下，社团成员相互学习、相互促进，形成了良好的学习氛围。2012年，"小先生"社团获评校首批优秀校园文化品牌。

2013年5月22日"校长请我喝杯茶"活动是工商学院的学生专场，话题就从"小先生"社团引入，大家一起谈社团建设，谈校园生活，谈个人成长。

【场景描述】

主题：社团建设，校园生活

时间：2013年5月22日

地点：高桥校区综合楼3204会议室露台

嘉宾：殷旭伟（留美学者，浙江工业大学教授）及其家人

师生：谢列卫（校党委副书记、校长）

　　　　徐　红（校党委委员、副校长）

　　　　汪灿祥（学生处处长）

　　　　周俊炯（团委副书记）

　　　　苗　凯（工商学院学工办主任、团委书记）

　　　　刘红红（工商学院辅导员）

　　　　陈晓光（工商学院辅导员）

　　　　陆屹琳（工商学院辅导员）

　　　　章晓凤（工商学院辅导员）

　　　　殷　婷（工商学院商务1112班学生）

　　　　李绍敏（工商学院商务1112班学生）

　　　　金郑娇（工商学院会计1105班学生）

　　　　黄　菁（工商学院会计1211班学生）

　　　　胡　茜（工商学院会计1212班学生）

　　　　黄方宝（工商学院会计1203班学生）

　　　　俞烨群（工商学院信管1221班学生）

　　　　万姿麟（工商学院财务1202班学生）

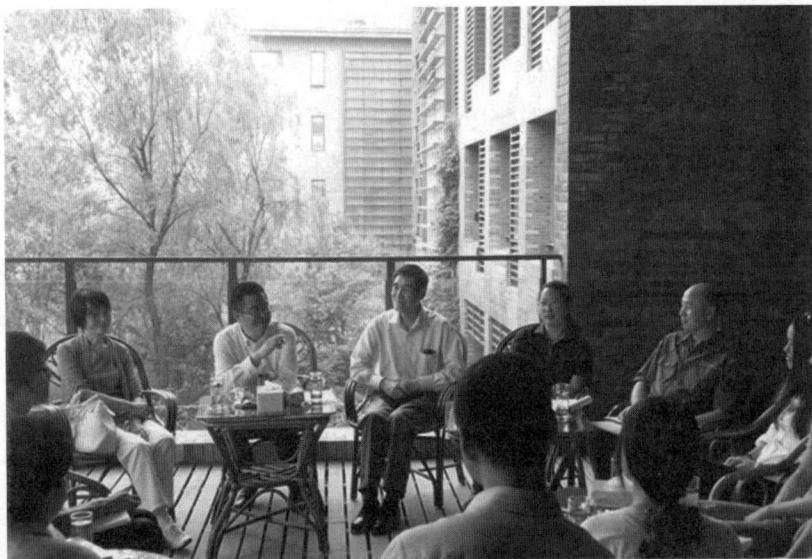

对数字敏锐，做事认真严谨，工商学院的师生是校园里公认最具"财商"的人群。"财商"的培养既需要扎实的理论功底，也需要耳濡目染、手脑并重的实践锻炼。来自工商学院现代会计、现代商贸两大专业的同学说，"小先生"社团为他们提供了一种特别有用的学习形式，"社团活动是比课堂更广阔的学习天地"。

"小先生"社团：能者为师

工商学院的学生对"小先生"社团普遍有着一份特殊的情感，"老社员"殷婷介绍说，在工商学院有一技之长的同学可以自告奋勇地参加学院"面试"，通过选拔、培训后就可以以"小先生"的身份"上岗"招募自己的社员，"学院现在有话剧社、书法社、钢琴社、花艺手工坊、日语社、乒乓球社、DIY创意社团等二十几个兴趣社团，全部都是由学生担任'小先生'、自招学员组建起来的"。同时，那些专业能力突出、责任心强的同学则会被专业老师特聘为专业社团的"小先生"，帮助老师一起管理社团，"不仅能丰富自己的课余生活，更能锻炼自身各方面的能力，提升综合素质"。

金郑娇是会计ERP训练与实践社的成员，她认为会计专业实践性很强，要学习凭证管理、账目登记、编制报表、核算成本等，所有的理论知识都要落到实际运用上，银行业务、办税流程等都可以通过专业社团的模拟情境来熟悉和掌握，"课堂上学到的内容，可以到社团里通过反复练习来进一步理解、运用，身边有学长、老师可以随时请教，学起来既省时又省力"。能力强、学得快的同学不仅可以作为"小先生"帮助其他同学，更有机会被选拔成"种子选手"去参加省赛、国赛。"在团队中学习的那种归属感特别好，在同学间相互激励、相互帮助下，学习效率会高很多。"

同学们也聊到"小先生"社团发展中遇到的问题，如社团活动场地受限，"学琴要有乐器、有专门的场所"；社团发展传承不畅，"有特长的同学毕业后，如果没有合适的同学来接手，社团就可能办不下去"。李绍敏同学还建议，学院的"小先生"社团要进一步开展对外交流合作，"可以跨学院邀请有才能的同学来担任'小先生'，同样类型的社团之间可以多一些交流，甚至可以到校外去寻求更广阔的发展空间"。

谢列卫校长肯定了同学们的看法，"社团走出校园的想法非常好，只有心存更为开阔的格局，才能做出更为长远的成绩"。他建议校团委加强对学生社团的支持，寻求富阳团市委、当地社区的支持与合作，"社团活动其实是第一课堂和第二课堂相结合的一种育人模式，可以培养同学们就业所需的各种能力，学校一定会帮助大家把社团建设得更好"。

针对活动场地问题，徐红副校长表示，学校正在考虑开发学生宿舍兰园的地下室，经过改造后供社团开展活动使用。徐红还建议各个社团建立起完善的传承机制，有意识地培养好接班人，"保证社团的生命力"。

"小先生"感受：历事方能练心

在杭科院学习、生活，最大的收获是什么？延续着"小先生"社团的话题，很多同学谈到了自己的成长感受。"高中时唯一的任务就是读书，一心只为应对高考，到了大学以后觉得生活充实了很多。"殷婷说，自己以前因为成绩不够好，高中时期一直默默无闻，"不太自信，来到杭科院以后有了更多的成长机会，也当上了社团负责人，胆量也变大了"。

黄方宝也介绍说自己有类似的心路历程，刚进校的时候忐忑不安，在熟悉了解老师同学、专业后，逐渐增强了学习、生活的自我掌控能力，"知道自己该往哪个方向使劲，也相信只要花功夫就一定能出成绩"。在多次参与社团活动后，他觉得自己的组织能力、沟通能力有了很大的提高，"自己主动去竞选班干部、学生会干事，想更好地锻炼各种能力"。

专业学习、考试相对来说容易一些，而社团、班级管理服务工作比较复杂，"会遇到很多问题和困难，有时候即便很努力做也收效甚微"，胡茜同学说，在社团、班级活动中总会碰到同学们意见不一致的情况，需要反复解释、沟通，才能赢得大家的信任和支持，"我觉得人和人之间有不同的想法是正常的，一定要学会换位思考，学会让步和变通"。俞烨群赞同地表示，学习强调的是个体的努力，而做事更要靠集体的智慧和力量，"这是我在社团工作中收获的最重要的感悟"。一旁的黄菁补充说，社团要有良好的团队氛围，除了要有好的指导老师外，更多地要靠社员之间相互磨合，"可以讲个性，但当团队有需要时，也要学会收敛个性，照顾到别人的情绪"。从以自我为中心到兼顾他人，这样的变化也许就是一种成长。

谢列卫、徐红充分肯定了同学们敢于面对困难、锻炼提升自我的信心和勇气，认为这样的大学生活，这样的人生经历十分宝贵，"只有多去尝试和体验，才能收获成长的快乐，收获精彩的人生"。

当天的特邀嘉宾殷旭伟是浙江工业大学的教授，也是谢列卫的老师。"今天来看望我的学生，并且和学生的学生一起喝茶座谈，很有意义。"殷旭伟分享了自己宝贵的留学经验，鼓励同学们认真学习陶行知先生的教育理念，把"即知即传"的精神在社团中传承下去，"希望同学们抓住机遇，在大学期间多学习、多探索、多创新"。

"小先生"建议：优化学校管理

谈到大学生活改进，同学们也很踊跃地提出了建议。黄方宝觉得工商学院的课程安排比较紧密，课程的先后衔接顺序可以优化，"比如高等数学有些内容还没有学到，会计课中的一些相关知识理解起来就会比较困难"。殷婷则建议考试周的时间安排要更加科学合理，"公共选修课与专业课的考试要错时错峰，期末的考试时间不要拖得太长，避免同学们回家挤在同一时间"。

黄菁提到了教学楼到食堂之间的那条小路，"下课高峰时间，那条路比较拥堵，很多同学就图方便从绿化带穿过去，时间一长绿植都被踩得光秃秃的，希望学校相关部门能把那条路拓宽一下"。也有同学希望南、北面的学生寝室能够定期轮换，"让大家三年里都能有机会在阳台上晒太阳"，还有同学希望校内的生活服务能更加方便，"取钱、理发、购物最好都能在公寓区解决"，希望食堂的菜肴品种能够更加丰富多样，"对后厨的操作要有监督，确保食品安全"。

徐红表示，目前学校各部门已经在积极筹划满足同学们生活需要的商业街，大力畅通对学校食堂监管的渠道，也欢迎同学们发挥自身监督作用，发现问题及时取证、及时上报。

谢列卫表扬同学们能够负责任、细心地观察学校工作，善于发现问题，"大家为学校改进教学、改进管理提出了很多好的建议，学校一定会积极落实"。谢列卫鼓励同学们要一直做生活中的有心人，"心存理想，实践长才，'小先生'定会成长为'大先生'"。

【一杯茶的蝴蝶效应】

国际商务专业的殷婷是学校首批"小先生"之一，参与组织了学校第一届"小先生"社团文化活动节。殷婷说："大学期间，我一直在当'小先生'，教同学们弹古筝，同时还要考虑怎么管好社团经费、怎样吸引更多的学员。"殷婷说，正是因为在"小先生"社团里感受到了传递与分享的愉悦，她才有了毕业后做一名古筝老师的想法。

毕业6年，从古筝老师，到课程顾问，再到教育机构的校区综合管理，再到两个校区的区域校长，殷婷在幼儿、少儿琴棋书画课程培训领域寻找到了自己的位置。殷婷说："谁能想到，当年校长问我，怎样才能让一个好的社团持续传承下去，这竟然成了我开创事业的重要命题。"殷婷说，和孩子们打交道非常快乐，"我要把我对艺术的兴趣传递给他们，我想这个世界上没有比这更有意义的工作了吧？"

鉴于"小先生"教育思想在实践育人中的明显成效，学校已将"第一课堂与第二课堂并重"作为人才培养的方案指导意见明确要求的"四个并重"之一。为充分发挥第二课堂与第一课堂并重的育人效应，这次喝杯茶活动后，杭科院将"小先生社团"制度推广到了全校。社团嘉年华、社团督导制、星级评定制等新做法，进一步推动了"小先生"社团的自我管理革新，也极大地提升了师生参与社团活动、投身第二课堂学习的劲头。

另外，黄菁同学提到的教学楼到食堂之间的那条小路，相关部门马上整改，拓宽了台阶，绿化了草地，成了学生必走的一条景观阶梯通道，深受学生好评。

第3期：第一眼美丽杭科院

　　人生的价值在于不断努力的过程，美好的梦想不该好高鹜远，空谈梦想只会徒增烦恼，只有弯下身子去闯去做，才能把梦想变成现实。

——本期活动师生对话金句

【主题背景】

2013 年的 9 月 18 日是 2013 级新生入校的第四天，而次日就是他们在远离父母后迎来的第一个传统佳节中秋节。每逢佳节倍思亲，为了帮助新生克服乡思情绪，尽快融入新环境，"校长请我喝杯茶"特别策划了一期中秋活动，除了邀请了 14 名新生代表参加，还邀请了有着丰富经历的 6 名老生代表。老生们以学长学姐的身份，给新同学友爱的关怀和暖心的指点。

传文化、送情谊、谈理想、吐胸襟，利用传统节日让同学们感受传统文化魅力，感受学校"大家庭"的氛围，校园生活正是有了这样的细节才让人难忘。

【场景描述】

主题： 第一眼美丽杭科院

时间： 2013 年 9 月 18 日

地点： 高桥校区综合楼 3 号楼二楼西露台

师生： 谢列卫（校党委副书记、校长）

　　　　徐　红（校党委委员、副校长）

　　　　汪灿祥（学生处处长）

　　　　周俊炯（团委副书记）

　　　　翁露萍（旅游学院会展 1311 班学生）

　　　　高　晶（旅游学院酒店 1311 班学生）

　　　　鲁鉴涵（艺术设计学院装饰 1311 班学生）

　　　　潘　露（艺术设计学院装饰 1311 班学生）

　　　　石晨茜（信息工程学院计应 1301 班学生）

　　　　沈宇恒（信息工程学院电气 1311 班学生）

　　　　俞泠伊（机电工程学院电气一体化 1301 班学生）

　　　　方智威（机电工程学院模具 1312 班学生）

　　　　余苗苗（城市建设学院房产 1301 班学生）

　　　　陈池俊（城市建设学院市政 1302 班学生）

　　　　周　颖（教育学院学前 1304 班学生）

　　　　谢如燕（教学学院学前 1338 班学生）

　　　　吴金波（工商学院连锁经营 1302 班学生）

　　　　王一炀（工商学院会计中澳班学生）

夏　秋（工商学院会计 1105 班学生、赴台交流生）

陈　陪（机电工程学院模具 1103 班学生、赴台交流生）

胡　昕（教育学院学前 1211 班学生、赴美留学生）

杨　琼（旅游学院酒店 1205 班学生、赴美留学生）

盛汉斌（机电工程学院模具 1111 班学生）

周靖坤（机电工程学院模具 1101 班学生）

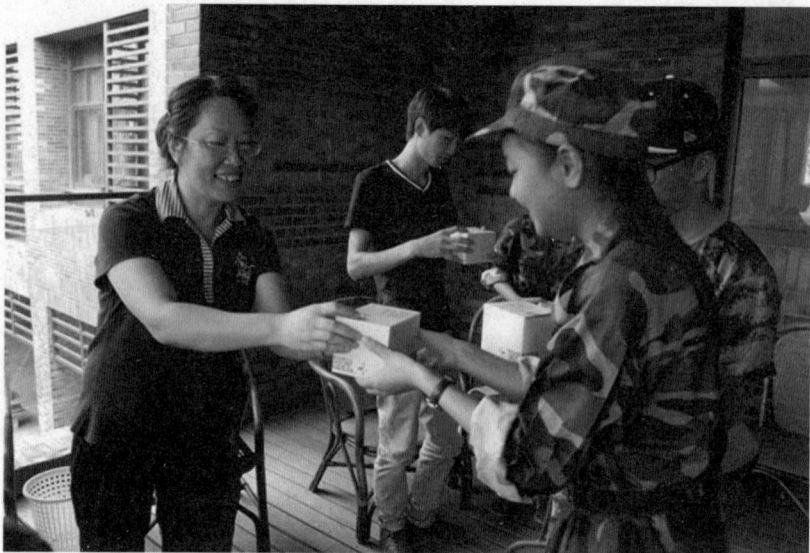

2013 年 9 月 18 日虽然只是农历八月十四，下午的学校露台上也看不到月亮，但参加"校长请我喝杯茶"活动的师生还是感受到了浓浓的中秋氛围。大家吃着月饼，喝着龙井茶，闻着随风飘来的缕缕桂香，心底油然生出"独乐乐不如众乐乐"的感触，少了一份"每逢佳节倍思亲"的孤独。

送节日祝福，谈心中梦想

"这是同学们远离父母，在大学生活中度过的第一个中秋节，我祝大家学业进步、身体健康，不负家庭与社会的期望，德业兼修、知行合一，做一名具有高尚道德情操和一流动手能力的技术技能型人才。"大家甫一落座，谢列卫校长就向同学们表示了慰问。

信息工程学院新生沈宇恒是一位很活泼的男生，听到校长的祝福，他第一个主动发言："校长，也祝您中秋节快乐！能就读杭科院是我梦寐以求的事，今天能和校长、老师、同学们喝茶共庆中秋特别有意义。谢校长，我认为中秋不仅是团圆的日子，也是树立梦想、祈福圆梦的日子，不知道您在我们这个年纪的时候有过什么样的梦想？"

"没想到沈同学第一个就向我提问，那我就先说一说，抛砖引玉。"谢列卫坦诚地讲述了自己考大学、就读研究生、参加各类社会实践，走上工作岗位的成长经历。从留校工作的大学生，到区政府的管理者，再到大学校长，一步步走来，谢列卫深有感触地说："人生所有的经历都不会白费，都会成为你干好工作的宝贵经验积累。人生的梦想在最初的起点看来似乎是遥远的，但这个梦想是由许多切合实际的小努力组成的，每天努力实现一个小梦想，坚持下去，就会有意想不到的奇迹出现。人生的价值在于不断努力的过程，美好的梦想不该好高骛远，空谈梦想只会徒增烦恼，只有弯下身子去闯去做，才能把梦想变成现实。"

听完校长的故事，同学们纷纷说起了自己的人生目标。

"我的梦想是做一名合格的会展策划师。"

"我的梦想是家庭温馨，工作稳定有发展前途。"

"我的梦想是获得所有的奖学金，大学三年的学费自己赚！"

"我的梦想是每天都可以在这里喝茶！"王一炀同学的这个"梦想"引来全场一片笑声与掌声。

话美丽校园，憧憬这三年

与校长熟悉起来后，信息工程学院的石晨茜同学向大家讲述自己高考失利的经历，"沮丧了好多天，家里就我一个孩子，没考上本科特别特别遗憾"。听她说完，很多新生表示自己当时也怀有同样的情绪，但是报到那一天当他们看到校园的硬件设施那么好、环境这么优美，很适合学习时，心中的沮丧和遗憾就变淡了，美丽的杭科院让他们的心情也变得美丽起来。

"本科和专科绝对不是判定一个人成就的唯一标准。我们杭科院毕业的很多同学都在工作岗位中做出了突出的贡献，取得了优异的成绩。而且，同学们还可以参加大三期间的专升本考试，本科梦的大门仍向大家开放。"谢列卫鼓励大家要树立自信，一次考试失败并不代表能力的缺失，"一定要肯定、扬长自己，才能成为优秀的人"。谢列卫建议同学们一要规划好大学的学习和生活；二要在大学期间学会自主学习；三要多参与学生会和社团活动多方位提升素质，认真培养步入社会所需的职业能力。

学长周靖坤用自己的亲身经历为新同学鼓劲："我也是在学生会工作中一步步建立自信，从普通干事成长为校学生会主席团的一员。多和同学沟通，虚心学习，相信自己一定可以的。"

学生处处长汪灿祥提醒新同学们除了关注学业也要注意体育锻炼和心理调适，"通过体育锻炼，强身壮体、磨炼意志；通过心态调整，优化心理素质、完善人格"。他还鼓励同学们多关注国家大事，"大学生应该要关心、了解时事政治，国家时事是与每个人都紧密相关的"。

师长们、学长们的鼓励，让新生们对即将度过的大学三年充满了期待。他们表示自己要在杭科院学会如何做人，做对社会有用的人。

忆学习之旅，博采他山之石

本次喝茶活动还邀请到学校当年度游学生和交流生与大家畅聊游学感受。酒店管理专业的杨琼说，她在美国学习时体会到了美国人的热情和奋斗精神，而我们个别中国学生正缺少了那一点奋斗的激情。学前教育专业的赴美游学生胡昕说，她非常喜欢美国幼儿园的氛围，喜欢那种在游戏中获取知识的自由方式。交流生夏秋和陈陪也讲述了她们独特的台湾求学故事，台湾同胞表现出来的礼节修养和"把垃圾带回家"的环保理念令她们印象深刻。

徐红副校长鼓励大家把游学过程中学到的、看到的亮点运用到日常的生活、学习、工作中，"不要只是羡慕别人的长处，而要善于汲取别人的长处"。徐红表示，学校会呵护每一位学生，尽可能为学生提供最好的服务。"杭科院是一个新家，新家建设要靠大家，让我们一起来努力。"

【一杯茶的蝴蝶效应】

站在巴西圣保罗的街头，杨琼已经不再觉得自己是一位异乡者，三年打拼，这里已经留下了她奋斗的足迹，用杨琼的话来讲："我的职业生涯因为那次游学而改变，因为那次喝茶而启航。"

2013年在学校的组织下，杨琼游学美国，打开了自己的眼界。在同年9月的"喝杯茶"活动中，杨琼游学的见闻和感触得到了学校老师的肯定，这点燃了她放眼世界、勇闯敢拼的信念。在家里的充分支持下，杨琼逐渐拥有了自己的店面，成为杭科院众多驻海外校友中的一员。杨琼希望学校能在巴西建立校友分会，"毕业几年，对那所承载青春记忆的校园特别留恋"。

　　杨琼不知道，在那次喝茶活动后，母校杭科院愈加重视新生的始业教育环节，并以"开学第一课"的模式将始业教育项目整合，让学生能够较好融入大学生活，让新生熟悉学校的校情校史、初步了解大学的学习生活，尽快实现从中学到大学的角色转换和学习方法的转变，为今后的成长、成才奠定良好基础。

　　在传统佳节到来的日子里，学校还一如既往地开展形式多样的主题活动，师生同乐、共庆佳节已经成为杭科院人坚守的传统。"艾青团"的活动现在还有吗？学校"花果山"的小松鼠还很多吗？一枝一叶总关情，即使远隔万水千山，杭科院学子的心底总是存着那如丝的牵挂。因为"第一眼美丽的杭科院"已经深深扎根在每一位杭科院学生的心中。

第4期：师爱是一棵树摇动另一棵树

陶行知先生说，千教万教教人求真。我想我们幼儿园教育也是一样，要教孩子求真。

——本期活动师生对话金句

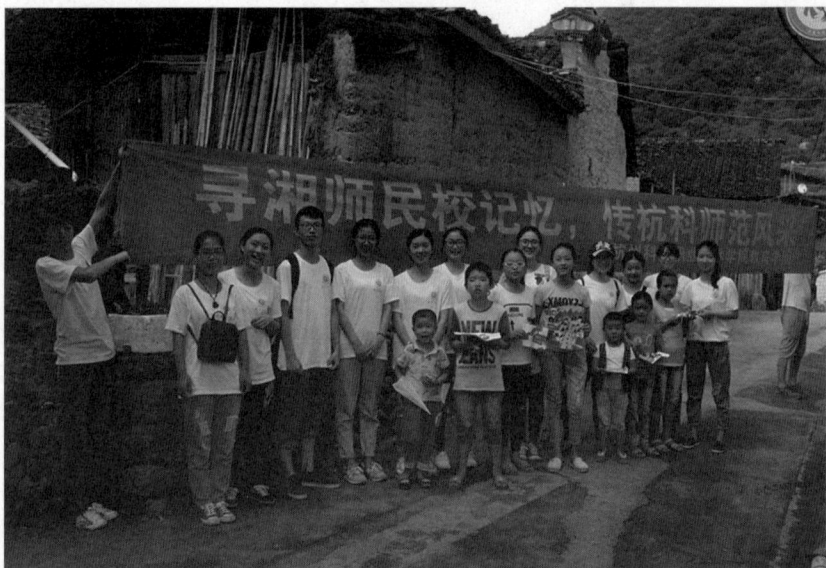

【主题背景】

1916 年秋成立的浙江省严州师范学校地处风景秀丽、具有浓厚文化底蕴的古严州府——建德市梅城镇，在近一百年的师范教育中，培养了 13270 名中小学教师，被誉为"浙西山区小学教师的摇篮"。

1928 年由伟大的人民教育家陶行知先生亲自指导创办的浙江省湘湖师范学校，在抗战期间七迁校址，流亡办学，锤炼出"苦硬、实干、研究、进取、注重情谊"的湘师精神，为浙南地区文化教育的发展做出了巨大贡献。

这两所师范教育界的名校，先后融入了杭州科技职业技术学院。百年育人文脉，深厚的行知文化底蕴，光荣的革命传统和注重生活实践、注重品德陶冶的办学特色，在杭科院传承和保留下来。

2013 年 10 月，"校长请我喝杯茶"活动举办了教育学院专场，9 名老生代表和新生代表与师长们进行了面对面的交流。

【场景描述】

主题：师爱是一棵树摇动另一棵树

时间：2013 年 10 月 22 日

地点：高桥校区综合楼 3 号楼二楼西露台

师生：谢列卫（校党委副书记、校长）

　　　　徐　红（校党委委员、副校长）

　　　　蔡樟清（教育学院院长）

　　　　王金丹（教育学院团委书记）

　　　　莫恩君（教育学院表演 1111 班学生）

　　　　孔焱云（教育学院学前 1235 班学生）

　　　　郑安安（教育学院表演 1211 班学生）

　　　　张俊俏（教育学院学前 1211 班学生）

　　　　任思玥（教育学院学前 1203 班学生）

　　　　夏哲婷（教育学院学前 1304 班学生）

　　　　杨西娜（教育学院学前 1312 班学生）

　　　　劳丽丹（教育学院学前 1335 班学生）

　　　　叶玲珠（教育学院学前 1338 班学生）

杭科院教育学院有一个特别的"传统"，新生要在严州校区先"浸润"一年，在这个培育了无数乡村教师的老校园里感受严师创办人包汝羲先生以身许国、以家济校的伟大胸襟，体会"古树钟声""荷池藤廊"的人文情怀，大二再迁回高桥主校区生活。在景色怡人的金秋十月，教育学院的同学们与自己的师长面对面，聊起了两个校区的生活感受。

畅谈大学生活，收获人生成长

在教育学院学习，大家都要早早起床弹琴、练功、唱歌，"早课"学习貌似简单，但一年四季无论严寒酷暑都要一直坚持，就非常考验毅力。

"我们学院有专门规定的训练时间，包括琴点、舞点、唱点，比如琴点，一般一周会有一到两次的训练，但是我们自己还会给自己加码，会主动多去一两次，"习惯了早起练功的杨西娜说，"想进步，我们就得不怕辛苦，不怕失败！虽然过程很辛苦，但感觉每天都是充实快乐的。"在座的老师为同学们的自律精神竖起了大拇指。

课业学习虽然接近饱和，丰富多彩的学生社团活动同学们也没落下。劳丽丹进入大学后，参加了学院的"玩具总动员"社团，这是和她学习学前教育专业非常契合的一个社团。她说社团活动对专业学习很有用，"两者都能让我体会到童心的伟大，而且参加社团的过程锻炼了我的组织管理能力"。她还盛情邀请老师们有空一起去"玩具总动员"社团体验。

参加了青年志愿者协会的叶玲珠说："社团是大学特有的，和以前的高中生活完全不一样。参加青协使我学会了承担一份社会责任，尽己所能，不计报酬，帮助他人，服务社会。我觉得我和同学们一起去参加服务，不光是践行志愿精神，也在传播先进文化。"

莫恩君是学院学生会外联部的一员，她也觉得参加学生组织和社团，对自己提前适应社会发展很有帮助。

谢列卫校长和徐红副校长为同学们在学习中取得收获感到高兴。谢列卫表示，大学生活是人生中非常重要的时期，是学习知识，塑造性格的关键阶段，"希望同学们要把握好这个时期"。

传承师爱文化，争做合格幼师

当天前来参加喝杯茶活动的有许多学前教育专业的同学。因为毕业后的就业方向是幼儿园老师，所以报考这个专业的学生男女比例悬殊。

"我们班的男生，在班级里的待遇，就是大熊猫，国宝级别的!"女生孔焱云说出了对男同学专业学习的期待，"我觉得学校可以在男生的期末考核中，设置专门的能力侧重考核。他们在这三年当中的学习，可以和我们女生不一样。男生在保证平时的文化课的同时，可以更专注于体育等更能发挥男生特长的课程。"

现在的幼儿园几乎是清一色的女幼师，男幼师确实是一种稀缺资源。散发着母性光辉的女幼师很适合照顾小孩，她们敏感细腻；男幼师则体现了别样的特质，他们更偏向勇敢、刚健，擅长运动，能够让幼儿园的孩子们变得果敢、豁达，有担当，敢探索。

男幼师和女幼师很明显是两种不同的角色设定，他们是哥哥和姐姐，或者是叔叔和阿姨。同样，一个男幼师的成长路径肯定也是不一样的。教育学院院长蔡樟清说："针对我们的'大熊猫'，我们学院的培养方案中有清晰的目标设定，孔焱云提到的细节非常好，我们一起来努力，也希望大家在大学期间提升自己各方面的能力。"

　　什么是幼师的能力？张俊俏说："以后会做一名幼儿园老师，所以我给自己做了一个规划，就是拓展知识面，开阔眼界，提高自己的口语能力以及人际交往能力。"

　　除了能力，同学们对教育的核心点有非常到位的认识。杨西娜说："陶行知先生说，千教万教教人求真。我想我们幼儿园教育也是一样，要教孩子求真。"

　　"对！"谢列卫说，"教育学院培养的学生，将来大多都是幼儿园的老师，承担着培养祖国花朵的重任，因此要对自己的学习、生活有更高的要求。教育学院也一直秉承严州师范、湘湖师范的教育理念，严格要求学生，规范学生的日常行为。"

共建平安校园，共创美好未来

　　趁着喝茶的机会，同学们就校园环境安全建设、宿舍设施、食品卫生与安全等方面向校长反映了一些具体问题。

　　"我们在严州校区，环境很幽静，"夏哲婷说，"但是在夜晚，琴房到寝室的路上缺少路灯，不是很方便。另外寝室有些设备质量可以更好一些。"

　　徐红认真记录了同学们的问题，并承诺将尽快解决严州校区路灯问题，加强对校区基础设施的建设。

　　"大二的同学，你们从严州搬到高桥校区一个多月，适应吗？"谢列卫问。

　　"谢谢校长关心，"郑安安开心地说，"严州校区古朴，高桥校区现代，设施方面确实高桥校区更好，不过下雨天的时候，学校食堂地面有一点点滑。"

　　叶玲珠同学补充说："学校的农行自助取款机经常有吞卡和余额不足的情况发生，有时候着急用钱就很尴尬。"

　　谢列卫表示，学校会增强对学校食品安全、实施安全的监督，也欢迎同学们加入监督校园安全的队伍，"学校一定会做好管理和服务"。

　　同学们对两位校长真挚而又鼓舞人心的解答报以阵阵掌声。"喝杯茶"活动结束后，任思玥说："真没想到校长们能这样平等地和我们对话，不小看我们提的每一个小问题、小建议。这种关心和尊重，我想也是今后我要给予我的学生们的。"

【一杯茶的蝴蝶效应】

"师之源，爱之园"，"师爱"文化是杭科院教育学院打造的文化品牌，从"爱、严、真、实"四个方面着手，让学生理解乡村教育的意义，增强责任感和使命感。学院深入挖掘"师爱"文化内涵，围绕"师爱"主题，对门厅、庭院、楼道、露台等场地进行精心设计改造，逐步推动文化入"物"，并创编了《爱相伴，梦相随》师爱主题曲，创办了"有爱"学生节，倡导对幼儿的"幼爱"，对朋辈的"友爱"，对知识技能的"优爱"，推动文化入"心"。

2015 年暑假，学校组织了"重走湘师路"活动，带领学生从萧山出发，一路南下，寻访金海观校长故居、俭公祠、叶川头小学、松阳二中等办学旧址，拜访湘师老校友和湘师毕业的抗战老兵，重温农艺、爬山、通史等湘师特色课程，鼓励学生扎根乡村沃土，做弘毅宽厚的社会者、精益求精的育人者、通文达艺的学习者、令仪令色的读书者、意气风发的教育者。

参加了这次"喝杯茶"活动的同学们毕业后都进入杭州各地幼儿园工作。叶玲珠深受"师爱"文化的熏陶，把爱带到了杭州市富阳区东洲街道的一所幼儿园。她坚信师爱是一棵树摇动另一棵树，因此全身心地投身到幼儿教育事业中。

除了给小宝宝们上课，带他们做游戏，在幼儿园的教师团队里，叶玲珠担任了支部的宣传委员。她说："由于当时'喝杯茶'活动让我印象深刻，工作后，我便在幼儿园的党建工作中效仿'喝杯茶'活动，提出了'书记请我喝杯茶'活动，并得到了大家的一致肯定。我想这就是'喝杯茶'活动的精髓吧，举一反三，延续爱的教育。"

当然，本次活动中学生提及的严州校区有关宿舍改造、食堂装修、安装路灯等一系列问题，在学生各部门的高度重视下，都一一得到了解决，古老的严州校区，随着一届又一届教育学院新生的到来，焕发出勃勃生机。

第5期：成长　成才　成功

没做事情之前觉得什么都很容易，做了事情之后才知道样样不简单。

——本期活动师生对话金句

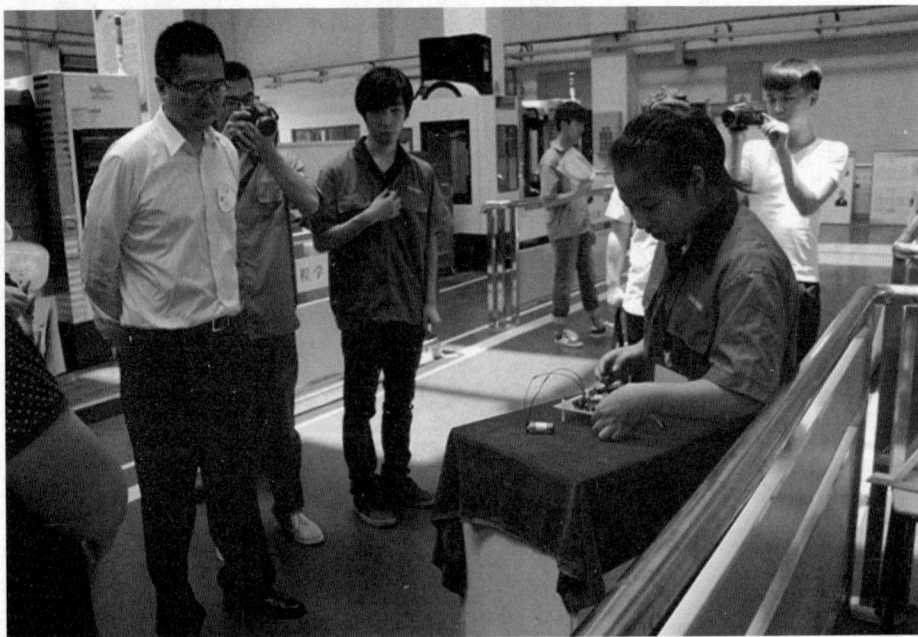

【主题背景】

如何才能"成长"，要成为怎样的"人才"，怎样才算"成功"，是每个人的人生命题，也是学校要帮助学生解答的重要疑难问题。于老师和学生个人，"成长、成才、成功"谈的既是每个人心目中的"小理想"，又是一个人对自我的定位和对人生的规划，它既是世界观，也是方法论；于社会，每个个体的"成长、成才、成功"都需要"出彩"的机会和平台，而社会也将在个体的自我实现中完成整体的提升；于学校，"成长、成才、成功"既是学生培养目标，也是衡量育人工作水平的重要标尺。

在 2013 年 11 月的"校长请我喝杯茶"机电工程学院专场中，师生们从专业聊到就业，从课内说到课外，对"成长、成才、成功"每个人都有不同的理解和标准。喝一杯茶，来一次思想认知的碰撞，做一场人才培养的探讨，意义更深远。

【场景描述】

主题： 成长　成才　成功

时间： 2013 年 11 月 27 日

地点： 高桥校区综合楼 3 号楼二楼西露台

师生： 谢列卫（校党委副书记、校长）

　　　　徐　红（校党委委员、副校长）

　　　　陈建松（机电工程学院党总支书记）

　　　　李　沐（机电工程学院学生科科长）

　　　　董振虎（机电工程学院辅导员）

　　　　顾　雷（机电工程学院辅导员）

　　　　张　挺（机电工程学院高汽 1103 班学生）

　　　　汪盛凡（机电工程学院汽电 1101 班学生）

　　　　钟立秋（机电工程学院汽电 1201 班学生）

　　　　王　乐（机电工程学院汽检 1202 班学生）

　　　　王玉强（机电工程学院模具 1103 班学生）

　　　　沈佳凌（机电工程学院机械 1212 班学生）

　　　　葛樱智（机电工程学院机电 1302 班学生）

　　　　方智威（机电工程学院模具 1312 班学生）

　　　　金肖煜（机电工程学院模具 1112 班学生）

11月午后的露台上阳光晒得有点暖，一杯热茶，一碟点心，老师学生促膝长谈。所谓思政，不是一句句的硬道理，而是基于人生经历、社会阅历的分享和探讨。

谈职业，说薪酬，从最实际的就业开始说

就业大概是学生最关心的话题，特别是大三的学生。

来自汽电1101班的汪盛凡同学说："我们马上要离校实习了，工作找好了，算是专业对口。我希望正式入职的时候可以拿6000元一个月，在我们这行里面是完全有可能的。工作以后我想主要还是苦练技术，当上老师傅就可以带徒弟了。"汪盛凡对自己的专业很自信，"杭州现在对技术性人才还是很重视的，我觉得自己赶上了好时候"。

来自高汽1103班的张挺同学是机电工程学院的学生会主席，他对自己的计划与汪盛凡不一样："这几年做学生会的工作，觉得很锻炼人，自己也想往管理方面发展。"毕业之后，他想参加专升本考试，"我觉得自己的学历是短板，得补。关于以后做什么还没有想好，但是要一直保持学习的状态是肯定的"。

相比于大三的学生，他们的学弟学妹们就显得有些"懵懂"，对"工作"还没有明确的概念。

方智威是9月份才入校的新生，对自己才两个多月的大学生活，他是这么评价的："虽然经历了始业教育，也听了老师和学长、学姐的介绍，但是对自己以后要做什么还是模糊。现在来说，大学生活还很新鲜。我特别喜欢学校图书馆，比我老家的图书馆还大，在里面自习很有气氛。"

谢列卫校长十分关心毕业生的就业情况，与来自大三的几位同学进行了深入的交谈。"我们的毕业生还是很务实的，相信你们的愿景一定能达到，"谢列卫总结说，"就业是市场的需要，人才就是资源，要学会尝试，把握机遇，踏实肯干，有责任心，以手上的技能和良好的素质去赢得企业的肯定。"

谈课程，说实践，从学生角度看人才培养

说成长成才，就得说到学生们的成长途径，上课与实践，第一课堂与第二课堂，同学们说起这些也头头是道。

来自模具1112班的金肖煜是国家奖学金获得者，他分享了自己的成长路径："我学习的最大心得是要培养好学习习惯。以前在高中是要我学，到了大学完全是我要学，养成良好的学习习惯能帮助你克服怠惰，利用好时间。"金肖煜觉得大学的课程内容更有意思，"注重技能而不是死记硬背，需要自己多琢磨，下功夫，一旦有进步就特别有满足感"。他希望学校能创造机会让同学们多走出课堂，多开开眼界，看看别人好的经验，"比坐在教室里更好玩，也更直观"。

王乐是今年大一新生的班助，二年级的他原本以为做班助很简单，结果大出意料，"最难熬的是军训那段时间，新生刚刚进来，他们要早起出操我也得早起，他们要站军姿，我也得晒太阳。关键是还有很多突发状况，军训时候有人晕倒，上课找不到教室，要换寝室的、想转专业的，什么事情都能碰上"。王乐感叹自己昨天还是校园"菜鸟"，今天就是"老师"了，"时间过得真快"。虽然当班助很累，但是帮助大一新生适应大学生活的这几个月，王乐感觉自己有"肉眼可见"的成长，"如果有机会，我还想再当下一届的班助，帮助学弟学妹们尽量适应大学生活。这件事既有意义也有成就感，现在他们叫我一声学长，我觉得自己当之无愧！"

钟立秋是学院宿管部的学生干部，她表示："没做事情之前觉得什么都很容易，做了事情之后才知道样样不简单。比如简单的查寝，需要我们督促同学们

搞好寝室卫生，说是督促，实际经常需要自己带头动手干。而比干更难的，是给同学们做思想工作，要别人服你管，可就不容易了。"钟立秋玩笑说，现在体会到了妈妈以前天天督促自己整理房间是种什么心情。"工作一年了，最开心的是有一群志同道合的小伙伴，一起搞寝室文化建设，也帮同学们解决住宿中的问题。"在工作中培养能力，收获友谊，体会成就感，"这是除了课堂以外的另一方学习天地"。

顺着钟同学的话题，徐红副校长和同学们交流起了团学工作。她鼓励大家多在团学工作中锻炼综合能力，"学生会、社联、社团等学生组织，都是同学们参与学校建设、提升自身能力的好平台，大家要打开自己的成长空间，不要局限在教室、寝室的小天地中。"

谈人生，说理想，这堂思政课有趣接地气

谈职业愿景其实也是谈理想信念，在价值观多元化的今天，这是一个值得师生共同探讨的命题。对于理想，老师和学生每个人都有话说。

王玉强正值大三，对未来有自己的畅想："我来杭州上大学，很喜欢杭州，想通过努力让自己留下来。"而说到对成长、成才、成功的理解，王玉强觉得首先要能在这个社会上安身立命，"得养得活自己，这是最基本的需求"。更进一步地，是要实现自我价值，"我想在工作上有一番作为，至少在老的时候对着自己的儿孙还有牛可以吹。人还是要有价值才能被这个社会接受，也可以为这个社会和时代出力"。

李沐是机电工程学院的辅导员，"在我小时候，当老师、当医生、当宇航员是所有孩子的人生理想，读大学的时候选择了师范院校，很大一部分原因也是主流价值观的影响，当然也是自己的选择"。李沐说，自己是在工作之后才真正感受到身为教师的价值，"看着一届届的学生从刚刚进校门的青涩，到走出校园时的成熟，我有满满的成就感"。李沐觉得工作不只是赚钱养家，而是把自我需求和社会需求统一起来，"人生的命题有很多，'成功'的跑道又长又宽，我们有很大的发挥空间，功成名就是成功，家庭美满也是成功"。

机电工程学院党总支书记陈建松表示，每一代人都有各自的理想选择，"但个体的理想都离不开时代潮流"。他希望同学们要抓住中国发展的大好机遇，坚

定专业学习的信心，"学校很多专业都顺应了当前社会所需，对接地方经济发展，比如机电工程学院的智能制造专业，毕业后一定大有可为"。陈建松鼓励同学们在校期间抓紧学业，"学好本领才算成才，有本领能利他利国才算成功"。

在场的师生有60后，有90后，但说到理想、说到未来的时候都一样有激情。谢列卫说："对成功的定义应该是多元的，成长成才的路径也应该是多元的。"谢列卫总结说，学校教育应该服务于这样的多元选择，为学生的将来提供更多种可能，"不以学生就业为终点，而应以学生的职业生涯发展为导向"。

【一杯茶的蝴蝶效应】

毕业数年后，张挺回忆起那一次"喝杯茶"活动，还是能感受到那份参与感和荣誉感："大学和高中相异的地方，前者相对管理自由，学生主导；后者是相对规行矩步，老师主导。"在校期间，社团建设、大学生自主创业等文娱、文创活动充实了张挺的业余生活，也锻炼了他独立担当的实践精神。

张挺目前在兰州从事商场营销工作，和他的汽车检测与维修专业貌似比较远，但和他本人转向做管理的心愿很接近，"专业技能之外的个人综合素质，会帮助你转型。每一次历练，每一种尝试，都是你自己那座金字塔的基石"。

如何帮助学生成长成才，学校也不断思考着这个问题。2017年4月，学校开始修订《杭州科技职业技术学院学生"知行千日"课外教育实施方案》，以社会主义核心价值观为引领，在学生课外教育过程中，通过思想教育、专业渗透、活动引导、生活指导、制度规范等方式，搭建有利于锻炼和提升学生综合素质能力的平台，尊重学生主体性，调动学生能动性，最终实现每位同学在校三年（1000天）健康成长、协调发展、知识增值、优质就业，为社会输送具有较高职业素质的技术技能型人才。

学校的人才培养方案每年都在不断完善，"不以学生就业为终点，而应以学生职业生涯发展为导向"的教学改革目标已逐渐成为全校教改育人的共识。

第6期：争做小鲁班

我们蜂巢工作室是一个创新创业社团，在当下这样日新月异的时代，正需要又讲吃苦耐劳又讲创新的鲁班精神，我们就是围绕鲁班精神来开展社团活动的。

——本期活动师生对话金句

【主题背景】

出身工匠世家的鲁班年纪轻轻就参与了不少土木建筑工程，具有创新精神的他在反复研究的基础上，发明了钻、刨子、铲子、曲尺和墨斗，大大提高了土木行业的工作效率。作为古代劳动人民智慧的象征，鲁班被尊为建筑行业的师祖。

在 2400 年后的今天，建筑工艺早已日新月异，更新换代。在钢筋水泥的都市里，市场所需要的是现代建筑行业合格的应用技术型人才。为了将鲁班敏于创新、精益求精的工匠精神继续传承下去，"校长请我喝杯茶"活动请来了城市建设学院的 90 后、00 后大学生们，一起来聊一聊。

【场景描述】

主题：争做小鲁班

时间：2014 年 3 月 20 日

地点：高桥校区杭州陶行知研究馆二楼休闲区

师生：谢列卫（校党委副书记、校长）

　　　何树贵（校党委委员、副校长）

　　　徐　红（校党委委员、副校长）

　　　沈先荣（城市建设学院党总支书记、院长）

　　　陈　龙（城市建设学院学工办主任）

　　　陈　峰（城市建设学院辅导员）

　　　夏香君（城市建设学院辅导员）

　　　翟清菊（城市建设学院辅导员）

　　　李腾飞（城市建设学院辅导员）

　　　仝怡黎（城市建设学院建经 1101 班学生）

　　　林　倩（城市建设学院建经 1202 班学生）

　　　王　健（城市建设学院建工 1201 班学生）

　　　谢小青（城市建设学院城规 1201 班学生）

　　　马　超（城市建设学院市政 1202 班学生）

　　　张约约（城市建设学院市政 1202 班学生）

　　　葛文斌（城市建设学院设备 1211 班学生）

　　　俞章露（城市建设学院建经 1202 班学生）

　　　王　锦（城市建设学院建工 1301 班学生）

　　　韦云飞（城市建设学院建工 1301 班学生）

城市建设学院的师生喜欢用一句话来自我嘲讽："我们学土木工程的人，就是这样又'土'又'木'。"可事实上，他们的"土"只是因为愿意吃苦耐劳，不屑于追求光鲜的外表。看他们计算起钢筋配重、工程预算来更是丝毫不见木讷，分明是大巧若拙。说到大学生活、专业学习，他们也个个头头是道。

小鲁班技能在社团中磨砺获取

城市建设学院结构设计协会会长马超率先分享了社团管理与社团发展经验。"我们学习的是建筑行业的专业知识，单靠课堂上听老师讲仅仅是一部分，"他说，"我们需要利用课余时间做一些课堂上来不及做的训练。"

"我们会在社团里一起探讨问题，老生会给新生开课，大家互相启发的效果是课堂上达不到的。我们还会去参加校外的结构设计大赛，去亮亮相，检验下自己的实力。"担任了城市建设学院学生团委副书记的王健说。

设计工作室的谢小青也特别认同大家的发言内容，"功夫在课外啊！"她感慨地表示，第一课堂时间有限，作为第二课堂的社团刚好与第一课堂形成了一个有效的互补。

来自蜂巢工作室的林倩说："我们蜂巢工作室是一个创新创业社团，在当下这样日新月异的时代，正需要又讲吃苦耐劳又讲创新的鲁班精神，我们就是围绕鲁班精神来开展社团活动的。"

谢列卫校长肯定了结构设计协会、设计工作室的管理模式还有蜂巢工作室的创新意识，并指出，专业社团是专业学习和素质提升的平台，社团不仅仅要拿出好的作品，更要有传承，社团的生命力在于选好接班人，能够一棒一棒传下去。

小鲁班素养在"早锻炼"特色活动中养成

早锻炼是城市建设学院的特色活动，学生们对于这项活动也都有着一份特殊的情结。他们认为，将来要从事建筑行业的工作，就必须有强健的体魄和吃苦耐劳的精神，早锻炼是城建的特色也是城建的需要，是小鲁班素养的养成过程。

"建筑这一行是非常需要吃苦耐劳的孩子的。如果我们的学生吃不了苦，觉得干这行太累了，太苦了，没有女朋友，没有假期，工作不好干，想转行……肯定不行。"辅导员陈龙老师说出了当初推出早锻炼的初衷，"就是一种和职业相关的习惯的养成"。

在场唯一的大三学姐，全怡黎同学说："一开始觉得好不习惯啊！到了大学我们还要像高中一样起那么早。眼睛还没睁开，就被催促到运动场上跑步。后来慢慢就习惯了。现在，大三了，回过头来看，早锻炼还是一段大学少不了的回忆。"

城市建设学院关于学生早锻炼活动的管理规定还是非常严格的，早锻炼迟到、早退一次，按旷课0.25节处理。辅导员李腾飞老师说："我们会经常和学生一起早锻炼，和他们一起坚持。"

城市建设学院院长沈先荣也经常参加早锻炼，为同学们加油鼓劲。他希望同学们能一如既往地继承学院早锻炼的传统，增强体质，培养吃苦耐劳的精神，要在身体素养和精神素养两方面做好准备，"体力、能力、耐力都过硬，今后进入建筑行业，才能更容易被行业接纳，更容易获得成功"。

谢列卫对这种看法表示赞同："早锻炼作为城市建设学院的品牌活动，是培育职业素养的载体，值得推广。"徐红副校长也指出，早锻炼是一种健康的生活方式，有利于引导学生养成良好的生活习惯和职业素养。

理论实践一体化，积极争取学历进修

交谈过程中，学生代表们结合自身的课堂学习和考取职业资格证书的情况，就考证培训方式、图书馆职业技能考试用书的更新等问题与校长们进行了交流，并分享了暑期实习的感受。

才大一的韦云飞同学表示，自己正在准备施工员证的考试，而王锦同学说，"CAD 制图是我这个学期想重点突破下的地方。"两位同学的学习规划都挺明确，另外几位同学则把专升本设定为自己的学习目标。

校长们鼓励同学们积极争取学历进修，并就学校的高数与英语的课程内容设置、专升本培训时间等具体问题征求了同学们的意见。何树贵副校长鼓励正处于"追梦"年纪的同学们在学好课本知识的同时，更要走向社会，增强实践锻炼，真正实现理论实践一体化。

"同学们已经通过自己对专业的理解、对学校的感受，很好地回答了我们今天聊天的主题。"谢列卫说，坦诚、务实，有目标、有责任心，是建筑行业学子应有的优秀素质，"有了这样的素质，一定会受到社会的欢迎。"他希望全体城建学子发扬学院的优良传统，学有所长，奉献社会。

【一杯茶的蝴蝶效应】

测量协会、结构设计协会、CAD 协会、楼宇智能化协会、扬帆工程造价工作室、科居房产经纪工作室、城规设计工作室……经过数年时间的培育，城市建设学院的大学生专业社团越来越多样，"小鲁班们"课外实践的场所越来越丰富，在校外技能大赛中赢得的奖项也越来越多。

王健在大学毕业后，入职中铁建工集团有限公司，并在 2017 年获得中铁建工集团有限公司深圳分公司"优秀员工"荣誉。目前，已经历过多个工程项目历练的王健，在深圳市深圳北站"汇德大厦"258 米超高层写字楼项目中，担任项目部工程部长一职，"之所以能顺利实现学习与工作的角色转变，我觉得得益于我大学期间的实践历练"。

王健说自己印象最深的，是大学期间代表学校参加全国职业院校技能大赛高职组"科力达"杯测绘测量大赛，荣获数字测图赛项二等奖。"当时每天都全身心扑在社团训练上，从一位战战兢兢的基础学习者，到渴望放手一搏的参赛者，成功从省赛晋级到国赛，那种打拼后获得成功的滋味，特别甜。"

在社团训练和比赛过程中培养起来的追求精准和规范的习惯，使得王健很快在自己的工作岗位上有了出色的表现，"干建筑这一行，最需要的核心品质就是认真负责。每一项工序都需严格按照规范完成，一个小错误都可能造成重大质量事故或安全事故"。

曾经令多少人叫苦不迭的早锻炼，王健在事后回想起来也充满了怀念，"感谢早锻炼的磨难！这项运动让我养成了良好的自律习惯"。晨跑不仅仅锻炼人的身体，更能锻炼人的心态，"能每天坚持早起的人，一定不是散漫、懒惰的人"。

"认认真真干好建筑这一行！"王健说，热爱自己的专业，热爱自己的工作是很幸福的，"我就是新时代的鲁班。"

第 7 期：畅聊"无手机课堂"

在信息时代，"堵与禁"不能适应时代的发展要求，更重要的是"疏和导"。

——本期活动师生对话金句

【主题背景】

随着网络时代的到来，信息化移动设备高度普及，手机已经完全渗入了我们的生活，随处可见"低头一族"。上课可以不带课本却必带手机和充电宝，每隔几分钟就情不自禁地刷个屏，这些似乎已经成为学生们的习惯。课堂是顺应潮流引入手机，还是坚守本源拒绝手机，这不仅仅是课堂纪律的一部分，也是探讨学风建设的切入口。

本期喝茶活动是旅游学院专场。正值校园龙井茶开采季节，旅游学院师生在茶园进行了采茶体验，开展了一次现场教学实践。带着采茶劳动的喜悦，沏上一杯龙井茶，师生开启了一场关于"手机"与"学风"的对话。

【场景描述】

主题：畅聊"无手机课堂"

时间：2014年4月28日

地点：高桥校区综合楼3号楼二楼西露台

师生：谢列卫（校党委副书记、校长）

徐　红（校党委委员、副校长）

朱宝宏（旅游学院党总支书记）

孟庆东（旅游学院团委书记）

陈　曦（旅游学院辅导员）

谭梦娜（旅游学院辅导员）

罗　亮（旅游学院酒店1211班学生）

郑佳媚（旅游学院会展1202班学生）

陈建丽（旅游学院酒店1204班学生）

俞学磊（旅游学院会展1302班学生）

刘诗可（旅游学院会展1311班学生）

潘颖婕（旅游学院会展1302班学生）

郑　维（旅游学院酒店1324班学生）

金　晶（旅游学院会展1211班学生）

耿婉婉（旅游学院会展1311班学生）

4月正是杭科院后山上的茶园收获的季节。

怎样分辨茶叶的"旗"和"枪"，怎样辨识茶尖是否够到采摘的标准，怎样采茶最快最好最省力，参加"喝杯茶"活动的师生在茶农师傅的指点下，体验了一回劳动的甘苦。

30分钟才摘了一手把的茶叶，女生潘颖婕吐吐舌说："采茶也是学问，跟我学制图一样，也有原则，也讲经验和技巧。"

茶园是劳动的课堂，课堂是头脑的劳动。这一期的"喝杯茶"活动，师生们就从"双手"和"大脑"聊起，探讨应该为"手脑双挥"创建怎样的课堂环境。

无手机是一种好方法，但更要深挖根源

"我觉得无手机课堂利大于弊，对促进学风建设作用很大。"

"凡事要从根源上解决问题，应该引导同学正确使用手机。"

才喝上茶、聊上天，学生们就抛出了两种不同观点。

旅游学院学生会学习部部长郑佳媚认为，无手机课堂是提升课堂秩序和学习效率的有效手段，可以促学风，营造积极向上的学习环境。

而另一位同学金晶则表示，无手机课堂是否能够长期执行有待观察，无手机并不是改进学风建设的根本方法，从源头抓起才能提纲挈领，让同学们自觉

遵守纪律，认真完成学业。

"课堂是不是能够充分利用好手机这种信息工具呢？"陈建丽同学这样思考，"我了解了下，有一些配合课堂学习的 APP 已经推出，这些有可能极大改变上课的方式方法，提高课堂的参与性，如果能引入这种方法，也许手机的存在对课堂秩序的维护未必不是一件好事。"

郑维同学马上就有了不同意见。"我自己比较保守一些，对信息化的东西一直比较警惕。坦白地说，我觉得自己的自控力就不够强，上课经常会溜号走神，无手机课堂强制我认真听讲，虽然一开始不适应，觉得错过了好多消息，但是内心知道这种方法给自己带来了很大的裨益。我担心如果放开手机管理，自制力不强的同学真的管不住自己。"

"我们试点无手机课堂，出发点是让部分不太自觉的同学能够自觉起来，"辅导员孟庆东说，"其实许多同学从平时表现来看还是非常自律的。我们的会展策划、酒店管理这些专业课的内容相当丰富，都是实操性很强的课，需要互动，他们都比较感兴趣。"

在交谈中，大家有一种共识："点"的管理与"面"的引导要相辅而行，倡导无手机课堂是抓纪律、促自觉的一项手段，但并不能"一招"解决所有问题，良好学风建设是一项"系统工程"。在信息化时代，信息课堂的建设是必然目标与必然结果，具体怎样实现、借助怎样的路径，尚需不断探索。以手机为代表的信息终端与信息介质的出现如何发挥正能量作用，促进教学教育管理深化，是所有师生的共同课题。

要有方向，有目标，尽早确立职业方向

耿婉婉同学认为："在信息时代，'堵与禁'不能适应时代的发展要求，更重要的是'疏和导'。"她希望老师在教学过程中能够将传统教学与新媒体终端相融合，取长补短，以引导学生正确、合理地使用手机。她还认为："有职业规划的生活才有动力，自然就会减少使用手机。"

潘颖婕说："我的目标是想在高职学习这三年结束后参加专升本，到本科学校进一步学习专业，所以我平时对自己要求挺高的，老师上课的时候都会专心听，偶尔用手机查一下网络资料。"

"我们学的会展策划专业其实要在课堂外再下很多功夫。"金晶说，"很多同学在大学里迷失掉方向，刚入校的时候树立了一大堆想法，落实到行动上开始犯懒，天天玩手机也很迷茫啊，也会觉得无趣啊，虚拟的网络世界哪里有真实的现实世界有趣。有了明确的学习生活目标，比如想考专升本什么的，自然就要时不我待地投身课堂，所以，树立目标才是治标治本的。"

"有良好的学习习惯，以后走出学校去会展公司工作也应该会有用。"接着金晶的观点，同样是会展策划专业的俞学磊说。

副校长徐红在听取同学们的发言后说："现代社会是能力本位时代，我们要有海绵吸水一样的精神，主动吸收最新的专业知识，树立职业理想，这才能从根本上营造良好的学风。"

校长谢列卫鼓励大家在日常学习中要多依靠自己，不拘泥于书本，在"三屏"（电视屏、电脑屏、手机屏）时代规划好个人时间，用好信息终端，并在此基础上遵守课堂纪律，严肃学风。"我们的教育任务就是培养出岗能胜任、转岗能适应的技能型人才，希望同学们珍惜现在，着眼未来，在服务行业取得好成绩。"

【一杯茶的蝴蝶效应】

除了本期参加"校长请我喝杯茶"活动的旅游学院，教育学院、信息工程学院、城市建设学院、机电工程学院、工商学院此后也纷纷加入"挑战无手机课堂"这项学风创建活动当中。对于手机与课堂学习的辩证关系，师生也有了更进一步的认识：在信息化时代，不能不用手机，但要用好手机。

因势利导利用手机来开展课堂教学，会不会让课堂更吸引人呢？带着这样的思考，学校公共教学部的思政教师们从2017年开始尝试引入"蓝墨云班课"，发挥手机在教学中的作用。预习、点名、提问、提交作业都在手机上完成。公共教学部的老师表示，手机"杀手"用好了也可以是"助手"，但"助手"的作用还要进一步挖掘，玩手机和用手机有区别，"学风建设永远在路上"。

只是管好手机是远远不够的。最早推行无手机课堂的旅游学院，经过几年实践和探索，打出了一套优良学风创建的"组合拳"：制定学风建设细则，设立官微学风建设专栏，实时通报考勤"预警班级""标兵班级"和"十佳个人"，号召学生遵守课堂纪律，争创学风优良班级。而学校也推出了"翻转课堂"教学改革，去"水课"，建"金课"，提升课堂吸引力，从根子上解决"抬头率"问题。

第 8 期：走出象牙塔

把社团建成与社会相通的育人实践平台，舞台更宽广，身手才能更敏捷。

——本期活动师生对话金句

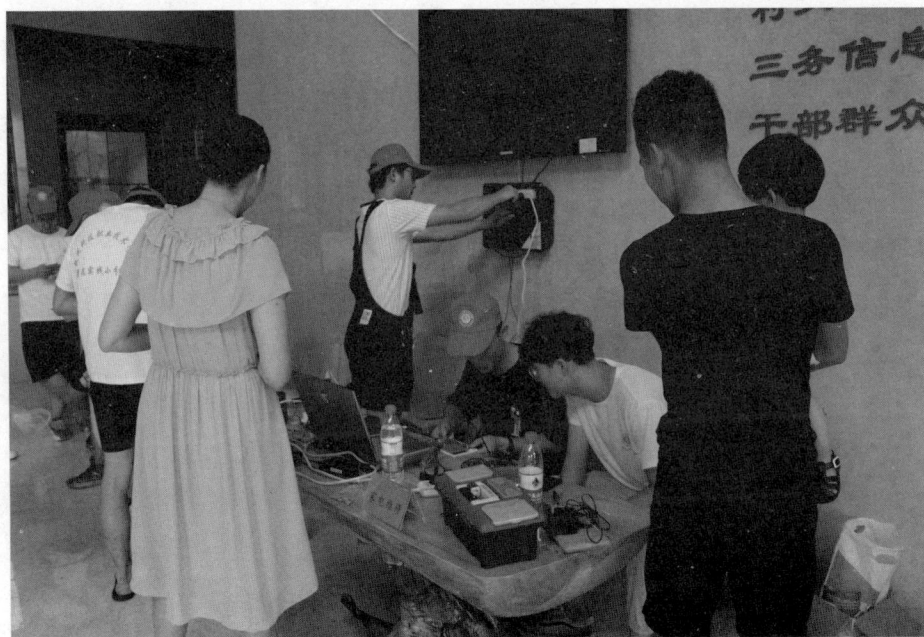

【主题背景】

2009 年 9 月，杭州科技职业技术学院高桥校区正式投入使用以来，学生社团就成为学生课外生活的重要载体，而杭科院的学生社团也自此走上了蓬勃发展的道路。2013 年，时任校长、现任党委书记谢列卫在学生党建思政工作会上表示："要以各类社团建设抓手，使学生成为学校社团建设的直接受益人。""通过社团，让学生的学风、学习习惯、团队意识都得到提升。"并提出了通过一年努力，使 50% 学生至少参加一个社团的目标。

在此后的一年中，校团委进一步明确学校学生社团建设思路，加强学生社团工作动力，拓宽学生社团发展路径，使学校的学生社团数量和质量都得到了提升。

【场景描述】

主题： 走出象牙塔

时间： 2014 年 5 月 28 日

地点： 高桥校区综合楼 3204 会议室露台

师生： 谢列卫（校党委副书记、校长）

　　　　徐　红（校党委委员、副校长）

　　　　汪灿祥（学生处处长）

　　　　傅联云（信息工程学院党总支书记）

　　　　周婧旻（信息工程学院团委书记）

　　　　吴宏伟（信息工程学院辅导员）

　　　　李勇宾（信息工程学院辅导员）

　　　　穆元彬（信息工程学院辅导员）

　　　　黄湖滨（信息工程学院计应 1211 班学生）

　　　　周　琦（信息工程学院信管 1302 班学生）

　　　　黄小笑（信息工程学院计应 1301 班学生）

　　　　叶冬冬（信息工程学院网络 1202 班学生）

　　　　陈倩倩（信息工程学院应电 1301 班学生）

　　　　周华滨（信息工程学院电气 1211 班学生）

　　　　陶如梦（信息工程学院信管 1301 班学生）

　　　　沈宇恒（信息工程学院电气 1311 班学生）

　　　　徐　炌（信息工程学院应电 1301 班学生）

"科技文艺送下乡"和"科技服务站"是信息工程学院学生社会实践和社会服务的主打品牌，依托学生社团技术和管理骨干，既为社会提供力所能及的服务，也让同学们在实践中得到成长。本期"喝杯茶"活动请来了信息工程学院专业学生社团的骨干分子，让他们分享自己在社团中汲取知识和技能，又反哺奉献社会的经历。

我为社会做贡献

Timu 蜗壳工作室、电子工作室、I Net 工作室、雏雁工作室……杭科院信息工程学院有 14 个专业社团，各社团成员往往都是专业技能大赛、创业大赛和社会服务的骨干。

参加过科技服务站的周华滨说，他们与富阳洪庄村和洞桥镇建立了对口服务关系，经常为当地居民提供笔记本维修咨询、手机维修咨询服务，"帮助别人解决困难的感觉挺爽的"。其实，科技服务站的活动也很宽泛，除了专业维修，还有文艺下乡、去敬老院看望孤寡老人，等等。

信息工程学院的辅导员周婧旻说："Timu 蜗壳工作室主要提供网站开发、网站建设等服务，同学们曾经帮助乡村进行农产品网站的搭建，受到村民们的好评。"

柠檬工作室的摄影、图片处理服务，雏雁工作室的移动商务运营、微信营销指导服务，3D 打印创客工作室的 3D 打印科普讲解服务……来自社团的小伙伴们介绍起自己做过的服务活动都非常自豪。还有一些工作室联起手来，为富阳市民服务。

"我们电子工作室和电气自动化社团一起提供的维修电吹风、电风扇等小家电，检查维修电路故障的服务，非常受富阳市民的欢迎。"陈倩倩同学说。

谢列卫校长高度评价了社会实践和社会服务对学校发展的意义：社会实践和社会服务对高职院校来说有特别重要的意义，信息工程学院在这方面已经有"科技文艺送下乡""科技服务站"等实践品牌，在实践和服务中不仅同学们能得到成长，而且也很好地宣传了学校，扩大了学校的社会影响力。

我从社会大学校来

同学们除了讲述社团活动的丰富多彩、社团成员之间的互助协作，也纷纷讲述了自己在参加社会工作过程中的经历。

当被问到老师课堂上讲的和在学生社团里锻炼的东西，对自身工作是否有帮助时，周华滨的答案是"帮助非常大"。也许公司在招聘录用的时候只能看看你的学历和实践经历，但进入公司以后，能不能得到更多的发展，起作用的就将是你的综合表现，"专业基本功、团队协作能力、岗位学习能力都会是考量的内容"。而这些能力，恰恰在社团服务的过程中，能够得到全方位的历练。

"有用！"陈倩倩也说社团工作为自己将来毕业后就业打下了坚实的基础，"通过社团活动，特别能提升自己，单是自信心的培养就对就业很有帮助。"

听了同学们的讲述，谢列卫对同学们乐于实践和服务的态度和行动给予了肯定，他表示，社会实践和社会服务是第二课堂，"第二课堂主要培养的是人的职业能力，与第一课堂正好互为补充"。谢列卫希望同学们结合即将开展的暑期社会实践积极参与社会服务，促进自我成长。

让服务的步子迈得更大些

说到学生社团的后继建设，来自雏雁工作室的周琦表示："我们的社团还处于建设初期，希望学校领导和老师大力支持社团发展。"想做视觉设计师的黄小笑说："我们把社团做得更好，就可以有更大的能力服务富阳当地。"徐炘说："我觉得我们学院可以再建一些对我们有帮助的兴趣社团。"

徐红副校长在听取了同学们的发言后，替信息工程学院总结了社会实践和社会服务工作的"三大法宝"：充分考虑同学们的专业特长、性格特点，打造多内容、多形式的实践载体；捕捉社会需求，提供具有实效性的服务；活动常态化，让同学们经常有锻炼的机会。徐红说，这些管用的"法宝"要推广，"把社团建成与社会相通的育人实践平台，舞台更宽广，身手才能更敏捷"。

【一杯茶的蝴蝶效应】

本次喝杯茶活动聚焦学校学生社团走出校园服务社会的内容，挖掘出了很多好经验，也提出了很多新构想，进一步推动了学校学生社团在服务社会能力方面的建设发展。

信息工程学院社团联合会在2018年3月组织七个专业社团在杭州富阳后亭子社区举办了以"让科技改变生活，让科技服务大众"为主题的科技服务站活动。来自爱网社团的学生们为大家义务维修电脑；电气自动化专业的学生为社区居民义务维修小家电。科技服务站在富阳区万市镇罗宅村举行了挂牌仪式，这也是该学院在富阳建立的第3个便民服务站。罗宅村的项大爷成了科技服务站挂牌后的第一位"顾客"。拿着维修好的电磁炉，项大爷竖起大拇指说："你们大学生有本领，救活了旧物件，省了我的钱也省了我的事，以后一定要常来。"

由学生社团组建的"德先生和赛先生"实践队，还走入贵州凯里寨瓦小学，通过绘画、游戏等多种形式向小学生们宣传知识。活动现场小学生们对队员们自己制作、从杭州"千里迢迢"运输而来的科技作品表现出很大的热情。与此同时，队员们积极奔走在凯里街头，发放宣传材料，进行问卷调查，碰到有疑问的居民耐心进行解释说明，得到了街道居民的称赞。

走出校园，走进生活；走出象牙塔，融入社会。在服务社会的过程中，学生社团触到了时代的脉搏，也获得了生活给予的最好的教育。"生活即教育""社会即学校""教学做合一"陶行知生活教育思想在杭科院的社团建设和实践中得到了最好的诠释。

第 9 期：生涯导航，追寻梦想

　　孩子是个非常快乐的群体，能与孩子们一起游戏，一起活动，并将它作为一份事业，是件很美好的事情。幼儿教育是个很幸福的职业，希望你们要有爱心、细心和耐心，在儿童成长中享受教育的幸福。

——本期活动师生对话金句

【主题背景】

杭科院历来高度重视学生的生涯规划问题，早在 2013 年，学校就明确提出以"立德树人"为总目标，以职业生涯规划为主线，以社团建设、创业创新教育和社会实践为抓手，以完善学生学习、成长、发展支持服务体系为重点的学生工作总体思路，引导教育学生"德业兼修，知行合一"，进一步明确要将职业生涯规划教育贯穿整个人才培养过程。

2014 年 10 月 29 日，中国教育学会名誉会长、北京师范大学资深教授、杭州科技职业技术学院总顾问顾明远先生到校访问。顾老作为中国教育界的泰斗，对学生的生涯教育、职业教育和人生教育有着深刻的见解。在参观考察后，顾老应校领导的邀请，欣然参加"校长请我喝杯茶"活动，同 19 位同学一起谈专业、话生涯、聊梦想。

【场景描述】

主题： 生涯导航，追寻梦想

时间： 2014 年 10 月 29 日

地点： 高桥校区综合楼 3204 会议室露台

嘉宾： 顾明远（中国教育学会名誉会长、北京师范大学资深教授、杭州科技职业技术学院总顾问）

师生： 傅　勤（校党委书记）

　　　　谢列卫（校党委副书记、校长）

　　　　徐　红（校党委委员、副校长）

　　　　张静怡（教育学院学前 1203 班学生）

　　　　何　平（教育学院学前 1212 班学生）

　　　　郑文聪（教育学院学前 1236 班学生）

　　　　赵　璐（教育学院学前 1337 班学生）

　　　　王诗怡（教育学院学前 1303 班学生）

　　　　沈　盈（教育学院学前 1411 班学生）

　　　　吴健超（教育学院学前 1436 班学生）

　　　　汪祺烨（机电工程学院模具 1424 班学生）

　　　　李　阳（机电工程学院模具 1412 班学生）

　　　　张婧颖（艺术设计学院景观 1404 班学生）

吴　鹏（艺术设计学院广告 1423 班学生）

项丹妮（信息工程学院计算机 1443 班学生）

林　益（信息工程学院电气 1411 班学生）

潘心安（旅游学院会展 1403 班学生）

吴倩倩（旅游学院会展 1403 班学生）

娄安杭（城市建设学院建经 1402 班学生）

成　宋（城市建设学院市政 1411 班学生）

章瑜洁（工商学院会计 1401 班学生）

张栋梁（工商学院连锁 1411 班学生）

深秋的杭州已经略有寒意，"校长请我喝杯茶"活动现场的氛围却十分火热。满头银发、精神矍铄的顾老一走进来，同学们自发地起立，用热烈的掌声表示欢迎。与长者交流，与智者同行，大家都觉得喝到这一杯茶特别幸运。

享受教育的幸福

"凡事预则立不预则废。大学生涯需要规划、筹谋，始终不忘理想，把职业生涯与实现梦想结合起来，才会获得快乐。"在喝茶活动伊始，校党委书记傅勤就浅谈了自己对本期话题的理解，"我们的大学以技术技能型人才的培养为目标，学制短、任务重，更需规划好生涯、利用好时间，以梦为马，精准发力，才能在未来的职场竞争中拔得头筹"。

听了傅勤的阐述，教育学院张静怡同学马上表示了赞同，"我自幼就有一个幼师梦想，想在色彩缤纷的幼儿园里每天和小朋友朝夕相处，教他们唱歌、舞蹈，摸摸孩子的小脸蛋儿，多温馨！我们的学院有漂亮的音乐楼和舞房，在这里我学会了很多。我希望能通过专升本再学习一段时间，为以后的发展奠定更好的基础。我觉得在这里的日子很幸福。把所学和所爱放在一块儿，结出的果子才香甜"。

教育学院的何平同学接着说："我们教育学院的诞生和发展，得到了顾明远爷爷的大力支持，他还为学校捐资设立了行知奖学金。我以后的梦想就是做这样的人，一心扑在教育事业上，只问耕耘，不问收获。"听到这里，在场所有师生为顾明远先生鼓掌致敬，感谢他为教育事业的多年奉献及对学校教育事业的不懈支持。

听到张静怡用"幸福"来总结三年的学习生涯，顾先生深感欣慰："孩子是个非常快乐的群体，能与孩子们一起游戏，一起活动，并将它作为一份事业，是件很美好的事情。幼儿教育是个很幸福的职业，希望你们要有爱心、细心和耐心，在儿童成长中享受教育的幸福。"

幼教前景无限

"今天喝茶的同学中很多都来自教育学院，教育学院兴办时间短，第一届毕业生正面临毕业，我想，她们肯定很想知道未来的职业前景如何，可否请顾老为同学们加以解答？"谢列卫校长代教育学院的学生向顾明远先生求教。

顾明远条理清晰地为同学们分析了就业形势："2010 年颁布的《教育规划纲要》中指出，到 2020 年，要普及学前一年教育，基本普及学前两年教育，有条件的地区普及学前三年教育。目前，我们国家仅有幼儿园 20 多万所，合格的、有资格证的幼儿老师还是非常欠缺的。现在学前教育专业的学生可以读研究生、博士生。而且今后幼儿教师的职称评审等也将和小学、初中教师一样对待。所以说，这是一个很有前景的职业。"

在鼓励学生对今后就业充满信心的同时，顾先生也特别交代："幼儿教育关系民族的未来，国家的兴亡。幼儿教师一定要掌握幼儿的教育发展规律，培养幼儿良好的品德行为，将他们人生的第一颗扣子扣好。"

听到顾明远先生的回答，教育学院的几位女孩子十分激动：自己在"追求梦想"的路上作出了正确的抉择，能在幼师路上前行，是人生的幸福。

梦想 + 理性决策 + 积极行动 = 现实

"学校高度重视大学生职业生涯问题。以始业教育为基础，树立学生的专业观；以职业规划课为切入点，树立学生的择业观、创业观；以专业课堂为主体，树立学生知识观、职场观；以社会实践、专业实践为双翼，树立学生实践观、社会观；以社团教育、第二课堂为支点，树立学生综合素养观。"副校长徐红对学校的生涯规划教育与生涯规划总体情况做了这样的归纳。

"我觉得梦想 + 理性决策 + 积极行动 = 现实！"娄安杭同学从小对建筑感兴趣，今年考入学校城市建设学院，对她而言，是实现了儿时的梦想，"女生从事建筑类工作照样可以做得好！期待有一天我参与设计的大楼可以拔地而起，把蓝图变为现实，这种感觉太棒了！"

"娄安杭的'梦想公式'蛮有趣，"连锁经营专业的张栋梁对未来有很多的规划与期望，"我们全家都很支持我到工商学院学习，父母一直期待我学有所成，把家里的企业继承好。现代企业发展再也不能光靠经验，得有理论知识，能跟得上社会发展，还要懂政策，相信三年的学习让我更快成长为标准的企业人。"

"生涯无限，梦想无限，一切的希望都要靠今天的奋斗，"谢列卫用寄语为本次活动做总结，"祝大家都能以本次活动为契机，整理思路，做好积淀，打有准备之战，经营好生活和事业！"

【一杯茶的蝴蝶效应】

参加"喝杯茶"活动的郑文聪是学前 1236 班上仅有的 3 名男生之一。毕业那年，和"大熊猫"一样珍贵的男幼师郑文聪，立马被浙江省建德市航头中心幼儿园相中，当上了航头幼儿园的"孩子王"。航头幼儿园园长笑眯眯地说，自己抢到了"一块金子"。

刚到航头幼儿园工作，每天都会有家长跟参观大熊猫一样地"围观"郑文聪。为什么大小伙子会想来幼儿园上班呢？也有些家长，暗暗心生疑虑，他们担心男老师会比较粗心、脾气比较大，照顾不好自己的孩子。

没过多久，郑文聪就用实际的行动，用出色的教学能力，打消了家长们的疑虑。他带着宝宝们上体育课，鼓励宝宝们勇敢一点、独立一点。一个学期下来，男宝宝们纷纷拿郑老师当偶像，"哭鼻子黏爸妈"成了受男宝宝们鄙夷的行为。女宝宝们也阳光硬朗起来，毕竟有"大男子汉"和"小男子汉们"天天在保护着她们。

青春是用来奋斗的，幼儿园就是郑文聪青春飞扬的舞台。毕业两年后，郑文聪就成长为航头幼儿园副园长，他开发设计的幼儿体育活动、农事体验活动，获得了多项科研奖项。

郑文聪回忆起当年的喝茶活动，顾老的那句话让他深有感触。顾老说过，幼儿教育是个很幸福的职业，要有爱心、细心和耐心，在儿童成长中享受教育的幸福。郑文聪的体会是，"选择幼师专业太正确了，孩子们喜欢我，这是我最大的幸福。"

第 10 期：暑期实践：行与知的快乐

　　从课堂里和从书本上学到的青瓷文化还是太概念化了，这次去实地看一看，青瓷真的是让人眼前一亮。

——本期活动师生对话金句

【主题背景】

每一年暑期，学校都要举办爱心支教、科技下乡、寻访校友、非遗走访、军旅夏令行等各种丰富多彩的社会实践活动。同学们不仅是在校学习的学生，还是充满爱心的支教老师、反邪教倡科学的文明宣传者、关爱老一辈的新青年、体会乡村新变化的观察者。

2014年的暑假，杭科院共有19支队伍256人参加了校团委组织的暑期社会实践活动，其余同学也自觉走出家门，或进企业实习，或进社区志愿服务。11月27日，距离暑假结束已过去2个多月，同学们却依旧想在"校长请我喝杯茶"活动中聊聊暑假中的经历，因为这些经历关于成长。

【场景描述】

主题：暑期实践：行与知的快乐

时间：2014年11月27日

地点：高桥校区综合楼3号楼二楼西露台

师生：谢列卫（校党委副书记、校长）

　　　　徐　红（校党委委员、副校长）

　　　　高云飞（校党委委员、纪委书记）

　　　　汪灿祥（学生处处长）

　　　　周俊炯（团委书记）

　　　　夏　村（团委学生素质拓展中心主任）

　　　　李常钰（团委老师）

　　　　葛林吉（艺术设计学院建装1201班学生）

　　　　张　鹏（城市建设学院建经1201班学生）

　　　　单　双（机电工程学院机械1211班学生）

　　　　王则厅（机电工程学院汽电1311班学生）

　　　　俞泠伊（机电工程学院一体化1301班学生）

　　　　郎晨洁（教育学院教育1336班学生）

　　　　吕莲莲（教育学院教育1303班学生）

　　　　张超炜（艺术设计学院建装1201班学生）

　　　　朱丽君（艺术设计学院广告1201班学生）

　　　　陈彬彬（艺术设计学院装饰1201班学生）

陈泽霞（信息工程学院信管 1302 班学生）

陈　斌（信息工程学院电气 1211 班学生）

郑　维（旅游学院酒店 1324 班学生）

潘颖婕（旅游学院会展 1302 班学生）

吴　昊（城市建设学院建工 1201 班学生）

高　熔（城市建设学院市政 1321 班学生）

汪振平（工商学院财务 1302 班学生）

卢　澹（工商学院会计 1302 班学生）

11月27日下午，"校长请我喝杯茶"活动聊天的主题是"暑期实践：行与知的快乐"，来自7个二级学院的18位同学都有自己在暑期社会实践中的独家记忆要分享。活动一开始，同学们就纷纷谈起了暑期实践中的"酸甜苦辣"，场面一下子热烈起来。

"奶爸"与"奶妈"，微笑与汗水共存

"在暑期社会实践中，大事小事天天都有发生，哪怕说一下午也说不完，但是真的学到很多。"发言的同学叫陈斌，是一位电子达人，但是这次他参加的是校团委承办的暑期军旅夏令营活动。杭州市富阳区的400多名小学生参加夏令营，在武警训练基地体验军旅生活，而陈斌的任务就是做孩子们的生活老师。他不光需要协助教官进行分组管理，还要指导小学生营员们整理内务，培养就餐习惯，学习洗碗洗衣服等生活技能，帮助他们养成良好的作息，训练高度集中的注意力，让孩子们学习军人不怕苦不怕累的精神，形成集体观念。

对陈斌来说，面对电子产品一切不在话下，但是管孩子做"奶爸"，负责孩子吃喝拉撒对他来说是一次考验。他说自己早上五点起床准备叫醒孩子们，到中午又要把熊孩子拉回来睡觉，好几次孩子没睡，自己站着都可以睡着。但是这次实践改掉了他熬夜的坏习惯。当了一天"奶爸"，孩子睡下了，队员们还要

开分析总结会议，压根没有熬夜看手机的力气。

另一位女同学潘颖婕说："这十天让我发生了质的飞跃。"潘颖婕是急脾气，但是面对这一群孩子，却不得不让自己耐心一点，再耐心一点。"我们要管好孩子们的吃喝拉撒睡，容不得马虎。"潘颖婕说。孩子们暂别父母，刚开始每天都泪眼汪汪的，搞得"奶爸""奶妈"们束手无措。后来慢慢混熟了，各项事情也越做越有章法，"越来越舍不得这些熊孩子。我想，这便是共同成长"。

"在夏令营里，我们会每天安排一小时来指导孩子们做暑假作业，"张鹏说，"现在的小学生作业完全出乎我的意料，许多题目都不简单，我在辅导他们的时候都要提前做做功课才行。"被小学生难倒，可是一件令人难堪的事情，为了不让自己在课业指导时捉襟见肘，张鹏和同学们可是铆足了劲。

葛林吉说："让孩子们有规律地生活，每天看他们迈出的一小步，都可能是人生中的一大步。"他说，7月9日本是一个平凡的日子，但这天是9位小营员的生日，大家策划了一台精彩的演出，举办了一个非常特别的生日晚会。短短十天，他们与夏令营的小营员之间早已培养出了真感情。

校纪委书记高云飞说："感谢同学们的付出，短短的几天却有这么精彩的经历，很不容易。我相信，从实践中获取的真知灼见，一定会让大家记忆深刻。"

百味人生，收获体验收获爱

虽然说起实践期间的辛苦滔滔不绝，但大家的笑容和言语间透露的是不舍，可以看出此次实践给所有参与的人员都留下了丰富的回忆和满满的收获。

工商学院暑期社会实践小分队是一支关爱失独老人的实践队伍。随着年龄增长，老年人的身体健康状况在下降，失独老人更是弱势群体，需要更多的精神上的交流和关爱。

参加了小分队的汪振平说："这次实践让我们有了一次跟失独老人深入交谈，融入他们生活的机会。老人们的生活经历和面对生活困难的不同心态，让我们心情很复杂，既有同情，更有敬佩。"小分队队员们不仅给老人们打扫房间，还学会保持微笑，主动拉着老人的手，和他们聊聊天，"觉得他们最需要的是陪伴"。

参加了小分队的卢澹说，同学们在提前体验了一回老年生活，感受到失独家庭的艰难后，都非常希望能将自己的关爱传播给更多的失独老人，暑期社会实践结束后他们仍然和老人们保持着联系，"希望依托社团，让关爱老人的行动延续下去"。

小分队的故事，引起了大家的热议。"我觉得应该给老人们更多的经济上的保障，有一个好的生命质量和生活品质。""当我老了，我会期待更好的医疗服务。"

对于这些想法，在座的校领导和老师们都给予了高度评价："这个活动不仅让老人真切地感受到爱，且自己也收获了一份爱，意义重大。"谢列卫校长更是鼓励同学们要把这项活动坚持下去，形成活动品牌，"我们的同学可以做更多事，一起来应对老龄化问题"。

结合专业，从所学到所用

艺术设计学院的暑期社会实践则更富有专业特色，他们的实践地点是浙江省丽水市龙泉市上垟"青瓷小镇"。

为了节省经费，"寻乡艺梦"小分队队长给大家伙购买了凌晨 2：35 的车票。队员朱丽君笑称，这是最晚亦是最早的一班火车，"那天，他们都没敢睡，还好大家都是年轻人，聊聊天，玩玩桌游，特别兴奋！"

这些学艺术的孩子对中国陶瓷文化名城龙泉的青瓷文化特别地心驰神往。2009 年龙泉青瓷传统烧制技艺入选"人类非物质文化遗产代表作名录"，成为迄今为止全球唯一入选"人类非遗"的陶瓷类项目。朱丽君说："从课堂里和从书本上学到的青瓷文化还是太概念化了，这次去实地看一看，青瓷真的是让人眼前一亮。"小分队在龙泉的实地学习活动，在朱丽君看来，才是深入其境的体验式学习。1600 多年历史的龙泉窑、胎质细腻且白中泛青的青瓷，就像一块块翡翠美玉，让同学们记忆深刻。

实践队员在龙泉，除了参观青瓷小镇、开展"农家小助"以外，还开展了颇具专业特色的墙绘活动，队员们发挥所学，把环保主题和瓷文化相结合，为小镇量身定制了墙绘内容。

但队员们说，最大的考验并非来自专业。参加了小分队的陈彬彬说："连续三天我们要顶着酷热炎暑，在当地的小学和乡政府进行绘画，有几位同学相继中暑，可他们依然坚强地要与团队一起绘画。大家汗流浃背，可心底的喜悦之情还是不言而喻，感觉自己可以把所学用在实处，特别有成就感。"

对同学们来说，与同龄人一起参与、经历一次青春的奇幻之旅，行路遇风景，是对青春最好的注脚。

【一杯茶的蝴蝶效应】

从 2015 年到 2019 年暑假，全校共组织近 80 支小分队，1600 余人参与到暑期社会实践的队伍中来，建立、签约社会实践基地 23 个，学生社会实践的参与人数、活动成效显著提升，获得《中国教育报》等校外媒体的报道。

参加了喝茶活动的潘颖婕，2016 年从学校毕业，通过专升本考试，进入嘉兴学院开始本科学业。两年后，她又回到了杭州科技职业技术学院，成为学校的一名辅导员。

聊起 2014 年军旅夏令营的"奶妈"经历和"喝杯茶"的经历，潘颖婕说："暑期社会实践其实给了我一个很好的锻炼机会，体验过，才能开发自己的潜能，发现自己更多的可能性。"当初给小学生们做生活老师的经历，对她来说是难忘的尝试。当发现自己除了所学的会展专业，还适合从事教育工作的时候，她的职业目标也开始慢慢清晰起来。

潘颖婕说："必须让自己更优秀！"回到杭州科技职业技术学院做老师后，她一边工作一边学习，通过全国统考，考上了北京理工大学职业技术教育专业研究生。

作为高职生，她的起步虽然不高，但每一步都走得特别扎实，每一次华丽转身都让人惊艳："果然啊！奋斗的青春最美丽！"从小学生的"奶妈"到高职院校辅导员再到职业教育的研究者，努力的奋斗者总是让我们充满敬佩和期待。

第 11 期：从创意到创益

蛋雕社帮我培养了一份对作品创作的专注。处理一个蛋雕作品的过程，让我认识到自己对景观专业的学习态度也应该是这么严谨、有耐心。

——本期活动师生对话金句

【主题背景】

将表面颜色较深的鸡蛋，或质地较厚的鹅蛋、鸵鸟蛋，钻孔、掏空、清洗、晾干，再以刀为笔，或刻或雕或镂，复现那风流雅致的人物、错落有致的山水、栩栩如生的花鸟。杭科院艺术学院"缘蛋斋"蛋雕社的同学以刀代笔，游刃薄卵，每一刀刻下去，都像是种美丽的冒险，轻一分不及，重一分则损。分深浅，别明暗，求工稳，讲意境，蛋雕的世界复杂、精细、艰难。

成立于 2010 年的"缘蛋斋"作为传承民间手工艺的学生社团，它不光培养着同学们的动手能力，也培养着耐力、想象力和创造力。类似"缘蛋斋"这样的社团在艺术学院，在杭科院校园还有很多。同学们从兴趣出发，和志同道合者聚集在某一个专业社团中，发掘自己的特长、磨炼专业技艺，从创艺，到创意，再到创益，这样的大学生活是对今后职业生涯的最好铺垫。

【场景描述】

主题：从创意到创益

时间：2014 年 12 月 23 日

地点：高桥校区综合楼 3204 会议室露台

师生：谢列卫（校党委副书记、校长）

　　　　张小红（校党委副书记）

　　　　徐　红（校党委委员、副校长）

　　　　柳　洴（艺术设计学院党总支书记）

　　　　邹　烨（艺术设计学院学生科科长）

　　　　刘庆生（艺术设计学院团委书记）

　　　　汪　利（艺术设计学院辅导员）

　　　　聂玉玲（艺术设计学院辅导员）

　　　　公　瑜（艺术设计学院辅导员）

　　　　卜佳杰（艺术设计学院建装 1301 班学生）

　　　　曹　艳（艺术设计学院广告 1301 班学生）

　　　　厉宇杰（艺术设计学院景观 1304 班学生）

　　　　洪婵婵（艺术设计学院装饰 1311 班学生）

　　　　郁杨明珠（艺术设计学院广告 1301 班学生）

　　　　夏吉飞（艺术设计学院室内 1302 班学生）

倪冬雪（艺术设计学院室内 1302 班学生）

章镠炜（艺术设计学院室内 1311 班学生）

杨若愚（艺术设计学院景观 1305 班学生）

韩　梦（艺术设计学院室内 1303 班学生）

参加这期"校长请我喝杯茶"活动的同学都不是空着手来的，他们精心挑选了自己最满意的社团作品，来让老师、同学品鉴。传阅、评价、赞叹、指点，现场一时间无比热闹。

快乐学习，职业生涯从"创艺"开始

尚艺平面设计工作室、典易设计工作室、睿易设计工作室、建装蚂蚁社团、缘蛋斋社团、地标景观设计工作室等 10 个社团的社长分别介绍了社团的特色，并向嘉宾们展示了社团的作品。

艺术设计学院党总支书记柳浒介绍说，本学期艺术设计学院共有 19 个社团在运营，学院 70% 以上的学生参加了社团。经过多年培育，艺术设计学院的专业社团从无到有，从弱到强，加入社团大家庭已经成了艺术设计学院学生们的一种生活方式，成了他们完成学业路上不可或缺的一个部分。

2013 级章镠炜同学来自艺轩书画社，该社团成立于 2010 年，在艺术设计学院副院长王振华老师的带领下，开设了版画（装饰画）、油画、水粉、国画、软笔书法等书画项目。章镠炜说："我们书画社有 50 多个人，平时在社团里会互相切磋技艺、相互交流学习，氛围特别好！"得知章镠炜同学是富春印社 48 名成员中最年轻的成员之后，谢列卫校长大为赞赏，希望他能将雕刻和书法融为一体，并运用到室内设计专业中去。章镠炜同学说："当初参加富阳当地的富春印社就是出于爱好，能把兴趣爱好和自己的专业结合好是很幸福的。"

"室内手绘是我们社团的主要工作方向，我们平时也会涉及室内装饰、CAD制图等方面的训练，和专业贴合得很紧，"睿易室内设计工作室的夏吉飞同学说，"通过社团提供的专业实践机会，我了解了自己与企业需求之间的差距。"

谢列卫表示，社团激发了同学们的学习兴趣，提供了职业技能的实践机会，这种带着问题学习，第一时间获得反馈的学习方式对第一课堂的教学具有较好的促进作用。党委副书记张小红也鼓励同学们多参加社团，通过社团活动加深对专业的认知。

专业历炼，从"创艺"到"创益"

在看到社团展示的精美作品后，嘉宾们都给予了高度赞扬，认为这些作品不仅具有艺术价值还有市场价值，应该努力向创业型社团发展，让作品成为产品。

谢列卫认为，专业社团可以联合起来做项目，让社团成为一个个项目组，从接单到设计到施工，按照企业的模式去运营。张小红指出，社团要将作业做成作品，把作品做成商品，进而实现专业社团向创业公司的转变。

艺术设计学院刘庆生老师说："我们的尚艺平面设计工作室，就是一个向创业公司转变的典型。"尚艺平面设计工作室主要为平面设计爱好者提供学习、交流、实践的机会，日常组织学习专业软件、设计技能培训，组织参与各种形式的设计竞赛及活动，承接校内外的各类设计业务。

尚艺平面设计工作室的曹艳向大家介绍了他的学长陈宇强。在杭科院创业园里有一家校园"明星"企业，老板是台州小伙陈宇强，毕业于杭科院艺术设计学院。陈宇强在校时是社团尚艺平面设计工作室"第二代掌门"；毕业时，他留下来创业，2012年注册成立"富阳视方广告有限公司"。公司刚成立时，办公场所简陋，借用社团办公室办公。2013年，赚了点小钱后，陈宇强就把公司搬到了学校的创业园，租下85平方米的小房间。今年，随着团队日趋完整专业，公司又搬进170平方米的场所，真正像一家设计公司了。公司还申请获得富阳区大学生创业和科技孵化企业10万元补助资金，业务扩展到澳洲和迪拜，成为大学生成功创业的典型。

柳浒说，目前艺术设计学院社团成员已创办了5家公司，有2个社团进驻学校创业园，"艺术设计学院社团在创业的道路上迈出了重要的一步，实现了从创艺到创益的飞跃"。

人才培育，离不开第二课堂

第二课堂的磨砺让同学们从生涩单一到成熟老练。

地标景观设计工作室的厉宇杰说："社团让我更加善于表达自己了。一开始我老觉得完成一个作品后不知道怎么来描述自己的创意思路，担心工作后跟客户交谈可能会是我的瓶颈。一年多下来，我和社团的小伙伴们一起交流，训练自己更有深度、广度地解读作品，现在好多了，我自信了不少。"

装饰社的洪婵婵也觉得社团给的锻炼机会特别多，她说："每次社团活动时的分享，是我最喜欢的。这是一个交流的过程，可以知道和别人比起来，我的差距有哪些，我的优点有哪些。"

西湖摄影工作室的韩梦也觉得社团分享让她受益匪浅："一张照片，拍完后大家一起点评，说说自己拍照时的小故事、小心情，特别是当引起大家共鸣的时候，我就特别有动力去拍好下一张照片。"社团的魅力就是从兴趣这一个角度推动着第一课堂走向成功，推动学生的个人成长。

"蛋雕社帮我培养了一份对作品创作的专注，"来自景观专业的杨若愚毫不掩饰对社团的喜欢，"处理一个蛋雕作品的过程，让我认识到自己对景观专业的学习态度也应该是这么严谨、有耐心。"

徐红副校长充分肯定了艺术设计学院社团取得的成绩，希望学院能继续发挥"第二课堂"在大学职业生涯中的作用，建设好"印象·艺术"文化节，为社团提供展示平台，营造良好的学院文化。她还鼓励社团成员们发挥创造力和想象力，让专业知识转化成生产力。

谢列卫表示，社团激发了同学们的学习兴趣，提供了职业技能的实践机会，这种带着问题学习，第一时间获得反馈的学习方式对第一课堂的教学具有较好的促进作用。同时，谢列卫认为，学生社团发展路径主要有三点：一是引导社团建设的方向，这一点至关重要。专业社团的引领要与学生专业技能拓展、技术服务能力提升、创造创新能力培养和高层次技能大奖赛参与结合起来。非专业社团的引领要与学校艺术教育、体育教育和业余爱好、志愿者服务等结合起来。二是培育社团建设的品牌，这项工作需要有"细水长流"的耐心。目前不少社团已经有一定的工作基础，但还要进行完善和培育。通过评比、打擂台等各种方式，形成"你追我赶"的局面。三是提供社团建设的保障，包括制度保障、场地保障、经费保障等，"只有丰饶的土壤才能让树苗茁壮成长"。

【一杯茶的蝴蝶效应】

对于学生社团的发展而言，配套措施的跟进，才会让社团成长更加有序、健康，让学生插上创新的翅膀，让创意到创益的道路更加畅通无阻。

为了鼓励老师额外"加班"跟学生多待在一起，各个二级学院动了不少脑筋。艺术设计学院最开始是给社团拨活动经费，给项目奖励和参赛获奖奖励，而后设立制度将教师承担社团指导工作纳入教学业绩考核。"多算课酬肯定增加学院管理成本，带来经费上的压力，但学院通过找企业合作、压缩其他开支，想尽办法保证了学生专业社团建设经费。为了学生，投这个本钱是值得的。"艺术设计学院党总支书记柳浒回忆说。在学生专业社团迈出了跟跟跄跄的第一步，逐渐站稳脚跟后，很多社团有了创业利润，赚到了"第一桶金"。例如，尚艺平面设计工作室，月均承接业务2到3项，基本可以养活自己了。

"元老社团"对学院的扶持依赖减弱后，学院总结成功的经验模式，将资金更多地用于发展新的专业社团，渐渐形成了良性循环。几个顶尖社团还主动相互合作，逐渐形成了"产业链"：营销专业学生参与的"创翼基地"负责拉业务接单子，"1+1室内设计工作室"和"睿易工作室"两个设计专业社团学生负责具体设计，建筑装饰专业学生组建的"MY工作室"负责施工。

更让学校高兴的是，在社团建设过程中，因为老师们经常跟学生们在一起，师生感情越来越好，"不用再靠做思想工作劝老师们带社团了，老师们说不给钱都要跟学生'一起玩'"。

从创意到创益，五年积累，一朝收获。地标环境景观设计工作室、在中智库工作室、机器人社团、模具社团……挨着个儿地在校外各类大赛中拿奖。第三届中国环境艺术青年设计师作品展银奖、中国包装创意设计大赛一等奖、全国职业院校"建筑装饰综合技能"竞赛团体一等奖……学生社员们拿奖拿到手软，对自己的能力越来越有信心。

为了让学生有更多时间在专业社团中从事自己喜爱的活动，学校在教学计划安排上规定每周二下午不排课，把时间还给学生，深受学生欢迎。

第 12 期：我的校园我做主

武汉大学的樱花特别美，浙江工业大学的向日葵也是省内高校的网红点，我觉得我们学校也有让校园变成景点的潜力。

——本期活动师生对话金句

【主题背景】

2015 年 4 月 29 日，第 12 期"校长请我喝杯茶"活动选择了关于校园基础建设的话题。良好的校园环境、校园文化是"无言之教"。作为校园的实际使用者，同学们对校园建设最有发言权。尤其值得一说的是，本次参加活动的同学是自主报名，全校海选出来的。

【场景描述】

主题：我的校园我做主

时间：2015 年 4 月 29 日

地点：高桥校区综合楼 3204 会议室露台

师生：谢列卫（校党委副书记、校长）

　　　徐　红（校党委委员、副校长）

　　　袁　俊（校党委委员、副校长）

　　　汪灿祥（学生处处长）

　　　贾利国（公管处处长）

　　　高　勇（科新公司总经理）

　　　许清清（城市建设学院建经 1401 班学生）

　　　陈婕樱子（城市建设学院房产 1301 班学生）

　　　刘淼龙（工商学院财务 1302 班学生）

　　　郑飞飞（工商学院财务 1402 班学生）

　　　刘　影（教育学院学前 1304 班学生）

　　　叶玲珠（教育学院学前 1338 班学生）

　　　黄朝鑫（机电工程学院汽检 1422 班学生）

　　　毛超玲（旅游学院旅行社 1411 班学生）

　　　徐慧琴（旅游学院会展 1311 班学生）

　　　杨　超（艺术设计学院景观 1305 班学生）

　　　徐晓航（艺术设计学院建装 1311 班学生）

　　　陈海霞（信息工程学院电气 1302 班学生）

春天，我们如何让校园更美好？"美好"之于环境是满园春色，设施安全，文化底蕴深厚，是校园美育的一部分。而"美好"之于大学，应该还有另外一层含义，即我的校园我做主，师生共同参与校园的民主管理，都有主人翁的精神面貌。

活动版本升级体现育人工作新常态

校学生自律委员会在 4 月初就发布了活动报名通道，有 160 名同学参与前期话题讨论，提交了点子。根据同学们提出问题的热议度和改进方案质量，最终确定了 12 位幸运儿，代表全校同学参加本次喝茶活动。

那些不能到现场参加活动的同学所提交的点子，都会由新选出的"2015年学生维权形象大使"，来自工商学院财务 1402 班的郑飞飞代为提问。所以，这 160 名场外同学等于间接参与了活动。郑飞飞说："改版以后，整个活动参与方式很透明，参加活动的同学都事先做了充分准备，'喝茶议事'我们是认真的。"

三大话题体现学生民主参与新风尚

当天的喝茶活动围绕"春天如何让校园更美好"这个主题设计了"校园楼宇如何调整""校园景观如何美化""还需要增设哪些校园设施"三个话题，请同学们依次提出各自观点。话题和学生日常的生活、学习密切相关，所以大家的发言都很踊跃。

徐晓航说："我们艺术设计学院的实训场地和老师办公室还是有一定距离，可以调整一下，更加集中一些，有利于我们更好地在课间跑老师办公室交流。此外，同学们希望学院所在的楼层艺术氛围更加浓厚，如果能够重新装修，一定要考虑进去啊！"

"我也希望我们学院有一些变化，我是旅行社专业的，楼道里更加有专业气息就好了。"对于楼宇装饰的问题，毛超玲也特别感同身受。

刘淼龙说："武汉大学的樱花特别美，浙江工业大学的向日葵也是省内高校的网红点，我觉得我们学校也有让校园变成景点的潜力。"

许清清说："学校从陶研馆到图书馆路上的山坡很美，但是我觉得可以再做一些调整，比如到特定季节种植大面积的有视觉冲击力的花会更好。"

"真的是一拍即合呀！"高勇老师是学校基础建设方面的行家，"我们也在不断研究，比如在那个朝教学楼一面的山坡上种植马鞭草，等到花开了，会是一大片紫色，一定会很好看！至于樱花，我们会在北边沿山的路上加栽一些，我相信同学们会喜欢的！"

"食堂的就餐环境可以更加个性化！"徐慧琴说，"可以参考现在的网红店，在装饰上加一些年轻人喜欢的元素。还有，灯光也可以更加亮一点，做一些布置，会更加好些。"

"校园有些地方闲置着，平时无人问津，如学校东部和实训楼后方空地，我觉得可以充分利用，建更多有意义的建筑设施。特别是同学们的活动场地、学生社团活动的场地，现在还是太少。"杨超同学如是建议。

"其实食堂门口就有许多同学会在饭后去那里玩滑板，场地人气蛮高的。但是，地方太小了，能再大一点就好了。"陈海霞说。

"确实，我们特别需要更多的活动场地。我觉得有学生参与的校园才是最美的。"维权形象大使郑飞飞说，"场地大了，我们就可以多组织一些文体活动，让同学们活跃起来，不要一直窝在寝室里，这样也响应了团中央的'三走'号召，让同学们走下网络、走出宿舍、走向操场。"

"我希望学校能在教学楼和实训楼设一些自动售卖机，这样，课间想买个咖啡就不用跑很远了。"陈婕樱子的建议虽然小，但是得到大家积极的附议。

"寝室楼下洗衣服的洗衣机用得多，容易坏，希望加强检修。"

"晚上从图书馆回宿舍，路上的灯可以再亮一点。"

"大足球场也希望增加亮度啊！"

"收快递不是很方便呢。"

……

同学们提出的各种"接地气"要求，让校领导和在场的部门负责人听得频频点头。对提到最多的快递、闪讯服务等问题，谢列卫表示，这些问题学校已经在做调查，派出专人去做得比较好的兄弟院校学习经验，很快会有相应的改进措施。同时，学校也会从制度、硬件、设备等方面来解决学生问题，做到以学生为本，尽量满足学生的合理需求。

"互联网＋"扩展喝茶活动新领域

"喝杯茶"活动升级后，除了现场活动有亮点外，场外活动也有创新。每次活动后，团委和校学生自律委员会对现场涉及的问题进行后期追踪，实现活动的二次辐射和延伸，通过微博、微信公共平台把活动的影响力进行进一步的扩展。

5月8日，针对在活动中广大学生最关注的闪讯问题，校学生自律委员会在微信公众号上发布了《杭科院关于学生权益、设施问卷调查》，设置"闪讯资费是否合理""校园电信营业厅服务是否合理""闪讯网络质量是否满意"等相关问题，得到了同学们的积极回应，截至5月10日21时，共收到调查问卷860份。

"希望费用可以更低一些。""希望网络稳定点，现在的客户端容易崩溃。""希望可以加强教室的信号，加快网速。""早上开网时间太迟，要到八点半，如果在上课前有事想用下电脑，就不能使用网络，希望可以提前时间。"团委将整理好的调查结果在三日内反馈给了学校相关职能部门，团委书记周俊炯说："通过喝茶发现问题，然后跟进调研问题、解决问题，将育人和管理服务落到实处，才是升级喝杯茶活动的真正用意。"

【一杯茶的蝴蝶效应】

2009 年高桥校区投入使用，但校园硬件还不完善。根据师生们的呼声，学校有计划、高质量地组织实施了重大校园基本建设项目、综合性实训基地项目、校园有机更新项目、民生及修缮类服务项目，逐渐实现了校园硬件从有到优的转变。

学校先后引进应用和联合开发了包括数字服务大厅、网络报修、服务监督、网络订餐、公寓管理、场馆管理、移动后勤 APP、房产管理系统、资产管理系统、车辆管理等 10 余套应用系统，同步建设了后勤服务实体大厅和 E 邮站，开通服务热线"一号通"，运营了"杭科微生活"微信公众号，将学校高桥校区一楼餐厅整体改造升级为"美食广场"，建设了"最多跑一次"微信服务平台。

2015—2017 年，学校充分利用暑期，分期实施校园改造工程，包括学生生活区景观及道路修缮工程、1 号路人行道工程、校园亮灯工程（一期、二期）、图书馆周边有压管线改造工程、美食广场改建工程、食堂前广场改建工程等近 30 个项目，总计支出近 1500 万元。

近两年，学校获得了"全国校园物业服务实体（企业）百强""全国教育后勤信息化建设先进单位""全国高校后勤信息化建设领跑单位""浙江省平安校园"等荣誉称号，而校园的变化更是直观地被大家看在眼里。不少摄制组慕名前来踏勘校园，不少校园剧来学校取景拍摄。

学生期待的"让校园更美丽，校园景点更有潜力"的美好愿望正在一步步变成现实。2018 年，学校首次党代会明确提出："提高高桥校区空间的通透性、可达性和亲水性，打造人在校中、校在景中、人校相宜的美丽校园，实现高桥校区全域公园化。"截至发稿日，学校文化景观中轴线已经建造完工，学校面向"十四五"规划的文化校园景观子规划"一溪两湖十景点，三馆三园一轴线"的构想正在酝酿之中。

第 13 期：关于创业你想和校长说什么？

创业需要团队、需要方案、需要下苦功，不实不行。创业不只是创造财富、追求成功的过程，也是踏踏实实学做人的过程。知行合一，"做人要实"是核心。

——本期活动师生对话金句

【主题背景】

杭州被誉为创业的"首选地"，这里诞生了跻身世界500强的公司阿里巴巴。马云曾将带有阿里巴巴公司logo的T恤赠送给嘉宾，上面印着他亲自选择的一句话："梦想还是要有的，万一实现了呢？"机遇与挑战同样也留给了杭州的大学生。大学生有知识储备，有青春活力，是"大众创业、万众创新"的生力军，同时，他们又因为缺乏社会实践经验与创业能力，很容易与创业的梦想失之交臂。如何唤醒大学生的创新创业意识、普及创业萌新能力，需要创新创业教育挺身而出。

【场景描述】

主题：关于创业你想和校长说什么？

时间：2015年5月29日

地点：高桥校区综合楼3204会议室露台

师生：谢列卫（校党委副书记、校长）

　　　　徐　红（校党委委员、副校长）

　　　　高云飞（校党委委员、纪委书记）

　　　　曲海洲（招生就业处处长）

　　　　蒋龙成（旅游学院院长）

　　　　陆亚文（教务处副处长）

　　　　孙海涛（招生就业处创新创业服务中心主任）

　　　　王　燕（旅游学院会展1411班学生）

　　　　杭丽婷（工商学院财务1301班学生）

　　　　卢凯凯（工商学院国商1301班学生）

　　　　方亚琴（教育学院教育1335班学生）

　　　　陈芝丹（教育学院教育1335班学生）

　　　　洪超炜（城市建设学院市政1313班学生）

　　　　胡宁金（城市建设学院建经1401班学生）

　　　　蓝　天（信息工程学院应电1322班学生）

　　　　赵烽磊（机电工程学院汽电1311班学生）

　　　　李奕鹏（城市建设学院建经1402班学生）

　　　　吴诗霞（工商学院连锁1301班学生）

　　　　郑艳艳（旅游学院旅行社1302班学生）

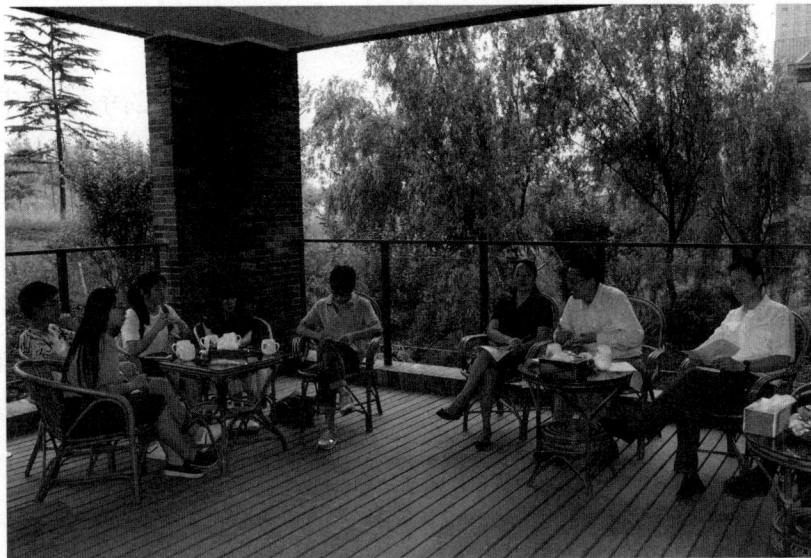

2015 年 5 月 29 日的"校长请我喝杯茶"活动，网络征集到的"茶友"都活跃在学生创业的第一线，他们对于"关于创业你想和校长说什么？"这个话题最有发言权。和以往"喝茶"学生先开话匣子不同，这次谢列卫校长抢先发问："什么是'三严三实'？"一个当下的时事热点问题难倒了在座的各位同学。

补察时政泄导人情，校长指点思政学习新角度

看各位同学为难，谢列卫鼓励并调侃道："如果有同学能答出来，就有机会获得澳大利亚游学资格哦。"一语落地，同学们纷纷拿出手机百度起答案来。

谢列卫笑着为同学们解释："'三严'中的'严以修身''严以用权''严以律己'不仅仅针对领导干部，也可以把它当成我们培养技能型人才的一个标准。"谢列卫说，作为创业人才，只有做到对自己"三严"才能实现"三实"。创业需要团队、需要方案、需要下苦功，不实不行。创业不只是创造财富、追求成功的过程，也是踏踏实实学做人的过程。知行合一，"做人要实"是核心。

谢列卫的一番话像投进平静池塘的一粒石子，激起了在场学生的思考。"平时总觉得时政话语离自己很远，原来是我们的偏见"，把"大道理"放到切合自己的"小语境"中细嚼一嚼，就可觉得另一番滋味了。

要课程改革更要引入市场，同学们对创业支持有诉求

聊完了时事，徐红副校长接上了话茬儿，让大家对学校的创业教育工作提点意见。一时间，有创业实践经历的同学们纷纷打开了话匣子。

王燕同学说："我觉得我们需要一些心理素质方面的培训，让我们做好充分的准备迎接创业路上遇到的一切问题。比如，再成功的创业者都遇到过挫折，拿出一些失败的例子，分析原因，大家一起总结怎么脱离困难。我们需要这些指导。"缺少理解，不被认可，害怕失败，是每一个创业新手要面对的一场心理战。她接着说："如果有专业老师对落地的项目给予技术指导，可以让我们少走些弯路。"

洪超炜同学也说："作为一名学生，我们初出社会，在法律和商场上缺乏经验，希望有相关方面的培训。"

除了需要指导和培训，同学们也谈起了自己的内心诉求，要资金、要货源、要时间。

杭丽婷同学说："大学生创业缺少资金、投资者、货源以及人脉，我认为学校在这些方面可以给予我们帮助。学校可以联系一些外面的商家，给有创业想法的学生注资，还可以建一个供应商、投资商的平台，让我们用创业想法去吸引商家。学校就像一个联系的桥梁。"

方亚琴同学接过了话题："我觉得，资金不足是创业的主要难题之一，我了解过我们学校有一些面向大学生创业的资金优惠政策，但我觉得学校还可以帮我们拓展一些渠道，让银行、让当地政府来帮忙。"

"能不能除了资金上的帮助，在时间上给我们多一些自由？"胡宁金同学谈到了时间的局限性，他觉得大学生创业在学校里的时间太短了，希望在出了学校后还能继续创业项目。

一说到创业缺少时间，老师和学生都开始"倒苦水"。有的学生说日常学习课程安排太满，属于自己支配的时间太少；有的学生说创业课程和其他课程的安排相冲突，很难两头兼顾好；还有老师回忆了当年带着学生参加创业比赛时的两难情景。

把第二课堂纳入培养计划，创业导师现场答疑

谢列卫听了大家的"吐槽"后表示，学校要尽快推进课程改革，把第二课堂真正纳入学生的培养计划中来，并且把它当作学生成长成才的重要平台。

招生就业处是学校推动创新创业教育的主要职能部门，处长曲海洲说："学校正在作出积极探索，解决这些问题。比如说2014级的同学可用创业实践抵实习学分，而创业课程也正在渐渐纳入公选课程。"

教务处副处长、创业导师陆亚文表示，学校要加快课程改革进程，同学们的意见对改进教务处的工作很有帮助。

而对于同学们提出的缺少资金、缺少人脉、缺少宣传等问题，来自招生就业处的孙海涛老师说："创业的同学要首先发掘身边的资源、校内的资源，学校可以为每个创业团队配备创业导师，同时也在和多个单位联系，为同学们搭建多种销售平台。"

关于启动资金，谢列卫希冀可以引入市场机制，让成功创业的同学回校建立风投公司，让项目接受市场考验，形成健康的发展机制。谢列卫的畅想引来了在场同学的热烈响应，谢列卫打趣说："欢迎在座的各位同学创业成功后都回学校来创立风投公司，为好项目投资，收益更大，更有意义。你们不要没信心，说不定下一个乔布斯就在你们当中。"

学生创业无论成败，都是可贵的情怀

在聊天中，总有同学觉得自己的创业实践得不到家长和老师的支持，也觉得自己创业困难重重，没有信心。

纪委书记高云飞鼓励大家，年轻人的激情和想法都是值得肯定的，创业成功固然好，但创业失败的经验也是一种优势，它能让你拓展知识，加快成长。大学生创业不论成功与否，都是一种可贵的情怀。

旅游学院院长、创业导师蒋龙成表示，创业成功是有条件的，必须有责任心、肯吃苦，有冒险精神，而这些都是用人企业看中的素质，有过创业经历的

同学即使最后失败走上工作岗位，也非常受企业欢迎。

李奕鹏、吴诗霞、郑艳艳三位同学都来自学校大学生创业俱乐部，俱乐部是服务学生创新创业的学生组织。李奕鹏介绍说，俱乐部有全天候的团队值班，为同学们提供创业咨询和引导，"我们想要传递'你不是一个人在奋斗'的温暖力量"。

听了老师和同辈的鼓励，大家有些释怀，开始七嘴八舌说起在创业经历中的收获来。来自信息工程学院的蓝天同学有多年创业经验，他说，现在回头看，创业过程中赚钱是其次，最开心的是一帮好朋友每天在一起！听到这里，谢列卫说："你们开心吗？开心就好！年轻人就要开心！"

徐红很高兴在本次喝茶活动中听到了同学们真实的呼声，"大众创业、万众创新时代，学校如何改进创新创业教育，同学们该如何发力是非常值得思考的问题"。她表示，同学们的意见对推动学校创新创业工作有很好的启发作用，学校会进一步梳理、研究解决同学们的意见和建议，"让学校成为放飞同学们创新创业梦想之地"。

【一杯茶的蝴蝶效应】

自 2011 年起，学校面向全体学生开展普及性创新创业教育，选拔创业苗子和团队，分雏鹰班、飞鹰班和雄鹰班三个层次，提供与之相适应、相匹配的创业理论教育和实践指导。耿磊，杭州科技职业技术学院城市建设学院建筑经济管理专业 1202 班学生，他是学校开展创新创业教育涌现出的一颗"创业新星"。

受学校创业氛围的影响，耿磊在大一就萌生了创业想法。他先参加了杭科院大学生创业俱乐部，接受了 SYB 创业培训和模拟公司实训创业教育，并通过学校举办的创业沙龙活动，参观、走访义乌工商职业学院、义乌小商品市场、杭州赛博乐创业基地，观摩积累直观经验。之后，他参加了杭州市人力资源和社会保障局举办的杭州市大学生就业创业师友计划等活动，并积极参加校外的培训和比赛，增长自己的创业知识和实战经验。耿磊说："通过学习，我学会了思考，也从中明白自己的路在哪里，该向哪个方向前进。"

在学校创业导师的帮助下，耿磊组建了创业项目团队，入驻学校创业园开始创业"试水"。大二时，耿磊借助城市建设学院创业孵化基地——蜂巢工作室，创办了富阳蜂巢教育咨询有限公司，收获了"第一桶金"。学校推荐他参加杭州市文创企业家第十五期孵化培训，参加富阳首届电子商务大赛，他的"旅游天堂" APP 项目获得了大赛"铜奖"。

毕业后，耿磊创办了杭州领路教育咨询有限公司，开发上线了"全职业领路网校""领路优选""领路职测""你的任务"等多款教育产品，2018 年平台交易流水破千万。耿磊说："是创业教育为我插上了迎风飞翔的翅膀。"

为了鼓励更多的同学参与到创新创业教育实践中，学校于 2015 年正式成立了"行知创业学院"，校、院二级推动，科创、文创、商创"三创"联动，构建了"1234"行知创新创业教育体系。学校行知创业学院被评为浙江省高职院校首批示范创业学院，相关做法和经验荣获 2016 年浙江省教学成果二等奖。

第14期：认识校园，认识专业，适应生活

  实践是大学中的"必修课"，也是帮助大家走向社会的桥梁，只有将所学知识用于社会发展，才能成为一名有用之才，同时实现个人价值。

——本期活动师生对话金句

【主题背景】

又是一年入学季，2015 年 9 月，杭科院 2015 级 3215 名新生给校园带来了新的活力。对于即将到来的三年大学生活，新生们的感情很复杂：既有离家独立生活的兴奋，也有对成长成才的憧憬，还有对不确定未来的迷茫。

如何高质量地过好这三年，树立正确三观、积累丰富知识、掌握专业技能、锻炼实践能力，这些问题不仅是同学们走进校门时的疑问，更包含着大家对人生与成长的理解。成长没有统一答案，大学生活也各有精彩。这一次，校领导、老师、同学促膝长谈，分享自己对如何过好这三年的优选答案。

【场景描述】

主题：认识校园，认识专业，适应生活

时间：2015 年 10 月 22 日

地点：高桥校区综合楼 3 号楼二楼西露台

师生：谢列卫（校党委副书记、校长）

　　　何树贵（校党委委员、副校长）

　　　徐　红（校党委委员、副校长）

　　　陆亚文（教务处副处长）

　　　胡桐春（公共教学部数学教研室教授）

　　　林彦辉（城市建设学院市政 1511 班学生）

　　　郭继诚（城市建设学院房产 1502 班学生）

　　　王　瑛（艺术设计学院建装 1502 班学生）

　　　尚耿峰（艺术设计学院装饰 1511 班学生）

　　　蔡　琪（旅游学院会展 1502 班学生）

　　　蒋传开（旅游学院酒店 1503 班学生）

　　　杨教鑫（机电工程学院模具 1511 班学生）

　　　朱　亮（机电工程学院机电 1501 班学生）

　　　干楚楚（工商学院财务 1502 班学生）

　　　邵剑峰（工商学院国商 1501 班学生）

　　　卢炜吉（信息工程学院计算机 1505 班学生）

　　　衣　倩（信息工程学院计算机 1503 班学生）

对于新生来说，入学的第一课是如何认识新校园，如何认识新专业，如何适应新生活。10月22日，一场以"认识校园，认识专业，适应生活"为主题的"校长请我喝杯茶"活动在综合楼西露台举行。学校领导和教师代表与高桥校区的12名新生代表一起品茗谈心，为同学们的三年大学生活指点迷津，给出了一条条"锦囊妙计"。

妙计一：课堂和社团不矛盾，"四个并重"助力三年

新生入校后的一场百团纳新给旅游学院的蒋传开留下深刻印象，"可以选择的社团太多了，眼花缭乱"。他把喜欢的社团都报上了，觉得社团让学习变得多元而富有乐趣，但也有了新的疑问，"大学生活应该注重课堂学习还是注重社团中的能力培养？"

"学习和社团并不矛盾，课堂学习能帮大家快速积累知识，而社团学习则更侧重能力，"谢列卫向新生们介绍了大学学习的转变，"与高中单一的知识点学习不同，高职院校的主要目标是技术技能型人才的培养，因此专业学习是主业。但同时，同学们也要积极参加社团活动，增长自己的才干，以适应将来的社会竞争。"

副校长何树贵从人才培养的角度，耐心解释了学校的"四个并重"人才培

养体系：基础理论和素质提升培养并重、课堂学习和实践操作并重、校内学习和校外实践并重、第一课堂和第二课堂并重，向大家说明了打通第一课堂和第二课堂、采取社团学分制等措施的意义，"实践是大学中的'必修课'，也是帮助大家走向社会的桥梁，只有将所学知识用于社会发展，才能成为一名有用之才，同时实现个人价值"。

妙计二：知行合一打基础，专科并不一定比本科差

说到技能型人才，不少同学心有疑惑，特别是一些本想进入本科院校的同学。郭继诚同学对技能型人才的就业表示担心，邵剑峰则认为专科学生在踏上工作岗位的初始阶段还是比较有优势的，但随着时间推移会被本科毕业生比下去。

在场的老师敏感地捕捉到大家心中的迷茫，甚至是失落。谢列卫用毕业生的励志故事为同学们打气，"我们专科生的就业率为97%左右，现在来看比本科生要高，不管怎样，我们走上社会的第一步不比别人差！"随后，他引导同学们一起剖析起专科生"后劲"不足的原因，"本科生的后劲主要来源于扎实的基础"，"和本科生相比，我们的学习能力还需要提升，很多学习习惯还得改改"。"其实原因大家都知道，那么就让我们一起行动起来"，谢列卫鼓励大家找到自己的优势，补足短板，"要有后劲，现在我们就要给自己蓄力。大家要在老师的指导下通过顶岗实习增强动手能力，同时也要把理论知识打扎实，要知行合一，知其然并知其所以然"。

妙计三：奋斗目标清晰，离不开扎实的基础课程学习

林彦辉有着自己的大学目标：加入中国共产党。"成为一名光荣的共产党员，成为一名先锋队员，一直是我的政治夙愿。"对于入党，林彦辉最大的担心是自己的成绩，"入党需要各科成绩都及格，但是我是单招单考进校的，偏科明显，数学最弱"。

很多同学和林同学有一样的担忧，不管是入党、升学还是找工作，成绩都

是"硬杠杠"，而基础课恰恰是很多同学的短板。进入大学，专业课和实践课都是重点，那基础课的短板要怎么补，成了很多同学心头的疑问。

胡桐春老师是数学方面的专家，他表示，城市建设学院对数学特别重视，因为数学是城建类专业学习的基础，各门课程都是与数学挂钩的。"我校的数学课程采取分层教学的方式，根据学生的实际情况因材施教。从往届学生的数学成绩看，数学科目的总体成绩较好。只要自己有信心，多找解题规律，一定可以把数学学好。"

徐红副校长对同学们积极向党组织靠拢的目标表示赞许，"不管是入党、专升本还是就业，有目标、敢拼搏才是青春应该有的样子"。她鼓励同学们放下心中的包袱，好好分析一下大学的学习特点，"学习有方法，但是没有捷径。老师们再好的锦囊妙计，最终都要归结于认真和用心。让我们用好这三年的时光，努力成长为理想中的自己"。

【一杯茶的蝴蝶效应】

大学新生学习从基础课开始，基础课学得怎么样，直接影响同学们的学习信心和后续专业学习的后劲，而高职新生普遍对数学和英语这两门基础课有畏难情绪。

如何补齐短板？同学们的诉求都被公共教学部的老师们放在心上。早在2014年，学校的数学和英语就开始实行分层教学：普通高考、"3＋2"和单招单考班虽然用同一份教材，但教学难度、教学要求各有不同，考试也分不同的试卷。

分层教学让每位同学都找到那条力所能及的"达标线"，但归根究底，是要帮同学们把数学和英语学好，为专业学习打好基础。2015年开始，公共教学部数学教研室和英语教研室加快了基础课的教学改革。

与高中的数学学习不同，大学期间的数学学习更多的是为专业课"解题"。为了更好地服务同学们的专业课学习，数学教研室的老师们将"数学建模"的思想引入教学中。胡桐春老师介绍，"数学建模"的特点就是注重数学的实际运用，"同学们在专业中需要用到什么，我们就教什么"。为了实现这一教学目标，数学教研室的老师开始分专业教学，"先了解不同专业对数学的不同要求，教学要点按专业需求来，所举案例也运用专业中的实际案例，让专业课和基础课的教学统一起来"。

将"数学建模"思想引入数学教学，不但让数学更好地服务了专业学习，也让同学们发现数学是解决问题的"利器"，从而激发起同学们的学习兴趣。学校的数学建模协会每逢纳新人气都很"火爆"，现已有会员 400 余人。"数学建模协会为数学爱好者、有数学特长的同学提供了一个提升的平台，也是基础课教学'因材施教'的一部分。"近年来数学建模协会在各级各类数学比赛中屡获佳绩，特别是在全国大学生数学建模竞赛中获得了四个全国一等奖、两个全国二等奖。

和数学一样，英语课也为同学们量身定制了一套方案。除了英语基础课外，学校为有专升本和考级意愿的同学开设了专门的选修课，提升同学们的过考率；为有英语兴趣的同学开设了"美剧美语视听""影视英语"等课程，培养同学们的口语能力。"我们用尽量多元的英语教学体系满足不同层次、需求的英语学习者，尽量让每一位同学都能找到适合自己的英语课堂。"英语教研室负责人陈宁红老师介绍，近年来学校四、六级考试的参考率连年提升。以四级考试为例，2019 年，学校共有 2383 人报考，通过率为 23.27%，比 2015 年提高了 5 个百分点。

时至今日，基础课的教学改革依旧继续，小班化教学、"听说领先法"、VR 辅助英语口语教学……新的教学方法为学校的基础课带去新的活力，探究的也不仅仅是如何提高学生的过考率，而是实实在在地为同学们打好基础，为同学们的"后劲"蓄力。

第 15 期：埋下一颗核桃树的种子

　　校园里的两颗核桃树都已经 70 多岁了。每一届学生都喜欢在树下嬉戏，打核桃，捡核桃。树杈上悬挂的老"钟铃"被敲响，大家就知道了上下课的时间，动静有序，张弛有致，极具历史感。

——本期活动师生对话金句

【主题背景】

这次"喝杯茶"和第 14 期"喝杯茶"是一样的话题，不一样的是活动地点。对于在严州校区就读的教育学院大一同学们而言，把"校长请我喝杯茶"活动的现场从高桥主校区搬到严州分校区，是为他们开的"小灶"。严州校区有百年历史，人文意蕴深厚，但地理位置较偏僻，与主校区比，生活上、学习上多了一些不便。这一期的"喝杯茶"活动因而更像"现场办公点"，听同学们"吐槽"，为同学们解难。

【场景描述】

主题： 埋下一颗核桃树的种子

时间： 2015 年 11 月 25 日

地点： 严州校区阅览室

师生： 谢列卫（校党委副书记、校长）

　　　　徐　红（校党委委员、副校长）

　　　　袁　俊（校党委委员、副校长）

　　　　蔡樟清（教育学院院长）

　　　　周俊炳（团委书记）

　　　　钱建江（严州校区管理办公室主任）

　　　　何丽萍（教育学院综合办公室副主任）

　　　　余媚娜（教育学院辅导员）

　　　　徐　薇（教育学院学前 1511 班学生）

　　　　郑清月（教育学院学前 1512 班学生）

　　　　许松林（教育学院学前 1503 班学生）

　　　　黄　璐（教育学院学前 1504 班学生）

　　　　汪文琴（教育学院学前 1505 班学生）

　　　　张阮馨（教育学院学前 1506 班学生）

　　　　郑鹏俊（教育学院学前 1537 班学生）

　　　　胡佳明（教育学院学前 1538 班学生）

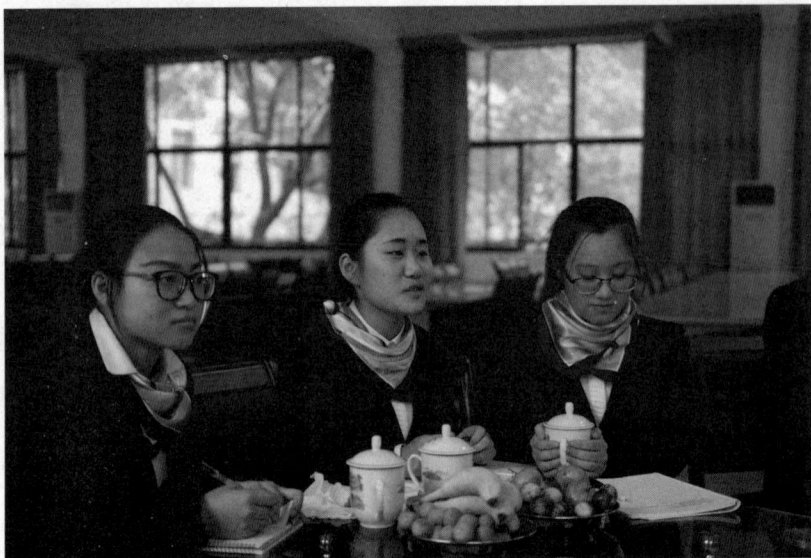

　　11 月 25 日下午，"校长请我喝杯茶"活动在严州校区阅览室进行。老师们与教育学院 2015 级的 8 名学生代表促膝交流，畅聊了近两个月来的大学生活，并为同学们送上了一杯杯温暖的"茶"。

温暖的"茶"之一：社团爱好共同追求，
自我管理自我发展

　　活动一开始，张阮馨同学就提出："严州校区远离富阳主校区，主校区的许多社团活动没办法顾及在这边学习和生活的学生。"在严州校区就读的是教育学院大一的同学，他们要在这里生活一个学年，到大二的时候才搬迁到主校区就读。

　　对于参加不了喜欢的学生社团这个问题，教育学院院长蔡樟清首先表态："大家放心，我们会和专业社团的指导老师沟通，想个解决的办法出来。"

　　团委书记周俊炯则鼓励志同道合的同学自己创建社团，一起发展共同爱好："按年级划分，在严州校区也多设立几个社团，大家可以便捷一些。"

　　汪文琴同学提出，希望晚上和周末开放体育馆，解决校区体育馆开放时间与学生课余参加体育活动时间矛盾的问题。

　　谢列卫校长表示，学校会通过调研，根据学生的实际需求，调整管理办法来解决这一问题。他建议采取学生上岗培训、自我管理的方式，解决严州校区场馆管理人员不足的问题，"希望同学们利用好这个校内社会实践的平台，提升自我管理、自我发展的能力"。

温暖的"茶"之二：医疗交通待改善，服务学生放光彩

同学们谈到医疗与市民卡医疗报销问题时，辅导员余媚娜说道："市民卡确实是个难题，从开学初到现在都没有完全解决好。另外，今年市民卡捆绑银行卡，让医疗报销的问题更加复杂了，但我们会尽可能地去帮助学生解决。"

何丽萍老师反映："因为校区偏远，对于学生突发疾病的处理是个难题，120急救速度很慢，情急之下只能用自己的车把学生送到医院。"

"我们可以一起努力，"谢列卫耐心地说，"对于医疗问题，老师要多关心学生，学生之间要互帮互助。学生干部、值班老师、校区管理办之间要建立应急联动机制。"

针对校区交通不便，影响学生节假日出行的问题，师生们讨论后提出学校可以在长假前开通校区至新安江的摆渡车的方案，为同学们出行创造便利条件。

温暖的"茶"之三：感受乡村师范熏陶，实现理想人才

"严州校区也不错，但高桥主校区更好。"教育学院的同学们在"喝杯茶"活动中毫不掩饰自己的心理落差，"其他学院都能在主校区过三年，我们除了运动会，何时能再去主校区啊？"

面对同学们提出的想早日回主校区就读的愿望，谢列卫向同学们讲述了把学前教育专业大一新生放在严州校区的原因："杭科院由多个校区组成，严州校区前身是浙江严州师范，有着师范办学的悠久历史和文化基础，具备良好的学前教育专业办学资源。我校学前教育专业人才培养的定位是乡镇幼儿教师，将教育学院大一新生安置在严州，是希望同学们可以感受乡村师范的文化熏陶，能为以后从事乡镇幼教工作做铺垫。如果说现在这一点点苦都受不住，以后又怎能安心留在乡村工作？"

　　"严州校区的优势不在设施硬件，而在悠久的人文意蕴。"蔡樟清说，"校园里的两颗核桃树都已经 70 多岁了。每一届学生都喜欢在树下嬉戏，打核桃，捡核桃。树杈上悬挂的老'钟铃'被敲响，大家就知道了上下课的时间，动静有序，张弛有致，极具历史感。校区里不起眼的景致，都是有历史典故的。"

　　同样，充满历史感的建筑和"浙江第九师范学校"的牌匾，体育馆门前所立的"学高为师，身正为范"八个大字，都是百年师范教育的见证。对于一群将要从事幼儿教育的学生来说，这样的环境，恰恰是一种无形的熏陶。

　　老校区的不便要改善，老校区的文化也要传承，通过"喝杯茶"活动，同学们心悦诚服地接纳了严州校区生活，而大家提出的专业教学、后勤保障等方面问题，也都有了初步的解决思路和办法。

　　"希望同学们珍惜在校时光，把大学生活作为未来职业的准备场所。"活动最后，徐红语重心长地勉励同学们做好学业规划，保持进取心，让大学生活过得充实而有意义。

【一杯茶的蝴蝶效应】

　　当我们还在回味 70 多岁的核桃树和"钟铃"的故事时，徐薇给我们讲述了另一个关于种子的故事。

　　"校长请我喝杯茶"活动在徐薇心中埋下了一颗努力的种子。参加活动后，她静下心来，慢慢认识校区历史，重新给自己的大学生活目标做了一个梳理，她在第一时间向党支部递交了入党申请书，她的职业定位是"成为具有师范特质的幸福幼教人"。要成为一名好的幼儿教师并不容易，需要学的东西很多，她把自己每天的学习都排得满满的，练琴、压腿、背理论知识、做手工作品，全情投入。

　　学校会安排多次进幼儿园实习的机会。第一次去的时候，徐薇觉得自己没有工作经验，要面对性格各异的孩子，毫无头绪，压力倍增。可她没有退缩，她和同学连走路、吃饭都在讨论怎么解决问题，在学习的氛围中努力提升自己。幼儿园小班的孩子还不能完全生活自理，有一定的入园焦虑。有一次，一个孩子身体不好，呕吐物把徐薇的一双小白鞋变成了小黄鞋。徐薇没有着急，她想着得先帮孩子清理干净。她说："如果没有从一开始对自己有明确的职业定位，做好心理建设，就不可能这么淡定地处理这些突发状况。"

　　徐薇的杭科院大学三年是"特别拼"的三年，就像一颗种子在奋力破土的一个个瞬间，她积极参加学生会，参加大学生艺术团合唱团，参加浙江省大学生艺术节，用一个个奖项给自己的青春做了出色的注脚。

小小的种子发芽了，专升本毕业后，徐薇在余杭区南苑街道中心幼儿园实习，行知合一，不忘母校之恩，不负母校之名。她说："我会秉承严师前辈献身乡村教育事业的优良传统，努力使自己成为'乐意去、留得住、干得好'的新时代幼儿教师，为城乡教育均衡化发展贡献自己的力量。"

转眼间，教育学院学前教育专业已开办9年，为杭州市农村幼儿园定向输送了813名毕业生，他们每个人的心中都埋下了一颗严州校区核桃树的种子，正在结出丰硕的果实。

第 16 期：一起来谈"十三五"

学校现在已经建成了陶行知研究馆，但整个校园的行知元素还不够丰富，在"十三五"规划中，可以考虑如何让行知文化在校园里更加彰显，成为学校的鲜明特色。

——本期活动师生对话金句

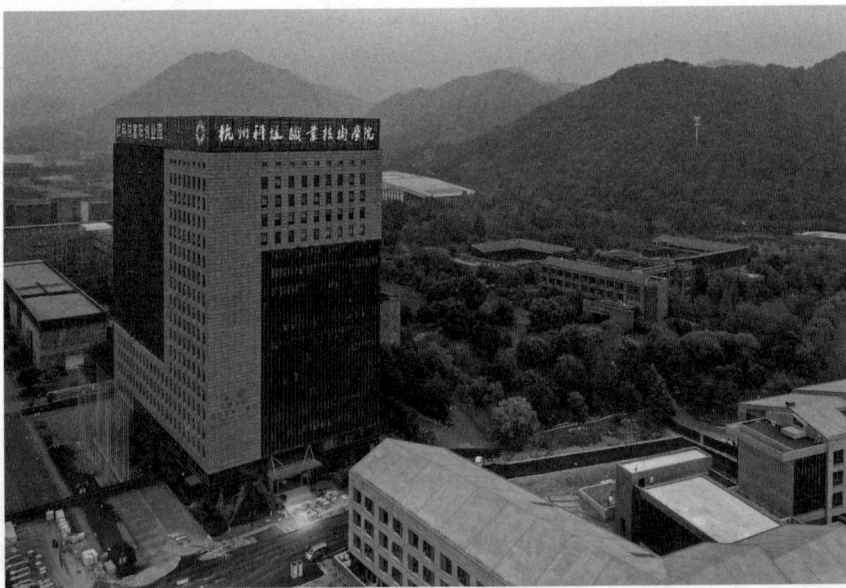

【主题背景】

在学校启动《"十三五"教育事业发展规划纲要》制定工作之际，2015 年 12 月 17 日的"校长请我喝杯茶"策划了一期特别活动，邀请来自校、院两级学生会主席团的 12 名学生干部代表来谈一谈对学校下一个五年发展的设想和建议，因为学生是学校的主人，也是未来的主人。

【场景描述】

主题：一起来谈"十三五"

时间：2015 年 12 月 17 日

地点：高桥校区综合楼 3109 会议室

师生：谢列卫（校党委副书记、校长）

　　　　徐　红（校党委委员、副校长）

　　　　罗明誉（党办、校办主任）

　　　　汪灿祥（学生处处长）

　　　　周俊炯（团委书记）

　　　　徐霖霄（机电工程学院汽电 1302 班学生）

　　　　严培军（机电工程学院模具 1411 班学生）

　　　　韩黎君（旅游学院会展 1402 班学生）

　　　　郭　梅（旅游学院会展 1402 班学生）

　　　　诸葛莹（旅游学院会展 1403 班学生）

　　　　高　超（城市建设学院设备 1411 班学生）

　　　　陈凯莉（城市建设学院会展房产 1401 班学生）

　　　　成　宋（城市建设学院市政 1411 班学生）

　　　　李忠游（信息工程学院应用电子 1402 班学生）

　　　　沈佳烨（艺术设计学院建筑装饰 1401 班学生）

　　　　吴健超（教育学院学前教育 1436 班学生）

　　　　章瑜洁（工商学院会计 1401 班学生）

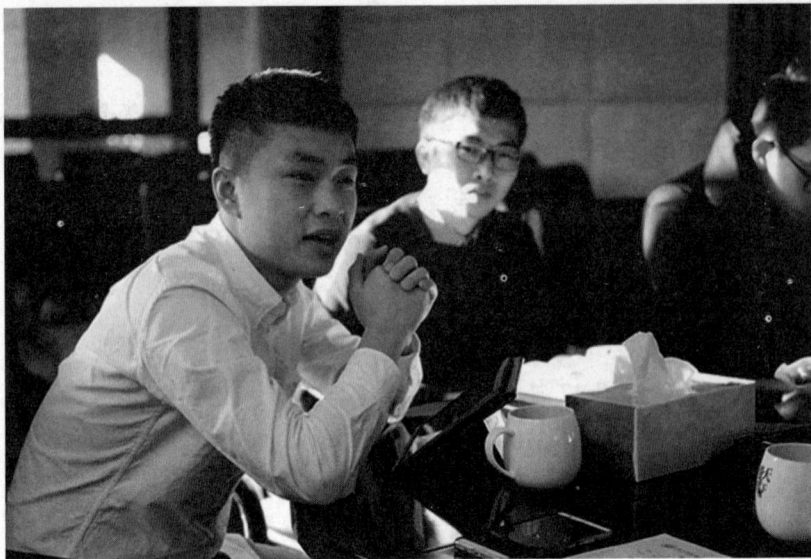

　　"两耳不闻窗外事，一心只读圣贤书"的教育，不是贴近生活的"真教育"。要打破传统认识中对学校"象牙塔"的封闭定位，就要把学校看成是社会生活的一个窗口，引导学生关注学校生活以及从学校生活生发开去的社会生活。邀请学生干部共谋学校未来五年的发展大计，就是这样一种带领学生"跳出书斋看世界"的有益尝试。

解题之前需审题

　　学校的发展离不开每一位同学的参与，但要同学们执笔共绘蓝图，大家心里都有点发怵，"人生阅历、社会经验都缺乏，要怎么把握这么大的话题？"

　　为了打消同学们的顾虑，徐红副校长在喝茶活动前，特意带领同学们走访了校办、学生处、招生就业处、产学研合作处、人事处、教务处、计财处等部门。各部门和相关科室负责人向同学们介绍了本部门的工作职能和管理运作流程，让同学们对各职能部门有了进一步的了解。

　　端起茶杯聊天的时候，徐红给同学们讲述了学校的发展历史，谢列卫校长向同学们介绍了学校制定"十三五"规划的背景和基本思路。谢列卫说："'十三五'规划是未来五年学校事业发展的总纲领和路线图，学校将以中央提出的'创新发展、协调发展、绿色发展、开放发展、共享发展'的规划理念为指导，以学校发展中的问题为导向，创新思路，突破重点，整体推进学校的改革与发展。作为学校的发展大计，学校要凝聚全校师生的智慧，群策群力来谋划。"

再大的任务目标也需要具体的工作项目来支撑，同学们日常在校园中的学习、生活感受，其实都可以见微知著地反映出学校某一方面的工作情况。"大事小事都可以说，跟其他学校的差异、其他高校的长处，都可以说出来，我们一定可以从大家的意见当中找到改进学校专业布局、课程建设、师资队伍建设、校园规划、校园文化建设等方面工作的路径和方法。"

从文化的角度来解题

实地看、现场听，再结合日常体验，同学们的想法渐渐酝酿成熟，他们争相开始发言。

"每个学院都会抢着用小剧场，学生活动的场地资源特别缺乏。"校学生会主席徐霖霄率先发表了自己的想法，"我建议在'十三五'的校园规划中建设一个学生活动中心。"他还提出，学校的河道要加强整治，"现在的水质不是很好，龙溪没有真正地流淌起来，如果溪水清澈了、活了，校园也会更加鲜活更加美丽。"

对于校园文化规划，很多同学有自己的具体设想。

教育学院学生会副主席吴健超说："学校现在已经建成了陶行知研究馆，但整个校园的行知元素还不够丰富，在'十三五'规划中，可以考虑如何让行知文化在校园里更加彰显，成为学校的鲜明特色。"

校学生公寓社区管理委员会主任陈凯莉则建议把陶行知文化元素渗透到学校的各个角落，"比如教学楼、实训楼的过道、墙面和学生宿舍等"。

校学生会主席成员韩黎君同时还是陶行知研究会的成员，她觉得可以提高陶研馆的利用率，"让同学们更多地了解和熟悉陶文化"。

信息工程学院的李忠游提到了同学们都关心的校训问题，"其实同学们对行知文化的认可度很高，'爱满天下'的学校精神已经深入人心"，他建议学校从行知文化出发提炼形成学校校训，"要朗朗上口，好听好记，有杭科院的特色"。

教育学院的章瑜洁补充说，校园里现在还没有做路名牌，建议也征求下同学们的意见，取一些好听的、有杭科院特色的道路名称，"这也会成为学校的一道风景"。

以问题为导向来思考

说到学校的管理，同学们打开思路，从校园安全、专业建设、校企合作、国际办学等角度，提出了自己的意见和建议。

机电工程学院学生会主席团成员严培军最关注的是校园安全问题，他说："每天一大早，会有许多车辆在校门口的转弯处空地停留或转弯，车辆来往特别频繁。虽然我们学生会也会发挥力量，每天早上进行提醒疏导，但也希望学校能够加强管理。"还有同学提到学校北面沿山路段和教学区通往生活区的路段灯光比较暗，"晚上看不清，走路、运动的时候容易磕碰，存在安全隐患"。

当谈及学业相关问题时，旅游学院学生会副主席郭梅希望学校能为同学们创造更多参赛机会，"参赛是对学习成果的检验，特别是国家级和省市级的比赛中学到的东西印象特别深刻，可以更好地提升自己。"

除了校内学习，同学们也很关心校外实践。校青年志愿者协会主席团成员高超说："作为一名志愿者，我们特别愿意参加大型展会活动的志愿服务。看到兄弟院校的同学在服务乌镇互联网大会，我们也很羡慕。学校应该提供给同学们更多的与大型展会对接的机会。"

旅游学院会展1403班学生诸葛莹也希望学校能和更多的知名企业建立合作关系，"知名企业可以提供给我们更好的平台，所谓见多识广，对会展服务来说眼界和眼光真的很重要"。

城市建设学院陈凯莉说，学校与台湾东南科技大学合作的交换生项目费用较高，一些贫困生虽然很想走出去看看，却因为经济压力而不得不放弃，"希望学校能够给予一定的费用减免或资助扶持"。

小思路解决大问题

当天参加活动的党办校办、学生处、团委等部门负责人对同学们提出的意见和建议深有感触，学生处处长汪灿祥表示，同学们反映的很多问题都源于切身体会，但为学校的学生管理、专业建设、校企合作、产教融合、师资队伍建设、校园后勤管理服务、国际教育等大议题提供了发展推进的解题思路。

徐红在总结本次活动时说道："学校的根本任务是培养学生，在怎样培养人的问题上，同学们最有发言权，因为你们在学习和生活中对实际情况最了解，我们会尊重同学们提出的意见。"她希望同学们以主人翁姿态，把参与学校民主管理与决策当作学习的过程、成长的体验、职业的准备，努力提升自身的综合素质。

【一杯茶的蝴蝶效应】

参加了这期"喝杯茶"活动的徐霖霄是一个追逐"警察梦"的宝藏男孩，从大一开始，他就有一个目标：做一名光荣的人民警察。经过努力，这位目标明确、充满正能量的年轻人最终圆梦，考取了老家"南孔圣地"衢州的公务员，成为了一名警察。2019 年 1 月，徐霖霄和原来学生会的小伙伴邀约返回学校聚会，看到母校的变化，他感到特别骄傲："我既参与了学校'十三五'规划的设计，又参与了学校'十三五'的发展，我和母校同步成长！"

值得一提的是，在这次"喝杯茶"活动之后，学校更为广泛地听取师生意见，数易其稿，最终拿出了一份令全体师生满意的发展规划，确定了学校未来五年的发展方向。学校的"十三五"规划充分认识和尊重师生对发展的期待，提出了既符合自身实际又符合发展规律的学校事业发展总体目标：服务杭州区域经济社会发展，走特色发展道路，到 2020 年，学校育人模式更加创新，专业布局更加优化，技术技能积累更加深厚，职业教育与继续教育融合更加深入，行知文化更加浓郁，治理体系更加完善，校园环境更加优美，综合办学实力争取达到全国同类院校一流水平。这"七个更加""争创一流"的目标激发了全体师生的昂扬斗志，也回应了群众渴望发展、自强不息的普遍呼声。

共同的家园共同的事业，同心规划同心奋斗。师生通过"十三五"规划的制定与实施，发现当前存在的问题，寻找解决方案，看到未来五年可能有的变化，大家的心才能更好地凝结到一起，愿意为将来的"获得感"加倍付出现时的努力。

经过五年的努力，同学们在座谈会上的很多建议和设想正在一步步变成现实，校陶研馆从 2 个展厅扩展为 4 个展厅，行知文化作为校园文化的内核已写入学校章程，以行知文化为基础的校训、校风、教风、学风（"一训三风"）已正式确立。同学提出的新建"学生活动中心"已在学校西北角 75 亩新征土地上考虑立项建设。其他一些好的建议有的已经落实，有的正在不断完善。

第 17 期：桃李时节话桃李——课堂点赞会

我觉得课堂上要让我们一起参与进去，如果老师都按书本上来教，就没有意思了。好的老师让上课时间显得很短，让大家对上课有了一种看电影大片的期待。

——本期活动师生对话金句

【主题背景】

　　三尺讲台是神圣而又庄严的，对于教师来说，把握住课堂的 45 分钟、不断进行课堂改革是一种对职业的坚守。朱熹曾言："问渠那得清如许，为有源头活水来。"课堂改革除了教师一方对"清如许"的执着追求，还需要来自学生一方的"源头活水"，听一听他们需要怎样的课堂，需要怎样的老师。

【场景描述】

主题：桃李时节话桃李——课堂点赞会

时间：2016 年 3 月 23 日

地点：高桥校区综合楼 3204 会议室露台

师生：谢列卫（校党委副书记、校长）

　　　何树贵（校党委委员、副校长）

　　　徐　红（校党委委员、副校长）

　　　吴太胜（教务处副处长）

　　　夏　村（团委学生素质拓展中心主任）

　　　单琼瑶（信息工程学院计算机应用 1511 班学生）

　　　叶　熙（城市建设学院市政工程 1511 班学生）

　　　沈丹娜（工商学院国际商务 1501 班学生）

　　　施　琛（艺术学院室内设计 1411 班学生）

　　　汪　珊（教育学院学前教育 1435 班学生）

　　　竹　健（机电工程学院机械 1512 班学生）

　　　金家家（旅游学院会展 1403 班学生）

　　　娄安杭（城市建设学院建经 1402 班学生）

　　　刘芳芳（工商学院会计 1401 班学生）

三月，正是校园桃李争艳的时候。学校"桃园"上的一片桃树，桃花盛开。俗话说"桃李满天下"，一个好的老师最重要的是课堂教学质量要高，老师课上得好不好，学生最有发言权，在桃花盛开的季节里，大家聚焦课堂，为自己喜欢的老师和课堂点"赞"。

为课堂点赞，为教师喝彩

"我先来，我先来！"艺术学院的施琛同学最先打开话匣子，她首先点赞了童俐老师，并表示自己很喜欢童俐老师的课堂风格。

"张凌波老师的英语课效果特别好，经常和我们互动，"城市建设学院的叶熙同学说，"赵志华老师上课也很负责任，她还让我们建立微信群，方便联系。"

说起课堂后的互动，工商学院的刘芳芳直言对韩加国老师的喜爱："我们韩老师在课后把 PPT 分享给我们，方便我们去回顾课上的内容，真的很好。"

"刘盈盈老师上课平易近人，上她的课很轻松，氛围不错的！"教育学院的汪珊同学说，"给我们上美术课的陈逸老师上课很幽默，我也很喜欢。"

随后来自各个二级学院的同学都纷纷说出了自己心目中的好老师和好课堂。

谢晓能、郑秀娟、谌远知、苏永华、白春柳、陈晨、刘艳、张曼、马峰、沈国荣等老师被同学们点赞。会展 1403 班计算机基础、会展法规、展览项目管理、节事活动，市政 1511 班思想道德与修养、英语，国商 1501 班单证，室内 1411 班建筑装饰构造、室内设计、思修，工商 1401 班审计基础与实务、财务管理，计算机 1511 班网页制作，学前 1435 班学前游戏指导、美术、学前教育史等课程也深受同学们喜欢。

什么样的课堂最受同学们的欢迎？"互动""实践""有趣"是被大家提及最多的关键词。什么样的老师最被同学们喜欢？"有人格魅力""幽默""尊重""用心"是好老师的"标配"。

为课堂发声，为教师代言

在同学们的一轮发言之后，谢列卫校长又问大家："我们学校的课堂教学创新应该从哪些方面着手？"

对于他的提问，同学们有自己的见解。有的同学表示，最怕填鸭式的课堂教学，认为好的教学应该能引发同学们自主思考；有的同学认为，专业类社团的教学方法值得借鉴，即同学们共同参与某个项目，在实践中提问学习，等项目完成了，专业知识也就融会贯通了；有的同学觉得需要走出课堂多看看，拓宽眼界，加深理解；有的同学则建议应进一步改善教学设施。

娄安杭同学说："我觉得课堂上要让我们一起参与进去，如果老师都按书本上来教，就没有意思了。好的老师让上课时间显得很短，让大家对上课有了一种看电影大片的期待。"

"对啊，比如给我们上课的白春柳老师，他课上的很多素材都是课本上没有的，这很重要。"汪珊同学补充说。

传统课堂以老师讲为主，主导课堂的是老师，而不是学生。"老师讲的书本里就有""上课的内容明显是网上的资料"，大家表示这些因素会造成大家上课注意力不集中。

副校长何树贵认为，好的课堂，老师是关键，目前，学校正通过说课、听课、召开交流会等活动不断提升老师的上课水平；通过课堂分层教学、学分制社团等教学改革，不断提升课堂教学质量。"好的课堂教学靠老师也靠大家，你们良好的课堂行为习惯也能提升课堂品质。再怎么好的老师也不能在一个脏乱差、弥漫早饭味道的教室里上好课。"

为课堂出谋，为教学划策

同学们对自己课堂上遇到的不如意也直言不讳。

"希望老师能够更好地把握课堂时间，授课内容紧凑充实。"

"我希望在课堂上更多地得到老师的鼓励。"

"我觉得我们的作业可以改进一下，多给我们一些自由的空间。"

"我想要更多的实践，通过实践活动能够把我学的会展专业知识更好地融会贯通。"

大家的思考和诉求，几位老师仔细聆听，认真记录。吴太胜老师代表教学工作的主管部门表态，承诺会把大家的良好建议带到教学改革中。

高职教育注重实践，强调"教学做合一"和"生活即教育"的教学思想，陶行知先生的这一教育理念和同学们的诉求不谋而合。谢列卫表示，同学们坦诚交流，认真思考，能创造性地解决问题，这是大学生应有的精神风貌，希望同学们进一步发挥自己的聪明才智，为学校献计献策，共同建设优秀课堂。

【一杯茶的蝴蝶效应】

育人途径百种千样，究其要害，还在"课堂"。以"喝杯茶"活动为发端，杭科院加快了聚焦课堂、改革课堂的步伐，除了日常的教学督导老师抽查课堂听课，全体校领导"推门听课"已然成为新常态。在听课中发现的问题由教务处汇总分析并递交校长办公会讨论，提出整改措施，下个月还要督查落实情况。除了集体随机听课外，校领导们还要集体走访顶岗实习学生，了解企业评价与需求，做到校内课堂和校外课堂质量一起抓。看到学校出了奇招，同学们连连夸好："为老师们点赞！看到老师们那么卖力，我们更要好好学了！"

学校在内涵建设过程中狠抓课堂教学创新，推进课堂教学改革，努力提升课堂教学质量。青年教师是师资队伍的新力量，关注青年教师的发展，帮助青年教师成长，对于学校整体教学质量的提升具有重要意义。2016年6月，校长谢列卫"推门听课"了解青年教师的上课情况，对几位教师的教学设计等予以了充分肯定，对老师们将理论讲授与实践案例结合授课的方式表示了赞许，并希望老师们能多进行企业实践和社会实践，进一步丰富课堂内容，提升学生的理论应用能力，"学校将积极助推青年教师的成长，并希望能通过青年教师的培养带动专业内涵建设。以制度形式聚焦课堂教学质量提升，着力解决教学一线面临的困难和问题"。

谢列卫表示，学校领导班子"推门听课"，既是加强党委班子作风建设，深入教学一线，体现以上率下的带头作用，也是围绕高校"立德树人"的根本任务，传递重视课堂教学，推进课堂育人阵地建设的重要信号。

第 18 期：寝室那点事儿

寝室那点小事，却是育人的一件大事。寝室文明生活是学校教育的"第三课堂"，它渗透学生的日常生活，润物无声。

——本期活动师生对话金句

【主题背景】

"过什么生活便是受什么教育。过好的生活，便是受好的教育；过坏的生活，便是受坏的教育。"寝室的好与坏，直接影响每个个体的学习、生活，甚至人格的形成。整洁、和睦、优雅、积极向上的寝室，无疑对大学生的成长起着积极的促进作用。寝室是大学生的"第一社会""第二家庭""第三课堂"，是同学们人生开始独立生活的起点，"一屋不扫，何以扫天下"。

【场景描述】

主题：寝室那点事儿

时间：2016 年 4 月 26 日

地点：高桥校区综合楼 3204 会议室露台

嘉宾：何智蕴（浙江工业大学党委副书记）

陈　雷（浙江小和山高教园区管委会办公室主任）

师生：谢列卫（校党委副书记、校长）

徐　红（校党委委员、副校长）

袁　俊（校党委委员、副校长）

沈晓洁（工商学院会计 1402 班学生）

石伟璇（工商学院会计 1501 班学生）

钱凯懿（信息工程学院应电 1511 班学生）

林信成（信息工程学院应电 1511 班学生）

陈刘慧（旅游学院旅行社 1512 班学生）

余桃桃（艺术设计学院建装 1401 班学生）

陈若兰（工商学院国商 1501 班学生）

吴春霞（城市建设学院建经 1401 班学生）

宗兴鲁（机电工程学院模具 1511 班学生）

俞蕴琦（城市建设学院房产 1501 班学生）

"门窗的设计应该是圆角内扣的"，"储物柜可以设置在大厅沙发的后面"，"阳台上面的晾衣杆能不能设计成拉伸的"，"寝室长的设置怎么才合理"……这期的"校长请我喝杯茶"活动更像是一场以"寝室设计"为主题的头脑风暴。当天恰逢省教育厅文明寝室检查小组来杭州科技职业技术学院检查，省厅检查组组长、浙工大党委副书记何智蕴，副组长、浙江小和山高教园区管委会办公室主任陈雷等四位检查组成员也受邀参加了本次喝茶活动，因此显得格外热闹。

寝室是一个家

寝室是同学们在大学期间的"家"，大家对"家"的观察就显得格外地细致，特别是女同学，一谈起寝室，就开始滔滔不绝。

余桃桃说："学校应该设置一些储物柜，女孩子身上小物件多，跑步的时候不方便，得有地方暂存一下。储物柜寝室楼下要有，操场边上也得设置一些，储物柜可以先租用试行，用得好再推广。"她不光提到储物柜，还非常细致地提到了在寝室楼大厅增加放雨伞的架子，在楼道里放一个女生需要的落地镜。

林信成同学提出建议："外面的公共电吹风经常坏，要定期检修，错开使用。"宗兴鲁同学则说："阳台上应该加装伸缩晾衣架，方便大家洗晒。"

"住北面房间的同学要晒衣服真的是个难题，阳光不够，衣服洗完后湿答答的，基本靠阴干。"陈刘慧同学代表北面房间的同学，吐出共同的心声。

钱凯懿说："窗户的棱角太尖，很容易磕碰受伤。"

陈若兰说："阳台上的砖有小部分脱落的现象，可以集中维修一次。"

同学们不但表达了自己的需求，还对解决方法进行了思考。分管学校后勤工作的副校长袁俊开玩笑说，同学们在帮学校做明年的校园改造维修预算呢。

寝室是一个课堂

在寝室这个课堂中，需要学习的是生活习惯。

吴春霞说："寝室的熄灯时间是 10：30，太早了，能不能改到 11：30？"

"不太好吧，我一般都想早点睡，第二天起床有精神。"

"对哦，睡眠足，美容呢。"

大家都笑了。

同学们都觉得，在经常性的寝室卫生大检查、晚归情况检查等活动展开后，一开始是被迫打扫寝室卫生间、整理床铺、收拾阳台，慢慢地也开始适应，甚至变成了一种习惯。

沈晓洁说："有时候不打扫，肯定会觉得哪里不舒服，想要动一动了。"大家还在活动中分享了一些自己收拾寝室的小妙招。

感受了同学们与校领导喝茶的和谐氛围，浙工大党委副书记何智蕴老师表示，同学们能细心观察自己的生活，进行深入思考，并积极参与学校建设，这是很有意义的事情。

徐红副校长说，学校会不断改善同学们的生活条件，同时也希望同学们能养成良好的生活习惯，"好习惯、好环境、好氛围，才是一个真正意义上的'文明寝室'"。

寝室是一个社会

除了对寝室"硬件"有要求，同学们对寝室制度的设置也提出了自己的看法。

"寝室长应该轮流当，不应该指定一号床，"吴春霞同学说，"刚入学时，寝室的分配应该避免地域性，排房间时最好是随机的，让各地同学综合在一起，这样才能增进交流，避免形成小团体。"

许多在座的同学还建议学校应该设置南北房间居住的轮换机制。

在同学们发言时，几位校领导也将育人理念融入其中。谢列卫说，"寝室那点小事，却是育人的一件大事"，寝室文明生活是学校教育的"第三课堂"，它渗透学生的日常生活，润物无声。结合同学们的发言，谢列卫表示大学应该建立各种轮换机制，这既是一种公平机制，也是扩大学生交流的手段。

袁俊表示，同学们要求在寝室中设置镜子，不仅仅是对寝室设施的需求，"照镜子、正衣冠"，自省自律，更是学校青年学生精神风貌的体现。

【一杯茶的蝴蝶效应】

针对喝茶活动中提到的住在朝北寝室的同学们无法晒被子的苦恼问题，学校开展了"共享阳台"活动，呼吁住在南面寝室的同学让住在北面寝室的同学到其阳台晾晒衣物，促进不同寝室同学间的交流。学生党员主动请缨，将自己的寝室作为试点寝室。

一直住在朝北寝室的吴同学高兴地说："这个活动真是太好了！我的寝室在北面，常年晒不到太阳，晚上睡觉被子总是冷冰冰的。现在不仅能经常晒被子，还能结交新朋友呢。"

学校还在学生宿舍A、B楼之前设置了公共晾晒区，改造了宿舍楼一流的洗衣房，"高大上"的洗衣设备与窗明几净的室内环境。"不像操作间，就像自己家。"同学们开心地说。洗衣的同时还能"小聚聚"，寝室生活更融洽了。

为了加强寝室文明建设，发扬寝室这个"第三课堂"独特的育人作用。学校以文明寝室创建为契机，强化学生公寓社区管理委员会建设，配齐公寓辅导员人手；打造公寓文化节，创设丰富多彩的寝室文化活动，打造公寓品牌化建设；大力推行"党员教师联系学生寝室"制度，做到每间寝室都有一名党员教师负责联系，唤起学生主人翁意识、加强学生学业服务指导，用实际行动践行"全员育人、全过程育人、全方位育人"的理念。

第 19 期：青春绽放 G20

我觉得我不仅代表自己，代表学校，在某种意义上我还代表国家的形象。

——本期活动师生对话金句

【主题背景】

2016 年的 G20 杭州峰会，是世界历史上成功的 G20 峰会之一，这次盛会，展示了中国精神，彰显了中国力量，让西湖美景成为当代中国发展的"形象代言人"，也让"最忆是杭州"成为各国访客游子心底的温柔牵挂。

2016 年的那个夏天，杭州科技职业技术学院的同学用自己的青春见证了 G20 杭州峰会的高光时刻。和杭州市海选的"小青荷"志愿者们不同，杭州科技职业技术学院的大多数学生是因为专业才与这一场盛会结缘，也因为专业对这一场盛会有了更深一层、更近一步的别样认同。

2016 年 6 月 21 日的"校长请我喝杯茶"活动就在杭州科技职业技术学院"青春绽放 G20"学生服务团出征仪式前举行。喝完这杯"践行茶"，217 名学生就将前往各工作点专业服务 G20 杭州峰会。其中，121 位学生于当天前往峰会主会场杭州国际博览中心进行实地演练和分岗实习，90 名学生陆续前往其余峰会相关五星级酒店进行轮岗实习，另外还有 6 名学生加入由杭州市警备区组织的担架服务队，为峰会的顺利开展保驾护航。

【场景描述】

主题： 青春绽放 G20

时间： 2016 年 6 月 21 日

地点： 高桥校区综合楼 3 号楼二楼西露台

嘉宾： 刘海莹（国家会议中心总经理杭州国际博览中心总经理）

　　　　黄　健（杭州国际博览中心人力资源部经理）

　　　　何敏榕（杭州国际博览中心人力资源部培训主管）

师生： 谢列卫（校党委副书记、校长）

　　　　徐　红（校党委委员、副校长）

　　　　汪灿祥（学生处处长）

　　　　韩张尧（保卫处处长）

　　　　朱宝宏（旅游学院党总支书记）

　　　　陆亚文（教务处副处长）

　　　　黎　菲（旅游学院老师）

　　　　王　燕（旅游学院会展 1411 班学生）

　　　　张　倩（旅游学院会展 1402 班学生）

鲍丹红（旅游学院会展 1403 班学生）

张苏豫（旅游学院会展 1402 班学生）

赵文玉（旅游学院会展 1403 班学生）

孙　博（信息工程学院信息 1506 班学生）

胡　成（城市建设学院房产 1501 班学生）

黄美玲（教育学院学前 1436 班学生）

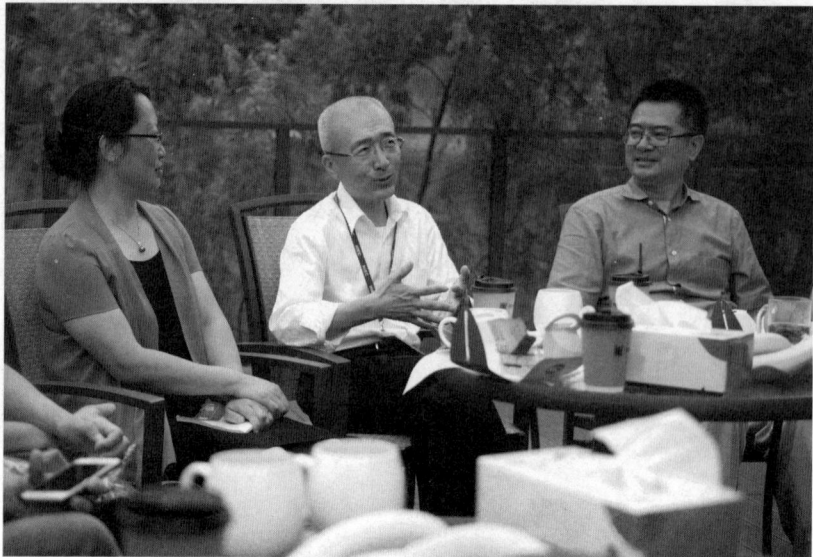

　　"校长请我喝杯茶"活动通常都在下午举行，而本期喝杯茶活动改成了"早茶"。校长谢列卫、副校长徐红和即将参加 G20 服务的 8 名学生代表边喝边聊，既作为老师给予学生接受实战演练的积极鼓励，也作为长辈对要出行的晚辈进行悉心叮嘱。国家会议中心、杭州国际博览中心是将要接收参加服务学生的合作单位，总经理刘海莹等也是此次喝茶活动的重要嘉宾。

是服务，也是一次重要历练

　　王燕、张倩、鲍丹红、张苏豫、赵文玉 5 位同学是旅游学院会展专业的大二学生，他们将在 G20 期间在杭州国际博览中心参与服务。此前，他们已经参加了半个月的专业培训，培训内容包括服务英语、电话礼仪、迎宾站姿、场馆布置等。张苏豫说："我第一次去国际博览中心的时候觉得那里非常大，也非常漂亮。参与服务的同学不仅有我们学校的，还有来自其他学校的。我们会努力表现，虽然训练很辛苦，但是这次服务是进一步提升自己的机会，我们一定会好好把握。"

　　来自城市建设学院的胡成和教育学院的黄美玲将在杭州洲际酒店参与服务。"在参加这次活动之前，我也经常参加志愿服务和实习实践活动，一定不让自己的暑假空下来。"黄美玲所学的学前教育专业虽然和峰会服务没有交集，但她表示，"希望把这次活动当作人生中的一次重要历练和体验。"

高起点，开启个人职业生涯

杭州国际博览中心的总经理刘海莹介绍了展馆对浙江会展业发展的重要作用，并强调了做好 G20 服务工作的重要性。他勉励同学们认真做好服务工作，并邀请大家结束服务后加入国际博览中心会展团队。"你们有幸参与 G20 峰会这样的大型活动，这对同学们的发展、对国际博览中心的发展，乃至对整个行业的发展都非常有益。'男怕入错行，女怕嫁错郎'，企业的地位会决定大家将来在行业的地位。希望大家抓住机会，努力积累学习经验。"

服务 G20 主会场的 121 位学生多为会展与策划专业的学生，G20 的专业培训与服务，给了他们更高的职业起点。同学们也表示一定会努力表现，争取留在国际博览中心工作。

每一位同学，都是一张金名片

"'校长请我喝杯茶'活动已经坚持了近四年，但喝早茶还是头一回。"谢列卫语重心长地对同学们说，礼仪、站姿等许多知识在课堂里学和在国际会议真实环境中学，效果是大不一样的，"所以我首先希望大家过好培训关，要有打硬仗的思想准备。其次我希望大家过好工作关，要认识到上岗工作和校内学习不一样，要主动积极、任劳任怨、虚心学习、取长补短"。谢列卫希望同学们能遵守现场的各种纪律要求和安保要求，同时也表示"学校会是大家的坚强后盾"。

徐红谆谆教导同学们："服务 G20 峰会是市委、市政府交给学校的一项重要政治任务，使命光荣，责任重大。希望同学们以高度的热情、高度的责任心全身心地投入到服务中去，在实践中努力磨炼自己、塑造自我、体验成长。"徐红表示，每位同学都是世界看杭州、看杭科院的一扇窗户，全校师生都期待大家在 G20 期间能展示杭科院学子良好的风采，"你们每个人都是杭科院的金名片"。

来自信息工程学院 1506 班的孙博同学去拉萨当了 5 年兵后重返校园，这次也加入了 G20 服务的行列。听了师长们的嘱托后，他深有感触地说："我觉得我不仅代表自己、代表学校，在某种意义上我还代表国家的形象。在接下去的训练中，我一定会继续发扬军人特质，不辱使命，坚决完成任务，一定干得出色，干出成绩。"

【一杯茶的蝴蝶效应】

"一直都很怀念 2016 年峰会实习的那段时光，没想到一眨眼就三年过去了。"这是会展策划与管理专业王燕同学 2019 年 7 月 21 日发出的朋友圈。作为当年学校服务 G20 主会场的排头兵，王燕深深热爱杭州国际博览中心这方沃土，并在毕业后正式入职，国博中心成了王燕职业梦想的启航、扬帆之地。

G20 峰会也成了更多人生活和成长的转折点。许多同学因为服务 G20 峰会的专业表现而受到赞誉，《中国教育报》《都市快报》《杭州日报》对此都做了专题报道，称赞"他们的专业精神和素养让我们看到了杭州会展业的未来"。《浙江教育报》则报道了在洲际酒店服务 B20 峰会的 29 位学生的经历，"他们接受了两个月的'魔鬼训练'……从不专业到专业，拼的是体力，更是毅力。"

学校的办学与育人质量也通过服务 G20 峰会得到充分展现，赢得了政府领导的认同和社会的高度认可。

时任浙江省委常委、杭州市委书记赵一德向同学们发来了感谢信，赞许大家"充分展现了当代学子的青春风采和报国情怀，展现了 90 后的担当、顽强与奉献！我为大家点赞！"并鼓励大家把服务保障 G20 峰会的经历转化为继续前行的不竭动力，"珍惜韶华、勤奋学习、踏实工作，做一个有梦的人、有爱的人、有用的人"。

时任杭州市人民政府副市长陈红英专门批示："杭科职院在峰会服务中的良好展现，是近几年学校坚持产教融合办学、校企合作的成果。"

杭州市旅委、国博中心、杭州洲际大酒店、杭州黄龙饭店、杭州西溪悦榕庄等单位纷纷给学校发来感谢信，"杭科院同学为 G20 峰会的成功举办提供了不可或缺的力量"。当年学校被评为"服务保障 G20 先进集体"。

乘着 G20 的东风，学校与杭州国际博览中心成立杭州国博学院，探索混合制办学模式和"政校企行"四位一体的合作育人模式，围绕杭州市委关于全面提升杭州城市国际化水平提出的打造"国际会议目的地城市""国际重要的旅游休闲中心"目标，培养高端会议服务、会奖（MICE）旅游服务的高素质人才。2018 年学校荣获了"2017 年杭州会展业优秀会展教育机构"称号，杭州国博学院成为"2017 杭州市会展业十大现象"。那一个夏天无数人用汗水书写的成功与圆满，仍在现实中激荡着新的奋进篇章。

第 20 期:"新"主人"新"眼光"新"想法

    同学们一进学校就有主人翁意识,真是难能可贵。同学们的需求就是学校的努力方向,同学的建议就是学校的规划与蓝图。

——本期活动师生对话金句

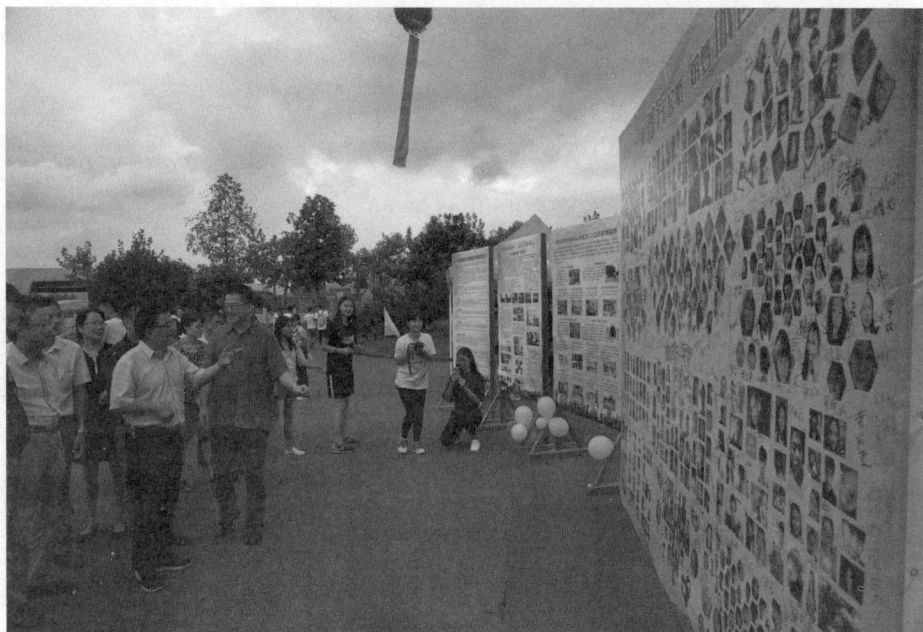

【主题背景】

9月，大一新生步入杭科院的校园，曾经渴求的大学生活梦想成真。这一批95后"新杭科院人"，精力充沛、眼光独到，他们对杭科院有怎样的期许和希冀？经过一个月的观察和体验，他们会对学校提出什么样的意见与建议？"喝杯茶"活动将目光锁定在"新杭科院人"的身上，听一听这些杭科院骄子们的心声与诉求。

【场景描述】

主题："新"主人"新"眼光"新"想法

时间：2016年10月24日

地点：高桥校区综合楼3号楼二楼西露台

师生：谢列卫（校党委副书记、校长）

　　　　徐　红（校党委委员、副校长）

　　　　贾利国（公共事务管理处处长）

　　　　蔡吸礼（图书馆馆长、网络信息中心主任）

　　　　汪灿祥（学生处处长）

　　　　陆亚文（教学处副处长）

　　　　周俊炯（团委书记）

　　　　黄嘉宁（旅游学院会展1601班学生）

　　　　俞杰亨（城市建设学院市政1611班学生）

　　　　黄　伟（机电工程学院模具1612班学生）

　　　　林可臻（教育学院学前1504班学生）

　　　　舒泽阳（信息工程学院应电1601班学生）

　　　　陈　爱（艺术设计学院建装1601班学生）

　　　　余梦雅（工商学院会计1604班学生）

"学生是学校第一主人"一直是学校的办学理念。大一新生是学校的"新"主人，他们有自己的"新"眼光、"新"想法，他们的思想、行动塑造着杭科院的"新"风貌。

新杭科院人：这是我理想中的大学模样

"作为新杭科院人，我觉得学校有山有水，空气棒棒的，虽然地点有点偏，但是一个读书的好地方。"

"来之前百度搜索了一些图片看了看，觉得还不错，到学校一看，原来比图片还漂亮！"

"我这个新杭科院人觉得宿舍很宽敞，望出去就是山，实足的山景房。"

"学长学姐很热情，老师们也很用心帮我们解决问题。"

一说到"'新'主人，'新'眼光，'新'想法"这个话题，几位同学就打开了话匣子，止都止不住。

林可臻同学是本次喝茶活动中唯一的大二同学，由于所在的教育学院大一期间全部在严州校区就读，对她而言，高桥校区就是一个全新的校区，双校区就读，她特别有感触："我是高桥校区的新杭科院人！无论在哪个校区读书，杭科院都很美。严州校区历史悠久，安静舒适，每次练琴的时候都觉得置身桃花源；高桥校区设置完善，建筑风格古朴凝重，我也很喜欢。"

艺术设计学院的陈爱同学是一个开朗热情的女孩子，"老师们不要笑话我哟。我最关心的就是吃得好不好，我觉得一楼食堂品种多，环境好，和高中的食堂不一样。二楼食堂最传统，三楼食堂牛排好贵，别人请客才去吃呢。"

"对对对，不过偶尔吃一顿牛排也是必要的，改善伙食嘛，"信息工程学院的舒泽阳打趣道，"除了吃东西，我还仔细研究了下图书馆，我可是跟父母保证了，大三要参加专升本考试，以后我得多泡图书馆。图书馆好大，比我老家的图书馆大好多，藏书也多，地板都是塑胶的，走路一点声音都没有。"

说到图书馆，舒泽阳对面的黄伟同学不禁建议道："图书馆很多数据库还不会用，找书也很费劲儿，希望学校有这方面的培训。"

图书馆馆长蔡吸礼马上告诉黄伟同学，图书馆每年都会对新杭科院人进行入馆专题教育，他所在的学院下个星期就会按照安排参加有关培训，希望他到时认真听讲，做热爱学习的"图书馆达人"。

城市建设学院俞杰亨、工商学院余梦雅两位同学对校园文化建设积极关注："其他学校门口都是校名，我们学校进门是'爱满天下'四个大字，校园内也有很多陶行知文化的元素，感觉特别书卷气。"

硬件好，环境棒，校园美，空气好——这就是新杭科院人对学校的良好印象。

新杭科院人：这是需要更加努力的方向

谢列卫校长在听了多位同学对杭科院的"好评"后，笑着问同学们："很高兴同学们对杭科院的印象这么好、评分这么高，那除了学校做得好的地方以外，还有哪些不足之处，也欢迎同学们畅所欲言。"谢列卫抛出的这个问题很快就有学生"接招"。

黄伟同学建议学校增加勤工俭学的岗位，为有志于勤工俭学的同学提供工作的平台与机会，"我想给家庭减轻负责，自力更生读大学，也想在工作中锻炼自己的能力"。

陈爱同学说："生活区水街的水质不稳定，有时黄沙淤积，影响校园美观。"余梦雅同学希望图书馆藏书的标识更加便于查找。俞杰亨同学觉得二级学院之间缺少交流，建议设立固定的交流机制，让学院间的互动频繁起来。

同学们的意见和想法得到了校长谢列卫和副校长徐红的认可。谢列卫表示，每一位同学都是学校的主人，"同学们一进校门就有主人翁意识，真是难能可贵。同学们的需求就是学校的努力方向，同学的建议就是学校的规划与蓝图"。同学们对杭科院的意见、建议不论大小都源自亲身，事关大学期间生活与学习的幸福感，在座的各位职能部门负责人都认真听取记录，以最快速度响应学生们的呼声。

新杭科院人：我为什么选择了杭科院

活动中，徐红向同学们提出了一个新问题："你们为什么选择了杭科院？"刚刚经历过高考的同学们都说出了自己的原因。

黄嘉宁说："专业排名好，最主要还是有自己喜欢的专业。当初选了会展策划与管理专业，生怕考不进。学校会展专业在全省排名很靠前，杭州在G20 峰会后会展业势必得到了充分的发展，能就读这样一个朝阳专业，感觉很幸福。"

俞杰亨说："学校环境好，住宿四人一间，有空调。填报志愿前我有跑来看过。记得当时来学校参观一下子就喜欢上杭科院，学校不像其他学校平平整整，而是高低起伏、错落有致，这是园林一般的校园环境。这种风光的校园可不是每所大学都有的哟。"

黄伟则是在口耳相传下报考了杭科院，"我自己性格有一点被动。自己对专业啊、学校啊其实没什么太大的概念，就想找一个专业过硬，能学到真本事的学校，毕业后能找到心仪的工作。杭科院在我们高中还是有名气和影响力的，既然那么多师兄师姐、老师都推荐了我们学校，我想，肯定错不了。"

陈爱比较看重学校地处杭州的区位优势，"作为艺术生，我一直对杭州比较向往，杭州是文创产业的汇集地，在文化艺术方面走在全国的前列，在杭州读书、就业是我的梦想。"

专业建设好、学校环境美、硬件设施好，是同学们选择杭科院的三个主要原因。此外，同学们还为学校的招生出谋划策：信息工程学院舒泽阳认为要关注网络，学生都喜欢登网页、看官微，校园的网页需要更加活泼，二级学院的网页也要丰富起来；还有的同学表示师兄师姐是最好的宣传渠道，希望大家假期都能回到自己的高中，向学弟学妹介绍杭科院。

【一杯茶的蝴蝶效应】

杭州富阳渊斌模具加工厂里，黄伟正在熟练地操作机床，杭科院理实结合的教学方法让他零门槛入职，较快完成了从学生到职场人的角色转换。黄伟当年报考杭科院，还处于懵懂和被动的阶段，对专业、对学校可以说毫不了解。而如今，黄伟对自己的岗位、专业充满自信，"三年的变化很多，上学的时候感觉不出，毕业后想想，发觉改变真的很大"。

"喝杯茶"活动中，黄伟曾建议学校加大对勤工俭学的支持力度，扩大勤工俭学的覆盖面。在学校领导的关怀下，现在学校校内外勤工助学岗位已升级为700余个，较好地满足了学生对勤工助学的有机需要。学校实行阳光化运作，以招聘会、双向面谈、合同管理的形式给予学生真实的"职场体验"，确保勤工俭学落到实处、取得实效，让"流自己的汗、吃自己的饭"变成学生的主流价值。此外，学校每年举行"勤工助学之星"评选活动，选出优秀勤工学子，充分展示学子自信、自立、自强的精神风貌，营造良好的校园资助文化氛围，助力学生成长成才。

很多如黄伟一样的学子，在学校资助政策的帮助下，逐渐走上阳光自信的道路，寻找到自身的价值定位，拓展了生活与生命的广度、宽度，拥有了属于杭科院人的荣光。

硬件好、环境棒、校园美、空气好——这是新生对学校的初步良好印象，当这一届学生顺利完成学业走向工作岗位，他们对母校又有了新的印象，这就是——氛围好、专业棒、同学美、老师好。

第 21 期：我眼中的优质校

优良的校风、学风是学校办学理念、育人方针、育人追求的集中体现。学校工作千头万绪，最终都应该落脚在"育人"这一点上，做好了"育人"这篇文章才能成为真正的优质校。

——本期活动师生对话金句

【主题背景】

2016 年 9 月，浙江省教育厅印发了浙江省《高等职业教育创新发展行动计划（2016~2018 年)》实施方案，提出要重点建设 20 所优质高职院校，为一众高职院校提供了又一次重大发展机遇，也提出了新一轮创新挑战。

2009 年才正式建校的杭州科技职业技术学院，没有生逢国家示范性高职、国家骨干高职申报建设的"黄金机遇期"，却也不必慨叹"余生也晚"。吃透优质校建设的内涵和标准，虚心向标杆兄弟院校学习，找准自己的目标和路径，踏踏实实做好自己的事，假以时日，"后生未必不如先生"。

怎样才算优质校，怎样建设优质校，是摆在杭科院师生面前的重要议题。

【场景描述】

主题：我眼中的优质校

时间：2016 年 11 月 22 日

地点：高桥校区综合楼 3204 会议室露台

师生：谢列卫（校党委副书记、校长）

　　　何树贵（校党委委员、副校长）

　　　徐　红（校党委委员、副校长）

　　　罗明誉（校长办公室主任）

　　　卢杰骅（教务处处长）

　　　汪灿祥（学生处处长）

　　　周俊炯（团委书记）

　　　陈圣弘（旅游学院酒店 1601 班学生）

　　　陈颖颖（城市建设学院房产 1502 班学生）

　　　赵　阳（机电工程学院机电 1502 班学生）

　　　滕　玥（教育学院学前 1538 班学生）

　　　叶李赟（信息工程学院计应 1501 班学生）

　　　王　辉（艺术设计学院景观 1504 班学生）

　　　蔡金辉（工商学院会计 1504 班学生）

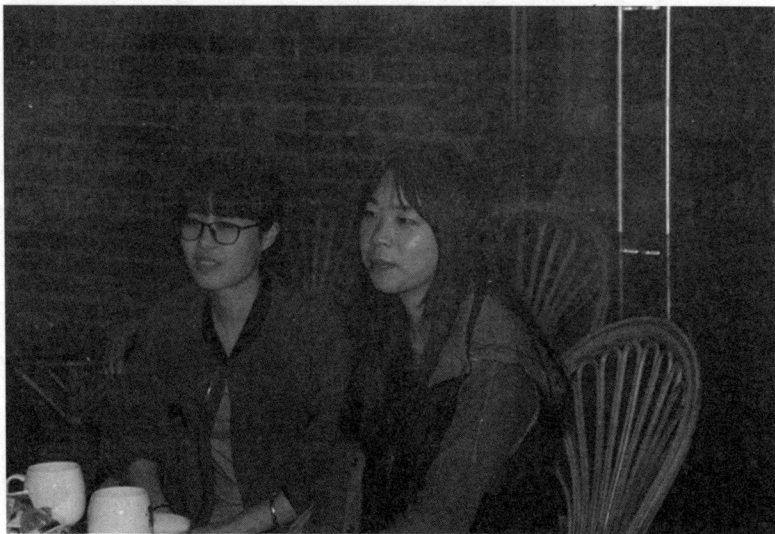

站到风口上，"猪"也可以起飞。

优质校建设就是近年来高职教育发展的"风口"，但学校却不能当懒惰的"二师兄"等着"风口"掉馅饼，而要学一学足智多谋、身手敏捷的"大师兄"，踏平坎坷成大道，闯出一条学校高质量发展的新路来。

大话题，小视角，第21期"校长请我喝杯茶"活动请来了十余位师生"智多星"，从他们各自的视角为学校"自我革新"出主意。

更好的教育：优质校建设的出发点

谢列卫校长首先向同学们介绍了"优质校"的来龙去脉。为了服务"中国制造2025"，服务中国经济社会发展，现代职业教育体系要进一步完善，高等职业教育整体实力要显著增强，"从2016年到2018年这三年间，浙江省要实施'三名工程'，即名校、名师、名专业建设，来明显增强高职院校的整体办学实力，持续提高高职教育人才培养质量，使职业教育成为与研究型教育并重的高等教育类型。以后同学们拿出高职毕业文凭，也可以更有底气。"

说到浙江省贯彻落实高职创新发展行动计划的具体举措，谢列卫深入浅出地为同学们普及高职教育质量工程、深化教育教学改革等各项任务的要点，重点解释了与我校发展最为相关的优质高职院校建设、优势特色专业建设目标。

谢列卫表示，学校要立足服务杭州市经济社会发展，加强产教融合、校企合作，在"办学基础好、服务能力强、与地方发展需要契合度高、行业优势明显"上下功夫，加强优势特色专业群培育和高素质人才队伍建设，全面提高办学水平。"我们的专业必须是为社会发展所需的专业，我们的毕业生必须是为社会发展所用的人才，不但不能一毕业就失业，更要毕业后能敬业、创业、成业。说到底，学生的综合素质才是检验一所学校是否优质的最终标准"。

"我校虽然是新建高职院校，但也要有建一流专业、办一流学校的抱负。"谢列卫说，学校办学至今不过七个年头，招生、就业各项指标已经处于全省同类院校前列，"我们要有自信心，要发挥好我们的地域优势、文化优势、后发优势，趁着国家大力发展现代职业教育的东风，强大自身，造福社会"。谢列卫表示，学校办学必须以生为本，凡是学校建设发展中的大事都要倾听同学们的意见和建议，"同学们都是最熟悉学校情况的人，希望同学们以主人翁的姿态，为我校优质校建设建言献策"。

更强的专业：优质校建设的着力点

"我觉得一所优质的高职院校首先应该有优质的专业教育，"艺术设计学院王辉说，专业能力的提高，是所有同学求学的共同目标，"就好像学武之人，总会希望遇到武功高强的师傅，学到几招独门技艺"。王辉所学专业是景观设计，有道路、园林、居住区、综合体等等内容，他希望对每个设计主题的学习都能再深入一些，建议学校再增加实训课时安排。"学院给我们安排的实训内容有与企业合作的实际项目，也会安排企业老师来给我们指导，我觉得这样的方式特别好，希望有更多优秀的、实践经验丰富的老师来给我们上课。"

信息工程学院叶李赟同学学的是计算机专业，说到做强、做优专业教育，叶李赟觉得，目前计算机专业按照大类招生，一年专业基础课后细分专业的做法很好，能让同学们根据自身兴趣找到自己更愿意深入学习的方向，"不过一年后才深入学习专业课是不是有点晚？还是希望能提前接触'核心'课程，毕竟在校总共也只有三年时间。"叶李赟希望学院在专业试点的基础上，及时优化课程的设置，"顶岗实习的时间可以再增加一些"。

来自旅游学院酒店管理专业的陈圣泓觉得，专业建设除了课堂教学质量要提升，整个学校的学术氛围也要加强。"学习是触类旁通的，如果学校能邀请更多的'大咖'进校讲座，不仅可以拓展我们的视野，也可以浓厚校园学习、研讨的氛围。"

何树贵副校长表示，近年来学校对接地方产业需求，在调整专业布局、加强课程建设等方面做了不少工作，"像艺术学院的景观设计方向，计算机专业的物联网方向，都是学校根据社会需求，调整教学资源配置后形成的新方向"。何树贵说，专业调整体现的是"社会触角"和产业视角，是建立在充分的行业调研基础上对未来人才需求的预判和应对，但专业建设则需要有一个积累过程，不可能一蹴而就，需要在找准方向后持续发力，搭建平台、组织团队、开发资源，为同学们提供更多的优质课程。"目前，学校各专业发展还不平衡，同学们刚才提的意见都很宝贵，反映出学校在优质专业建设上还要多研究师资水平问题、课程体系构架问题、产教融合校企合作问题等等，这些都是学校在优质校建设中需要努力的方向。"

更"硬"的细节：优质校建设的观察点

学校是不是优质，除了专业强不强之外，给人的感觉"暖不暖"其实也很重要。工商学院蔡金辉同学觉得，能让学生体会到归属感的学校才够优秀。"学校在期末把学生的成绩寄给家长的同时，也应该把学生各方面的优秀表现，获得佳绩的喜报寄给家长和他以前的中学，传递学校对学生的关注和认可，激励学生积极进取。"

教育学院滕玥、城市建设学院陈颖颖两位同学也认同蔡金辉的说法。"很多时候同学对学校的评价，是由细节感受引发的。"滕玥建议学校给教学楼洗手间安装上自动售卖厕纸的装置，减少同学们"忘带纸"的尴尬。陈颖颖则提出可以将公寓一楼的活动室兼做晚自修教室用，便于学生晚上自习，又不会造成晚归。"能多给同学们创造一些方便，一定能赢得同学们的赞许。"

还有一些同学就学校的食堂、菜价和交通问题提了自己的看法，菜价能不能再便宜些，出行能不能更方便些，这些生活上的小事叠加起来，也就成了体现学校管理水平是否优质的"大事"。学生处处长汪灿祥、校办主任罗明誉当场回应了同学们的诉求，介绍了目前学校设立"一元特价菜"、开通假日公交专线等服务的情况，并表示学校对新增的服务内容要加强宣传，提高同学们的知晓度，同时要进一步加强后勤服务保障力度，提高师生在校的幸福感。

同学们提出的这些小建议也得到了谢列卫的认可，他觉得优质校建设最终要落实到每个人身上，"细节决定成败，小举动、小改进能累积成大改变、大进步，学校要关注细节，抓好细节，这也是'爱满天下'育人精神的体现"。

更 "Ａ" 的气质：优质校建设的落脚点

好学校总是有它独有的气质魅力，这种气质散发在学校文化里，还通过校风、学风烙印到每个学生身上。

"我觉得校风、学风建设比硬件建设、专业建设更重要，因为学风影响的是同学们的行为习惯，是可以让我们终身受益的。"机电工程学院赵阳这番话"出人意料"却又让人觉得合情合理。

何树贵赞同说，学校设置早锻炼、要求同学们少点外卖都去食堂吃饭，这些制度要求看起来管得太细了，但其实是一种生活态度、生活习惯的养成，比专业知识学习更让人终身受益，"校风、学风是学校倡导全体师生都遵循的共同价值追求和行为风尚，优质校建设最终极的成果就应该是体现在学校师生身上的优秀意志品质"。

"优良的校风、学风是学校办学理念、育人方针、育人追求的集中体现"，谢列卫表示，学校的工作千头万绪，"专业建设、课程改革、基础设施建设、后勤保障、治理体系完善等等，最终都应该落脚在'育人'这一点上，做好了'育人'这篇文章才能成为真正的'优质校'"。

"大家从建设优质校的视角出发，帮助学校发现不足，启发了学校的工作新思路。"徐红副校长表示，学校要认真考虑同学们的意见和建议，以建设优质校为契机，推动学校办学上质量、上水平，"为同学们的学习生活、成长成才提供更好的支撑，使办学成果惠及全体学生"。

【一杯茶的蝴蝶效应】

2016 年这一轮省优质校评选，由于种种原因，杭州科技职业技术学院最终未能评上。但关于"优质校"的讨论已经打开了杭科院师生的思路，也有了大家自己心中"优质校"的标准。

在2018年9月学校首次党代会上，学校明确提出"坚持和加强党的全面领导，坚持社会主义办学方向，坚持以立德树人为根本任务，坚持走高质量特色发展道路，坚持以改革创新为动力，坚持以服务杭州区域经济社会发展为办学定位，不断提高人才培养质量，提升综合办学实力，朝着建成特色鲜明的全国一流高职院校的目标砥砺奋进"的发展指导思想和"两步走、创一流"的发展目标，全面实施协同发展、特色发展、人才强校、文化引领四大发展战略，并提出了"九个更加"主要发展任务。

在市委市政府的高度重视下，2019年学校制定出台了《杭科院"创一流"内涵建设三年行动计划（2020~2022)》。2020年市政府批准同意，三年共投入1.5亿元支持杭科院"创一流"发展。目前，行动计划所明确的八大工程正在全面推进，相信在全校师生的共同努力下，杭科院成为一所真正的"优质校"的梦想不会遥远。

第 22 期：做冬日暖阳下的动感达人

　　人心脏的跳动就像汽车发动机的不停转动，通过跑步维护好人的身体器官，就和定期给汽车做保养是一样的。

——本期活动师生对话金句

【主题背景】

全民健身和全民健康越来越深度融合。让大学生"走下网络、走出宿舍、走向操场"，是 2014 年共青团中央、全国学联联合教育部、国家体育总局开展的"三走"群众性课外体育锻炼活动主题，打响了操场和网络间的"争夺战"。"做冬日暖阳下的动感达人"，话题的题眼在于引导大学生在三年大学生活中把体育锻炼作为一种生活方式，养成自觉、形成习惯，获得健康体质，用强健的体魄、顽强的意志、焕发的青春，去赢得未来。

【场景描述】

主题： 做冬日暖阳下的动感达人

时间： 2016 年 12 月 20 日

地点： 高桥校区综合楼 3204 会议室露台

师生： 谢列卫（校党委副书记、校长）

潘灿祥（学生处处长）

潘晓萍（公共教学部、军体部主任）

周俊炯（团委书记）

方小强（公共教学部、军体部老师）

梅　雪（城市建设学院工程造价 1502 班学生）

张　杰（机电工程学院汽电 1611 班学生）

傅叶凡（艺术设计学院景观 1504 班学生）

叶永富（信息工程学院电气 1612 班学生）

沈作楠（旅游学院酒店 1624 班学生）

赵益同（工商学院会计 1501 班学生）

陈佳琦（教育学院学前教育 1504 班学生）

郑远子（工商学院商务 1622 班学生）

本期喝茶活动开始前，谢列卫校长和同学们一起前往学校健身房进行运动热身。郑远子是杭科院工商学院大一的学生，也是学校健身房的教练。他熟练地向大家介绍了运动器械的正确使用方式。在运动过程中，校长和学生们的距离慢慢拉近了。

运动不寂寞，可以交友还可以创业

艺术设计学院同学傅叶凡首先打开了话匣子："学校组织的阳光长跑对我们很有帮助，我们很喜欢。学校能不能定期再举办一些大型集体户外运动。"

"这个主意好，"教育学院陈佳琦同学抢着说，"我们学院的同学每天练一段舞蹈就是锻炼身体，如果能有集体的户外活动参加，就真的太棒了。"

旅游学院沈作楠同学也有同感，觉得集体大型运动对同学们更有吸引力。信息工程学院叶永富同学进一步建议学校举办一些娱乐性运动，成立运动俱乐部，"通过娱乐性运动更容易结交志同道合的朋友"。

坐在旁边的机电工程学院张杰同学立马表示支持。张杰是跑步的狂热爱好者，也是校园里出名的动感达人。他有许多傲人的成绩：校运动会 5000 米第一名，参加过中国·衢州半程马拉松，杭州西湖第二届"光猪跑"，全球关爱自闭症儿童公益跑，丽水、扬州、横店半程马拉松，杭州国际马拉松等比赛。张杰说，跑步和汽修专业也是可以完美"混搭"的，"人心脏的跳动就像汽车发动机的不停转动，通过跑步维护好人的身体器官，就和定期给汽车做保养是一样的"。张杰创立了学校的"毅路跑"大学生社团，"一个人跑，可以跑得很快、很随性，一群人跑，可以跑得更久、更长远"，张杰说这就是他创建"毅路跑"社团的初衷，"希望大家都爱上跑步，跟跑步谈一场恋爱"。在第九届浙江省大学生职业生涯规划与创业大赛中，张杰的"我的跑步私人教练梦"作品获得了职业规划类二等奖。

运动是习惯，想动就能动起来

打开话匣子后的师生，"脑洞"也越开越大，从校园运动聊到了校园管理和科学生活。

城市建设学院学生梅雪提了一个大胆的建议："阳光长跑的时间与老师上下班的时间是一样的，车辆来往较多，跑步存在一定的安全隐患。学校是否可以修建一条塑胶跑道，专门用作阳光长跑？"

学校军体部主任潘晓萍也附和，建议学校进一步完善风雨操场的灯光设施，为同学们晚上开展运动创造更好的条件。

工商学院郑远子则认为在创建更好的运动环境的同时，还要善于利用现有条件。他建议大家开动脑筋多创造适合自己的"随时运动"，比如在寝室里做做肌肉运动、俯卧撑，坐在课堂里时可以做做颈部运动、腿部放松等，"这些运动对身体伤害小，又省时省空间"。郑远子表示，锻炼前后的饮食也颇有讲究，大家可以有选择地自我搭配健身营养餐。

学生处处长汪灿祥对郑远子同学的观点十分认可，并提醒大家在进行滑板类、滑轮类运动时要注意安全。

方小强老师则建议同学们要科学地认识体育锻炼给身体带来的好处，并建议学校采取措施进一步激发老师、同学参加体育运动的积极性，"有了运动的自觉意识，一定可以找到适合自己的运动方式，要让运动变成我们生活的一部分"。

运动是"1"，做好健康人生的加法题

工商学院的赵益同同学说："我平时喜欢打打篮球、羽毛球，今天去了健身房。我打算每天抽半小时去健身。"在他看来，每天的健身运动，能让他更轻松地投入专业学习，增强应对困难的耐力和毅力。

"跳舞对我来说是最好的方式了。"陈佳琦同学说，"因为平时专业上要练钢琴太忙，很少有时间安排其他的运动。"陈佳琦同学的运动观念既结合专业，又达到了强身健体的目的，得到大家的认可。

叶永富同学说："我经常去健身房，习惯了。"简单的一句"习惯了"，充满了青春的自信与骄傲。

从运动的"1"开始，同学们的人生就在不断做加法。他们的运动观，甚至从一个侧面影响了他们的人生观。

谢列卫频频点头，称赞同学和老师的想法好。他建议同学们多参加学校军体部举办的阳光体育联赛、趣味运动会等活动，并表示学校会进一步扩充集体户外运动的类型，"在未来的校园规划中，也会考虑大家的建议，让老师同学们运动得更安全、更专业"。

谢列卫还特别鼓励张杰，要做校园中的"小先生"，办好社团，带动更多的同学参与到运动当中，"生活在冬日的暖阳下"。谢列卫表示，学校会秉持陶行知先生"健康第一"的教育思想，积极鼓励师生树立体育锻炼的自觉意识，"体育教育是生活教育的重要内容，每天我们在关注自身学业进步的同时，也要问一问自己：身体有没有进步"。

【一杯茶的蝴蝶效应】

参加喝茶活动的跑步小达人张杰，他的大学生活是充满活力和激情的。在校三年，他每年都参加校园微型马拉松活动。"我要把三年的校园微马奖牌都收集起来，组成完整的一套。"张杰说的这个目标，也是他身边许多同学引以为豪、孜孜以求的"梦想目标"。

2018年3月30日，第三届校园微马吸引了800余名师生参与，在线报名通道开通后，两天时间内800个名额被抢空。张杰带着"毅路跑"社团的同学们跑在队列里，就像陶行知先生说的"小先生"一样，用行动、用年轻人的朝气带动着一批人，一起奋力前行。

张杰特别喜欢校园微型马拉松活动里老师和同学们一起跑的氛围，特别融洽，就像和自己的朋友共同完成一件神圣的事情。每一年的校园微马都会有校领导领跑。时任校长、现任党委书记谢列卫是前两届校园微马的领跑者。2018年，接任校长的许淑燕也遵循这个传统，出现在了"第一方阵"里。许淑燕笑称自己是个"从来不锻炼的人"，但为了给全校师生做榜样，她也"豁出去奔跑一回"，"希望大家都能加强体育锻炼"。何树贵副校长则连续三年参加杭科院校园微马并每次都坚持跑完全赛程，赢得了无数学生粉丝的拥趸，"咱们的大叔校长老厉害了"。

除了微马，学校还"发明创造"了阳光跑、彩虹跑、荧光跑……力求以各种丰富多彩的活动更好地宣扬杭科院的美丽校园与人文精神。

在这个校园里，我们也能看到许多和张杰一样努力的人。2014级学生马金城是健身房的受益者，从一个对自己身材不是特别自信的学生到瘦身成功，他付出了自己的汗水，收获了青春的美好。拿着大一的照片和现在的自己做一个对比，他说："健身成功就感觉自己是从阴暗的角落走到了阳光下，整个人更自信了。"

健康的养成需要养成良好的习惯。学校积极开展阳光长跑，提高学生体质健康水平。无论是在明媚的清晨还是灿烂的晚霞时分，杭科院学子奔跑在路上的身影，成了一道充满青春力量的校园风景线。

"健康是生活的出发点，也就是教育的出发点"，杭科院人用阳光体育践行着陶行知先生的体育教育思想。

第 23 期：我喜欢的思政课

同学们心目中的优秀思政课画像：要有故事听，喜欢去课外实践，喜欢和思政老师讨论时事热点，老师需要和同学们多交流看法。

——本期活动师生对话金句

【主题背景】

教育部发布的《关于开展 2017 年高校思想政治理论课教学质量年专项工作的通知》明确提到将 2017 年定为"高校思想政治理论课教学质量年"。全国高校都在探索思想政治课改革的方式方法。

让学生喜欢上思想政治课，让学生在思想政治课上获得力量，成为思想政治课改革的目标。

【场景描述】

主题：我喜欢的思政课

时间：2017 年 3 月 28 日

地点：高桥校区综合楼 3 号楼二楼西露台

师生：谢列卫（校党委副书记、校长）

　　　张小红（校党委副书记）

　　　徐　红（校党委委员、副校长）

　　　汪灿祥（学生处处长）

　　　马永良（公共教学部党总支书记）

　　　戴　雯（党委宣传部副部长）

　　　李同乐（公共教学部思政教研室主任）

　　　刘梦磊（旅游学院酒店 1624 班学生）

　　　吴华超（教育学院教育 1506 班学生）

　　　翁哲馨（城市建设学院造价 1601 班学生）

　　　严琼煜（艺术设计学院装饰 1611 班学生）

　　　陈嘉雯（旅游学院会展 1602 班学生）

　　　于将胜（信息工程学院计算机 1611 班学生）

　　　叶陈柔（机电工程学院机电 1602 班学生）

　　　陈寅威（工商学院国商 1622 班学生）

　　　杨国权（机电工程学院模具 1611 班学生）

　　　邢吉莉（旅游学院旅行社 1611 班学生）

"矮纸斜行闲作草，晴窗细乳戏分茶"，春天是采茶品茶的季节。校园里的"龙井43号"在"惊蛰"和"春分"时萌芽，"清明"前可采，"明前茶"芽叶细嫩、色绿香郁、甘醇爽口。这一期"校长请我喝杯茶"就在学校的茶园里开始了。

走出课堂，采茶也可以是思政课

在茶园中，同学们显然活跃很多，大家感叹清新茶香，询问茶的品种和知识，体验采茶过程，感受劳动艰辛。校长谢列卫和采茶的同学们打趣道："不需要大家摘多少，摘出今天大家自己喝的量就可以了。"在大家采茶的同时，张小红副书记就开始给思政课出点子：我们学校的茶园是特色，可以开发成思政教育的一部分，日常打理、春日采摘、学习制茶工艺，这才是有杭科院特色的思政课，"大家能够感受传统节气，培养责任感，知道好茶叶的来之不易，品茶学茶，品位高雅"。

都说"明前茶，贵如金"，明前茶只采龙牙（单芽）和雀舌（一芽一叶初展，芽长于叶，长度 1.5 ~ 2.0cm）。采茶要提手采，要求芽叶成朵，大小均匀，不能采碎，不带头，多采或少采一叶，都是浪费了上好的茶叶原材料。采茶讲究轻采轻放，用竹篓盛装、竹筐贮运，防止重力挤压鲜叶，确保鲜叶质量。

于将胜一边专心致志地采，一边直喊："采茶太讲究了。"

一次采茶劳动，默默地改变着同学们脑中的一些固有概念，发现采茶中的新大陆，这就是一堂不在教室里开展的思想政治课。

吐槽思政课？及格以上优秀未满

采完茶，校领导和同学们落座综合楼二楼西露台聊起了思政课。10 位同学为学校的思想政治课打分，其中 3 位同学打了 80 分以上，其余表示可以打 60 分以上，能及格。

校领导鼓励同学们对思想政治课吐槽，有的同学表示老师太严厉，而自己喜欢风趣幽默的老师；有的同学表示理论枯燥，所以不喜欢；有的同学希望思政老师可以和自己聊聊自己感兴趣的时事政治，在交流中更容易学到知识。

"有个别老师讲得太多了，会容易睡着。"邢吉莉同学说。

"有些同学上思政课，其实都抱着'道理我懂，爱听不听'的态度。"杨国权同学说。

陈嘉雯同学说："思政课老师总是在上课时讲学生寝室受骗的例子，同学们都听烦了。还有一次，老师在公共平台上出题目，全班只有一个同学去答题，也蛮尴尬的。"

大家七嘴八舌，为思想政治课提意见。当然，用心的老师还是得到了同学们的褒奖。叶陈柔同学对上思想政治课的毛高仙老师非常认可。杨国权同学则说："张满东老师上课的形式多样，还会带我们去受降纪念馆参观。"

倾听需求，为理想思政课画像

"大家最近主要关注的时事有哪些？"公共教学部党总支书记马永良向同学们提问。

刘梦磊同学说："我在看韩国'世越号'倾翻的一些报道，虽然不是时事，还是仔细地看了各种新闻。学生们临死前拍打船窗的时候一定很绝望。"

"我在看'于欢案'，"杨国权同学说，"这是最近的热点，我会持续关注。"

他对 2016 年 4 月 14 日 14 时发生在山东省聊城冠县的"辱母杀人"刑事案件有自己的看法。

"我们现场的 10 位同学中，还有人了解过'于欢案'吗？"马老师追问。

两位同学举起了手。

严琼煜同学说，"其实同学们对时事热点还是挺有兴趣的，思政课是不是可以多一些分组讨论，让我们自己来选话题、谈话题。"

关于同学们提出的要多讨论时事政治的建议，谢列卫等校领导都给予了充分肯定。听完大家的评论，谢列卫为同学们心目中的优秀思政课做了个总结画像：要有故事听，喜欢去课外实践，喜欢和思政老师讨论时事热点，喜欢老师和同学们多交流看法。

公共教学部党总支书记马永良和公共教学部思政教研室主任李同乐老师表示，本次喝茶活动收获颇丰，他们会认真听取同学们的意见，把大家喜爱的思想政治课"元素"发掘好，一定把学校的思想政治课打造成同学们"真心喜欢、终身受益"的课程。

李同乐老师说："作为一个思想政治课老师，其实有的问题已经在思考当中，有的问题可能会忽略，回去后一定在教研活动中和其他老师认真研究。"

认真探讨，思政教育有深意

关于思想政治课究竟有没有用，同学们的认识其实还是一致的，"有用，但不要老生常谈"。

于将胜同学说："我当过两年兵，在部队里接受思政教育比学校要求高，部队班长经常给我'洗脑'和训话。"他觉得因为有这样的经历，自己比同龄人要严谨自律些，"觉得自己责任更大"。

而喜欢上思想政治课的吴华超同学觉得有些委屈，因为更多同学都更愿意上专业课，"反而显得我不一样。"

在讨论中，张小红向大家提出了两个问题：一是学校为什么要开设思政课，二是思政课对自己有过怎样的启发和影响。同学们讨论以后得出了一个观点：思政课是让大学生继承党的优秀传统，成为社会主义事业的接班人的课程。

徐红为同学们的理解做了补充，她认为在大学阶段，学知识技能固然重要，但是更重要的是学做人，而思想政治课解决的就是做人的问题，"要帮同学们做一个有德之人，一个有社会责任感的人"。

【一杯茶的蝴蝶效应】

习近平总书记曾强调，学校党委书记、校长要带头走进课堂，带头推动思政课建设，带头联系思政课教师。作为"喝杯茶"活动的后续工作，也作为杭科院宣讲十九大精神工作的一项创新，全体党委班子成员都进课堂顶班上课，做学生思政教育的先锋。

离上课还有20分钟，会展1803班的袁萍和几个同学特地提早到了教室，占了教室前排的位置。"听说今天下午的思政课，校党委书记来给我们上，很期待！"

谢列卫是工学博士，开讲思政课，仍然不改"理科男"本色。一上来，他就在黑板上画下了横纵轴线和倒U曲线。"横轴代表人均国民生产总值，纵轴代表环境污染指数。"谢列卫从库兹涅茨讲到了中国经济发展状况，再讲到制度建设如何推动经济与环境的和谐发展，内容涉猎广泛，条理却异常清晰。最后，他指着倒U形曲线的后半段说："当我们进入了这个曲线的后半期，我们就将开始生态美、环境美和人文美的'三美'生活，也就是我们所说的'美美与共'"。

"思政课要上好很难，难就难在如何为大的概念找到小的切入口，把问题讲透彻，"谢列卫和思政教研室老师交流时说，"我对思政课的'好'有两个标准，一是学生听得懂，二是学生爱听。"

参加了"喝杯茶"活动的思政课老师李同乐则不断创新思政课模式，打造学校"走读山乡，生活课堂"思政实践课。他带领15位工商学院学子一起走进杭州富阳区新登地区第一个党小组的诞生地——何务村，寻访革命先辈的足迹，见证共产党人的初心和使命。在何务村的红色长廊里响起了青年学子们的嘹亮歌声："夜半三更哟盼天明，寒冬腊月哟盼春风，若要盼得哟红军来，岭上开遍哟映山红……"

"我们给思政实践课起了'走读山乡，生活课堂'的名字，带领同学们走出教室这个小课堂，走进生活这个大课堂，走进富阳的山水、乡镇和人民，通过引导学生观察、聆听和思考，帮助他们加深对课堂上所学到的理论知识的理解，让理论真的入耳、入脑、入心。"李同乐介绍，他的教学思路，是对习近平总书记"把思政小课堂同社会大课堂结合起来，教育引导学生立鸿鹄志，做奋斗者"理念的践行。

这样的思政课，得到了同学们的认可和赞许。

"我来自杭嘉湖平原，从小到大都生活在平原地带，今天在何务村从下车开始我就能看到山，这对我来说既是开阔视野，也是自己体验和了解红色山乡的历史，不再局限于老师的讲解。希望下次还有机会能够跟着李老师去别的地方走一走、看一看。"会计1805班陆新怡同学在学习感悟中写道。

最让国商1802班徐茹云同学印象深刻的是参观叶家党小组旧址的经历。她说："如果没有大家的互帮互助，这么陡峭的山路，我们几位女生几乎都爬不上去，是大家的团结和互相扶持，让我们能有幸一睹旧址的真实面貌。这次虽然只有短短半天时间，但却是段不一般的经历，内心的欣喜与满足足以抵消身体的疲惫。"

思政教育的长效、高效、有效开展与实践，离不开制度上的保障与支持，学校出台《中共杭州科技职业技术学院（杭州广播电视大学）委员会关于加强和改进新形势下思想政治工作的实施办法》，坚持正确的办学方向，加强党的领导，加强以学生为中心的教育理念，加快推进"思政课程"与"课程思政"建设，全面推进全员育人、全过程育人、全方位育人。

第 24 期：我想要的公选课

陶行知当年在晓庄师范就号召大家种南瓜，我们学校有大片茶园，也可以开设介绍茶文化的选修课，但公选课不能做成班级活动，要有课程设计，要让大家收获知识和技能。

——本期活动师生对话金句

【主题背景】

如果说专业课是学生在某一专业中的纵向知识的深度，那么选修课则代表着同学们横向知识的宽度，是了解不同学科和知识的最佳途径。公共选修课可以实现学科交叉，形成科学和人文交融的跨学科基础教育新体系，实施素质教育的有效手段。

2017年4月，校团委对"喝杯茶"活动选题在WHEN YOUNG公众号上展开了投票，"公选课"这一话题以绝对优势选票位居第一。5月4日，WHEN YOUNG推送《我们需要怎样的公选课》一文，邀请大家留言，引发同学们的热议。大家最大的诉求就是在公选课中学习专业以外的知识，拓宽自己的知识面。5月16日下午，"校长请我喝杯茶活动"就围绕着"公选课"话题，进行了一场热烈的讨论。

【场景描述】

主题：我想要的公选课

时间：2017年5月16日

地点：高桥校区综合楼3204会议室露台

师生：谢列卫（校党委副书记、校长）

　　　　何树贵（校党委委员、副校长）

　　　　徐　红（校党委委员、副校长）

　　　　汪灿祥（学生处处长）

　　　　吴太胜（教务处副处长）

　　　　马永良（公共教学部党总支书记）

　　　　戴　雯（党委宣传部副部长）

　　　　李同乐（公共教学部教研室主任）

　　　　俞夏怡（工商学院会计1604班学生）

　　　　金温梦（工商学院会计1603班学生）

　　　　林汇峰（信息工程学院计算机1612班学生）

　　　　童妍茹（城建学院市政1613班学生）

　　　　朱　茵（旅游学院酒店1624班学生）

　　　　蒋传开（旅游学院酒店1503班学生）

　　　　郑益楠（艺术设计学院室内1611班学生）

　　　　沈　强（机电工程学院机材1611班学生）

　　　　余雨馨（城建学院建工1601班学生）

　　　　冯哲豪（机电工程学院汽电1611班学生）

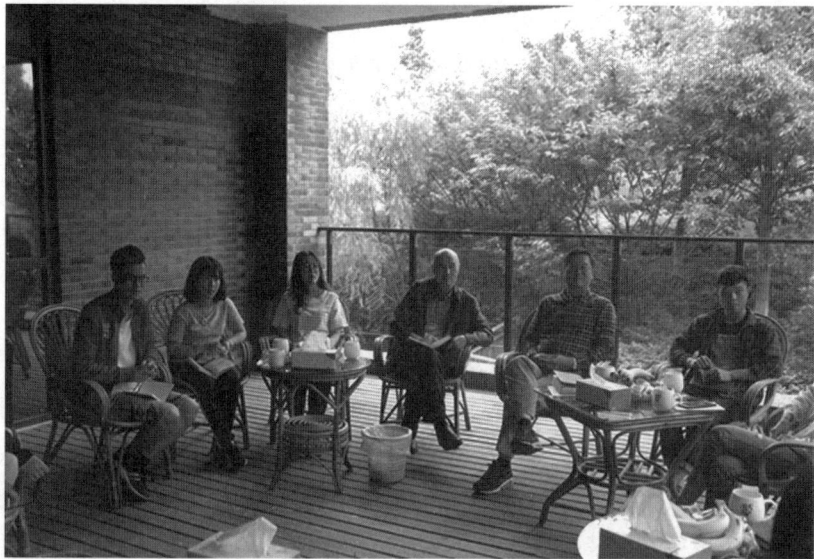

公选课上什么，怎么上，怎么才能让同学们喜欢上？这些都不应该是老师坐在办公室里想出来的。上课是师生共同参与的一个过程，每个人都有自己的发言权。有意思的是，在"互联网＋"的背景下，同学们首先想到的是让公选课"触网"。

网络公选课成热门

"只要有网络就可以直接观看课程"，"网络公选课可以让我们更有效地利用时间，提高学习的效率"，"冬天根本没有勇气出门，有了网络公选课，我们就可以在寝室里完成了，还省了来去路上的时间"，"我们现在是互联网时代了，网络公选课应该成为主流。不单单是学校提供的，我们还有很多线上的教学资源可以获取"。同学们你一言我一语，畅想着普及网络公选课后的美好图景。而他们的诉求，与学校智慧校园、"互联网＋"教学的整体思路，不谋而合。

除了上课形式，同学们对公选课的管理也有要求。信息工程学院林汇峰同学建议："学校应该给每门公选课做一个详细的课程简介，让同学们在选课时能全面了解课程的内容，这样更有利于同学们有针对性地去选课。现在很多时候，大家都是在'盲选'，抢到什么是什么，而不是找自己想学的课。"

听了林汇峰的建议，沈强有了更大胆的想法："能不能借鉴网络课程的做法，使得每个课程选课前都有试听，这样我们就能判断哪些课喜欢，哪些课不喜欢了。"

教务处副处长吴太胜表示，近年来为了丰富公选课程，学校每学期都会购买一定数量的网络公选课，"今年上学期我们购买了8门，往年最多时候购买过12门"，以后也会多开公选课，逐渐满足同学们的需求。

兴趣点是选课关键

"我更倾向于选择自己感兴趣的公选课，选择自己喜欢的课程，会学得更快更好。至于大家的兴趣点是什么，建议可以做点问卷调查，只要大家喜欢的，都可以作为公选课来开。"工商学院金温梦同学如是说。

旅游学院蒋传开同学则表示自己倾向于选择自己感兴趣的老师开设的课程。他以自己所选的公选课为例，讲述了自己授课老师新颖活泼的教学方式，"老师利用公众号管理学生签到让大家感到很新鲜，我想公选课一定要好玩好听，才能抓住同学们的注意力"。

艺术设计学院郑益楠和城市建设学院童妍茹同学希望学校开设一些可以在室外进行教学的公选课，让同学们走出教室，走向大自然，体验不一样的上课氛围。"我们学校特别美，特别春天、秋天的时候，真希望走到教室外面，看看花花草草，学学自然知识。"

同学们的想法也启发了谢列卫校长。"陶行知当年在晓庄师范就号召大家种南瓜，我们学校有大片茶园，也可以开设介绍茶文化的选修课。"他表示，茶文化是中国传统文化，同学们通过学习，可以增长知识、受用终身，"当然公选课不等同于班级活动，作为公选课要做好课程设计，要让大家在课程中收获知识和技能"。

要选课不要"抢课"

提到"抢课"这件事，很多同学开始吐槽：目前学校的公选课是通过网络"抢注"的，抢课的"尖峰时刻"甚至会出现网络拥堵。喜欢的课程一个手慢没抢到，为了拿学分就只能无奈选择自己不太喜欢的课程。"选修课系统一开放，根本没时间细看，有什么选什么。最可怕的是什么都没有。每次选课都

'惊心动魄'"。

公共教学部党总支书记马永良说："学校已经采取了一些措施，来加强公选课的管理。"两个月前，学校下发了《关于印发〈杭州科技职业技术学院公共选修课管理办法〉的通知》，从课程设置、开课管理、选课管理、教学管理、保障机制五个方面对公共选修课进行了制度规范。《办法》将公选课的开设纳入教师专业技术职务聘任的考核中，并规定副高及以上专业技术职务的专任教师每学年必须至少开设一门公选课，并将这部分工作量和教学评估纳入教师教学工作业绩考核指标和二级学院（部）的年度工作业绩定量考核指标中。

何树贵副校长建议大家选择公选课时不要单凭兴趣，也要根据自己职业发展方向选课，要把公选课作为专业课的补充。

徐红副校长希望同学们在选课时多一些"理性化"的独立思考，少一些"功利化"的选择，使公选课真正对自身成长有所帮助。

【一杯茶的蝴蝶效应】

2017 年 9 月，学校共开设公选课73 门；2018 学年，上半年和下半年分别开设 111 门。比 2017 年上半年增加了 38 门公选课，增幅达到 52.1%。公选课数量逐渐增多，"抢课"慢慢改善为"选课"。在保证量的基础上，学校不断丰富公选课"质"的内涵，公共选修课的种类不断丰富，艺术类、体育类、科普类、职业素养等方面课程有机结合，满足同学们多元化需要。旅游学院建立了茶艺实训基地，也开设了茶文化课程。

除了让更多老师开设更多元的"公选课"，教育信息化也成为满足同学对"公选课"需求的助推器。以《浙江省教育信息化三年行动计划》为指导，学校细化教育信息化三年行动计划，搭建平台、整合资源，完善公选课等课程的网络化，加强技术服务和硬件支持，创新体制机制，以教育信息化建设为契机，不断提升学校育人成效，提高办学水平。

"公选课就像是学校做给同学们的一盘盘精神菜肴。有料、有趣、有用，对同学们的吸引力才会更强，同学们学起来才会更有味道，从中汲取的养分也会更齐全。"蒋传开同学在公选课中感受到了信息化在生活、工作中的便捷与实用，在毕业后投身网络直播平台的创业洪流，目前已经在行业中逐步站稳了脚跟。"网络公选课便捷高效，对传统课程有一定的颠覆性，我也逐步在做直播课程，把课程搬到网络上，迁移到移动端，逐步改变教育的业态。"

第 25 期：聚光灯下的热与力

《原野》是我人生中的一个剧，话剧把我的整个人都打开了。

——本期活动师生对话金句

【主题背景】

美育，给大学生带来一双发现美的眼睛，同时启发着学生用一双创造美的手去创造美的未来。教育家陶行知先生曾言，中国生活中的道德程度过低，与它的日用人文太缺少美感有直接的关系，而"美的良知一旦焕发出来，比之道德自觉与发现功效是强得太多了，美就是一步到位的道德"。显然，美育教育是大学教育中不可或缺的一部分。

在高校如何开展美育教育，不是简单地开展几次歌手大赛，组织几次合唱训练，策划一个迎新晚会那么简单。美育教育需要脚踏实，不驰于空想，不骛于虚声，而惟以求真的态度作踏实的工夫。

【场景描述】

主题：聚光灯下的热与力

时间：2017 年 6 月 15 日

地点：高桥校区综合楼 3 号楼二楼西露台

师生：谢列卫（校党委副书记、校长）

　　　　徐　红（校党委委员、副校长）

　　　　汪灿祥（学生处处长）

　　　　蔡樟清（教育学院院长）

　　　　周金元（教育学院老师、嚓嚓合唱团指导老师）

　　　　李　沐（教育学院学生工作办公室主任）

　　　　孟庆东（旅游学院团委书记、晨晖剧社指导老师）

　　　　宋兆辉（工商学院辅导员）

　　　　卢姗君（旅游学院会展 1502 班学生）

　　　　陈思远（旅游学院会展 1502 班学生）

　　　　郑伊琳（城市建设学院造价 1501 班学生）

　　　　黄　健（信息工程学院计算机 1606 班学生）

　　　　王陈斌（旅游学院旅行社 1603 班学生）

　　　　叶馨宇（工商学院财务 1511 班学生）

　　　　胡之韵（旅游学院酒管 1603 班学生）

　　　　冯卓雅（旅游学院酒管 1603 班学生）

　　　　陈圣弘（旅游学院酒店 1601 班学生）

曹安琪（信息工程学院计算机 1604 班学生）

周雨佳（旅游学院酒管 1601 班学生）

王沈杰（旅游学院酒管 1625 班学生）

刘伟杰（旅游学院旅行社 1611 班学生）

齐泽皓（信息工程学院应电 1402 班学生）

舒晴雯（旅游学院酒店 1403 班学生）

当天受邀参加"校长请我喝杯茶"活动的都是学生社团晨晖剧社的学生演员。他们是《原野》的金子、仇虎、焦大星，是《富春山居疑案》中的皇上、大臣、公公，是《重返二十岁》的沈梦君、项国斌、鼓手。

十三年：一个学生剧社的美育探索之路

始创于 2004 年的晨晖剧社是学校兴趣类社团的优秀代表，深耕美育 13 年，也是杭州大学生话剧联盟副主席单位，一直活跃在杭州校园话剧巡演的舞台上，目前已演出《我爱桃花》《虚拟爱情》《寻找春柳社》《你好，打劫》《重返二十岁》《红玫瑰与白玫瑰》《原野》等 20 余部剧目，受到校内外人士的好评。

剧社的发展一直受到学校的高度重视，不久前，谢列卫校长和徐红副校长莅临杭州图书馆现场观看了晨晖剧社话剧《原野》的演出，并对同学们的成功演出给予高度赞扬。活动伊始，谢列卫就对晨晖剧社予以了高度的肯定，他说："学生的素质教育离不开美育，话剧能体验美、感受美、创造美，是学校美育中的一个重要项目。晨晖剧社是学校艺术类社团中的佼佼者，剧社出色的表演佳绩，体现出一种专业水准，剧社的影响力不仅仅在学校内部，还辐射到了本科院校。"

受到校长的表扬，晨晖剧社的同学们备受鼓舞，纷纷讲起了自己与话剧的故事。

"道具都是自己准备的，才表示这个剧是自己的。"饰演奶奶角色较多的"奶奶专业户"卢姗君说。她在《原野》中饰演焦氏，还是一位老母亲。为了顺利演出，她将自家的古董桌椅自费快递到学校作为道具。卢姗君认为，兴趣是学生加入剧社、投身话剧的关键。

大家因为兴趣走到一起，在《原野》中演仇虎的陈思远说："晨晖对我来说，就像一个家。"男主角的经历，让他找到了展示自我的平台。

齐泽皓是剧社的"三朝元老"，参演过《你好，打劫》《重返二十岁》《红玫瑰与白玫瑰》等。排戏时，他积极发挥老社员传帮带的作用，乐当"名誉社长"，被剧社成员亲切地称为"齐叔叔"。

"《原野》是我人生中的一个很重要的剧，"饰演金子的胡之韵说，"话剧把我的整个人都打开了。"在晨晖剧社决定排演《原野》这一出话剧经典剧目时，她克服自身条件的不足，通过对角色的反复琢磨、深入理解、刻苦排练，成功出演了女主角花金子，她觉得剧社让她脱胎换骨，"克服自我就能有所突破"。

叶馨宇认定勤能补拙，几度出演剧社大戏，终于从青涩走向成熟，在剧社中挑起了大梁，在《原野》中饰演了常五伯。他说："感谢学校有这么一个舞台。一个剧，主角就几个，但后台参加服务的却有30多个同学，经历过就成长很多。"

确实，在舞台上，没有小角色，只有小演员。在另外一出《重返二十岁》中演鼓手的舒晴雯说："剧社让我有归属感和自信，我演的角色尽管只有几句台词，但感到这个舞台就是我的。"

晨晖剧社每一台话剧演出的背后都有着每个人的汗水和努力的付出，过程很辛苦，但同学们感受更多的是一种乐趣，从中他们学会了相互补台、团结合作，锻炼了组织协调能力，提高了文学艺术修养等。用同学们自己的话来说，"大家都是零起点，凭借兴趣和热情做话剧，剧社就像我们的又一个家，特有归属感。"

充实与提高：优化美育工作，深化素质教育

"美育在深化学生素质教育中扮演着重要的角色，要如何进一步优化学校的美育教育？"谢列卫向在场的师生们抛出了问题。

作为晨晖剧社的指导老师，孟庆东说："这么多年来，剧社坚持的就是育人与排练相结合，通过话剧锻炼学生的意志与品德。每年排演一出戏，坚持'普及与提升相结合'，在普及话剧基本常识与话剧标准化演出方面齐头并进，努力建设有人情、有品格、有念想的学生社团。"

蔡樟清、汪灿祥、周金元、李沐、宋兆辉等在座老师从自身工作的角度出发，分析了学校美育工作在管理机构设置、人员配备、场地设施保障、经费投入等方面存在的问题，并提出了改进的建议。

周金元作为校大学生艺术团嗒嗒合唱团的指导老师，带领他的学生在浙江省大学生艺术节上屡次获得金奖，他说："希望学校更加重视艺术教育。合唱团人数多，大家可以排练的空余时间都是不一样的，要组织起来特别困难。要想拿金奖，就要搭建好梯队，要把好苗子集中起来。"他特别希望自己的嗒嗒合唱团能得到更多的保障。

晨晖剧社的同学们讲了学生社团的困惑。卢姗君同学说："我们排练的场地是礼仪实训室，除了晨晖剧社，还有许多社团都要用这个场地，所以时间上会有冲突。"

胡之韵同学说："每一出戏演完后，就有道具留下来，随着演出剧目增加，我们剧社的道具越来越多。有些大件的桌椅，精致的衣服、帽子都是根据剧目的年代感制作的，丢了很可惜，还能重复利用。如果让我提一个建议，我希望有一个专门存放道具和服装的房间。"

刘伟杰同学说："我们有导演，有演员，还需要有写剧本的人。"

他们也结合自身的社团实践提出了建议：希望学校能开设培养话剧创作人才的社团；加大社团宣传力度，提供整合社团资源的平台；合理利用时间和场地资源，为艺术社团排练提供良好的条件等。

徐红向大家介绍分析了学校美育工作的现状，并就如何加强美育课程建设、打造特色品牌、解决瓶颈问题谈了自己的想法。她说，学校既要发挥好第一课堂的主渠道作用，又要进一步推进第二课堂建设，通过不断积淀，提高学校美育品位，让广大学生获益。

谢列卫认真地记录下了大家的发言，并有针对性地开出了一张"药方"：一是做好组织保障，以学校机构调整为契机，搭建好美育管理的组织架构，进一步强化公共艺术教育办公室在美育工作中的作用；二是做好人员保障，要整合艺术类师资，加强队伍建设，增强美育工作的实力；三是做好工作保障，场地设施要进一步优化配置，还要加大投入，设立专项经费，扶持重点项目。他说，学校一定会为美育教育创设更好的环境和条件，促进校园文化艺术的传播，更好地服务于同学们的成长成才。

生长与繁荣：以美育为切口，办好高职教育

对于学校美育工作的未来发展，师生们在活动最后都描绘了自己的愿景。

"建议学校多组织剧社成员走出去看一看。"齐泽皓同学希望学校能为剧社提供更多的外出学习机会，让学校的美育工作紧跟社会的最新发展。

李沐老师希望能够进一步完善学分制社团的有关规章制度，让学生更好地投身大学生艺术社团的各项活动，以提升学校艺术表演的水平和竞争力。

晨晖剧社指导老师孟庆东建议在适当时候举行校友专场话剧演出，以话剧凝聚校友情谊。

这些想法与憧憬得到了谢列卫的充分肯定，他表示，学校高职教育办学十周年庆的时候可以充分发挥剧社的作用，让优秀校友和在校同学一起举办联袂演出，彰显我们的育人成果。

徐红鼓励同学们继续努力，为校园文化注入强劲的活力，并希望大家学演戏，也能学做人，演绎好剧目，演绎好人生。

【一杯茶的蝴蝶效应】

"我在金华，对，我一定回去！"

"我在上海，对，我一定回去！"

"我在南京，对，我一定回去！"

......

不论多远，母校的召唤一定响应，晨晖剧社的剧一定要看。

陈思远、胡之韵、卢姗君等同学从各地返校，只因他们都有一个共同的身份——晨晖剧社成员。

在本期"校长请我喝杯茶"活动结束后，学校在管理、配备、场地、经费等各方面做了进一步优化的措施。晨晖剧社作为学校美育教育的一个特色亮点，逐渐扩大品牌效应。"在杭科院的三年一定要看一次晨晖的演出"成为同学们的

期盼。从《富春山居图疑案》到《暗恋桃花源》《雷雨》，晨晖剧社一直保持着一年一到两出高水准话剧的频率，践行公益话剧理念，积极外出交流，受邀赴杭州图书馆、富阳青少年宫、浙江中医药大学等地举行话剧专场演出，带来了良好的社会反响。晨晖剧社的演出得到了富阳区团委的重视，富阳发布等媒体专门发文对演出进行宣传介绍，在场的很多观众表示："这是人生中第一次看话剧，感谢杭科院带来精神食粮与艺术的熏陶。"

将陶行知文化融入美育教育，是杭州科技职业技术学院特有的美育教育实践。本次喝茶活动后，学校还举办了"您好，陶先生！"首届陶行知戏剧大赛，用戏剧点亮行知教育，创新、丰富育人载体，把美育教育做大做强，繁荣学校校园文化。

第 26 期：绝知此事要躬行

社会实践后觉得，只有从小事做起，才能做大事。知易行难，凡事都不简单。

——本期活动师生对话金句

【主题背景】

青春是什么？青春是诗和远方，青春是行走在田野时感受的风轻云淡，是穿越在大街小巷时听到的人声鼎沸，是奋斗在高温岗位时体会到的汗流浃背。在夏天，很多同学都以社会实践的形式，访民情、探社情、入乡野、走基层，或组队出行，或个体出行，为自己的青春留下独特的痕迹，他们一直在路上。

有的同学会把社会实践和他们所在城市的发展结合起来，比如参加大型展会的志愿者活动，把两个月的暑假时光都贡献给杭州这座美丽的天堂城市。有的同学则注重个人体验，一辆单车骑行祖国大好山川，感受路途的艰辛和人生的独立。也有的同学参加学校组织的小分队，在团队中凸显自己的力量。

社会实践除了扩大学校的社会影响力，更重要的是助力学生的个人成长。

【场景描述】

主题： 绝知此事要躬行

时间： 2017 年 10 月 27 日

地点： 高桥校区综合楼 3204 会议室露台

师生： 谢列卫（校党委副书记、校长）

　　　　寿伟义（校党委委员、副校长）

　　　　汪灿祥（学生处处长）

　　　　周俊炯（团委书记）

　　　　杨玲燕（图书馆老师）

　　　　汪　利（艺术设计学院辅导员）

　　　　周　榆（教育学院教育 1611 班学生）

　　　　章静怡（教育学院教育 1511 班学生）

　　　　骆志坚（城市建设学院建工 1502 班学生）

　　　　张阮馨（教育学院教育 1506 班学生）

　　　　方慧敏（艺术设计学院建装 1501 班学生）

　　　　吴　杰（机电工程学院机电 1602 班学生）

　　　　岳军伟（城市建设学院市政 1511 班学生）

　　　　吴晓易（信息工程学院计应 1604 班学生）

　　　　朱海燕（艺术设计学院建装 1601 班学生）

　　　　徐　露（旅游学院会展 1703 班学生）

　　　　杨　薇（工商学院会计 1706 班学生）

　　这是"校长请我喝杯茶"活动第二次聊到社会实践的话题，上一次谈到这个话题还是三年前。校园里的荷花芳华几度，枯荣交替，依旧中通外直，亭亭玉立。社会实践就和荷花一样，在每年的夏天盛放。大家一起在分享社会实践的累累硕果时发现，每一年看似平凡的实践，都在潜滋暗长、慢慢生发，滋养青年学子一步步成长、一点点进步。

在路上与这个城市共成长

　　2017年9月4日至16日，第十三届全国学生运动会在杭州举办，8000多名大中学校运动员参加，这是历史上规模最大的全国学生体育赛事。运动会的志愿者招募工作从1月20日正式开始，截至3月20日，共计招募志愿者2992名。周榆、章静怡、骆志坚三位同学光荣参与了第十三届全国学生运动会志愿服务，喝茶中，他们讲述了自己与学生运动会的故事。

　　骆志坚的服务时间最长，他所在的证件制作组只有6个人，却要负责4万多人的消息汇总和证件制作，高标准，严要求，唯有吃苦耐劳才能不辱使命。"一天只睡6小时，特别是在比赛前两天才发现6000多张证件信息出错，要通宵加班更正。"回忆起这些经历，骆志坚表示虽然苦，但是很有意思，"在和公安、后勤等部门工作沟通中，感觉自己的沟通能力得到了很大锻炼"。

　　周榆是一名筹委会志愿者，是本次服务工作中的"机动组"成员，接待、接机、车辆引导、闭幕式工作人员……基本每个工种都参与过。周榆说："工作内容越多，觉得受益越大。我见到了许多在校园内第一课堂见不到的大场面，开阔了眼界，特别开心。开幕式的时候，场馆里面很热闹，我们只能在外边吹冷风，但不觉得苦，还是工作第一。"

参加过G20志愿服务的章静怡今年又参加了学生运动会服务，主要负责咨询热线工作。她说，接电话是一门艺术，电话最多的时候是在孙杨比赛前，有要买票的，有要求和孙杨合影的，"这次实践让我有了不一样的人生体验，特别需要沟通能力和处事的应变能力，觉得很有意义"。

听了三位同学的故事，谢列卫校长表扬了他们的吃苦精神。谢列卫说，他和用人单位交流时，发现用人单位更注重吃苦耐劳的品格，"技术不会可以再学，但是一定要吃苦肯学"。

学生在社会实践中收获颇丰，参加社会实践的老师也觉得自己得到很大的锻炼。杨玲燕老师和汪利老师刚从第十三届全国学生运动会杭州市工作领导小组办公室挂职回来，发现学校内外的工作环境和工作方法有很大的差别，"实践能提升自己的工作能力，对返校后开展工作很有帮助"。两位老师还特别带回了组委会对志愿者的感谢。

大家除了讲自己的实践故事，也纷纷"出谋划策"替身边的同学们争取实践机会，特别是大型赛事的志愿者岗位和专业实践的机会。学生处处长汪灿祥和团委书记周俊炯表示，学校这几年的社会实践经费支出一直在增加，努力满足同学们的实践需求。希望师生们注重安全，在增长才干的过程中保证安全、提高法律意识，做到文明实践、安全实践、科学实践。

在实践路上体味失败的意义

作为今年暑期社会实践小分队的代表，吴杰参与了"最多跑一次"调研活动。2016年底，"最多跑一次"改革在浙江首次被提出，是通过"一窗受理、集成服务、一次办结"的服务模式创新，让企业和群众到政府办事实现"最多跑一次"的行政目标。改革的效能怎么样？同学们带着这样的问题开展调研。吴杰说："可能许多同学都还不太清楚'最多跑一次'，所以我们做了这样一个调查，我们去了富阳行政服务中心，有一位姓蒋的科长详细给我们做了介绍。

我们还去了税务局、银泰，调研下来发现，改革还是很受老百姓欢迎的。"

方慧敏参与了"小鱼治水"实践小分队和墙绘活动，张阮馨参加了"青春派"实践小分队五水共治宣传活动。大家表示，最大的感触是社会和自己想象的不同，"设计好一场演出，结果中途被村里的孩子们搅乱了"，"做环保宣传，结果还没开始就被管理人员赶走了"，"准备进行义卖，结果义卖的东西被哄抢"。同学们认为，在实践中有时候失败的经历比成功的经历更多，但失败越多就发现自己要学的东西也更多，"失败也是一种挫折教育，对以后的人生有指导意义"。从发现问题到分析问题，再到解决问题，学会让困难迎刃而解，这是社会实践的核心价值。

寿伟义副校长认为，学校的社会实践要有组织、有安全保障，并建议学生处、团委和二级学院要充分利用多方资源，构建一个社会实践的信息平台，在学生和社会之间搭建一座实践的"连心桥""互通桥"，为学生提供更多的、安全的社会实践、勤工俭学、志愿者服务的机会。

在路上完成人生的壮举

岳军伟同学今年完成了自己的实践"壮举"，在暑假48天时间里从上海骑行到拉萨，横穿4600多公里，几乎穿越整个中国。一路向西，从上海到宣城，从武汉到宜昌，从恩施到重庆，由遂宁至成都，经甘孜到拉萨，每个地方都是满满的回忆，每过一站，就离梦想更近一步。他眼里是满满的自信："身体的累，坚持的苦，都是困难，好在自己都坚持了，走过了，再回头想想，脑海里更多的却是感动和美好。"

他组建的团队一共11人，年龄段为16岁到70岁，中途一个都没少，全部安全抵达拉萨。岳军伟分享了一路的美景，也聊起了一路上行人对他的帮助和鼓励。他说："很累，却也很快乐！当我费力地蹬着双脚，爬坡快坚持不住的时候，我看到路人摇下车窗向我竖起大拇指，朝我喊着加油。记忆最深的是，在我去康定的路上，晚上9点了还要爬山，筋疲力尽，这时一个八九岁的小女孩把手伸出车窗朝我竖起大拇指，车速很快，但她一直没有放下自己竖起的大拇指，我顿时有了力量，再次全速出发。正是一路上遇到那么多善良的人给我鼓励，我才能克服困难，坚持到底，顺利到达梦想的地方。"

当谢列卫问是什么信念支撑他一路骑行下去时，岳军伟回答说："就是三个字：在路上。"坚持，已经成为这个年轻人身上的一种品格。他说，下一个计划是在工作两年后骑行云南。实践对他的学习、生活，甚至整个人生，都在起到潜移默化的作用，塑造了不折不扣敢闯敢拼的不凡人生。

在路上用行动实践中国梦

朱海燕和吴晓易是参加个人实习的代表。朱海燕参加了专业实习，吴晓易走访了自己学院的毕业生。两位同学不约而同地强调了实践对自己专业学习的帮助。朱海燕表示："实习让我更加明确了目标性，更有学习动力。"吴晓易说："社会实践后觉得，只有从小事做起，才能做大事。"

徐露、杨薇虽为新生，却是志愿者活动中的"老将"。两人从小学就开始参加志愿活动，组织捐款、探访孤寡老人。她们觉得，进入大学后对志愿工作有了更多的期待。10 岁时为汶川地震捐过款的徐露有一颗特别想要帮助他人的心，她说："我已经报名参加杭州马拉松的志愿者。"

谢列卫为本次喝茶活动做了总结。他结合十九大新时代中国特色社会主义思想和"两个一百年"的奋斗目标，鼓励我们的学生勇当中华民族伟大复兴的承担者和建设者，并从开拓视野、锻炼能力、提升素质、获得幸福感四个方面阐述了社会实践的重要作用。谢列卫强调，社会实践是贯彻学校"四个并重"育人体系的重要抓手，希望同学们多走出去，从实践中适应社会、感悟社会、服务社会，实现伟大的"中国梦"。

【一杯茶的蝴蝶效应】

"行是知之始，知是行之成"，社会才是学习和受教育的大课堂。每一年暑期社会实践活动后，学校都要举办成果分享和活动 PK 赛，邀请优秀团队讲述实践故事，表彰先进个人。

在所有的成果中，个体体验最为珍贵。"最多跑一次"的调研让吴杰体会到政府部门在改革上的空前力度，他对改革充满信心；骑行西藏让胖胖的岳军伟饱览壮美山川、大江大河，他对辽阔疆土充满深情；大型赛会的服务让漂亮的周榆充分展示杭州姑娘的大方得体，她对这个社会有了浓浓的责任感……这些真实体验分享，有效提升了同学们的思想认识，构建起良好的校园价值导向。

2018 年 6 月，岳军伟完成学业顺利毕业。在选择第一份工作的时候，他没有多做考虑，就果断地选择入职杭州地铁建设下属公司，从一线的工地干起。有些同学会觉得工地工作比较艰辛，岳军伟却说："有了骑行去拉萨的经历，我一定能吃得起建筑行业这一份苦。"

2018 年是杭州地铁的建设大年。在杭州市当年本季计划新开工政府重大投资项目中，地铁项目占了 9 个。岳军伟所在的地铁承建公司负责的是 6 号线，工地就离学校不远。再一次碰到他时，小伙子越来越黑了，也越来越壮实。"地铁修好了，从学校所在地去杭州中心城区就会更方便。"他憨憨的笑容中透露着身为杭州城市建设者特有的自豪，"平时还是会在公司附近骑骑车，杭州真的很漂亮！地铁联千家，作为杭科人，参与城市建设，很骄傲。"

第 27 期：唱好毕业这首歌

机会是留给有准备的人的，或许你现在的工作并不直接服务你的最终目标，但你在这个过程中所学到的东西、所积累的经验是永远不会浪费的，它们将为你最终的职业选择奠定扎实的基础。

——本期活动师生对话金句

【主题背景】

随着中国高等教育的发展，大学生的数量急剧增加，大学生就业问题也日益凸显，在职业教育领域也发出了"以就业为导向"改革人才培养模式的呼声。但杭州科技职业技术学院却提出了不一样的思考：就业是高校育人质量的重要检验指标，却不应该是高校育人的最终目标，高校育人的关注点应该放在学生的职业发展能力培养上。

这期"校长请我喝杯茶"活动选择了"就业"这个同学们普遍关心的话题，了解同学们为自己做了怎样的职业生涯规划、存在怎样的困惑、需要怎样的帮助，同时也是为学校"以职业发展为导向"的育人模式改革提供思路。

【场景描述】

主题：唱好毕业这首歌

时间：2017 年 12 月 26 日

地点：高桥校区创业园创业咖啡吧

师生：谢列卫（校党委书记）

　　　　许淑燕（校党委副书记、校长）

　　　　寿伟义（校党委委员、副校长）

　　　　卢杰骅（教务处处长）

　　　　曲海洲（招生就业处处长、行知创业学院副院长）

　　　　程　文（机电工程学院模具专业教师）

　　　　刘　昀（信息工程学院电子商务技术专业教师）

　　　　李丰意（教育学院表演艺术专业教师）

　　　　金　波（城市建设学院工民建专业教师）

　　　　杨文莺（工商学院会计专业教师）

　　　　林瑞超（工商学院连锁 1602 班学生）

　　　　李　翔（工商学院会计 1604 班学生）

　　　　郑婷婷（工商学院国商 1702 班学生）

　　　　周建峰（机电工程学院机电 1502 班学生）

　　　　谭航镖（机电工程学院机电 1502 班学生）

　　　　孙宜亮（艺术设计学院室内设计 1611 班学生）

施建飞（城市建设学院市政 1512 班学生）

徐凡杰（教育学院学前教育 1636 班学生）

刘诗雨（旅游学院酒店 1603 班学生）

谢　妍（信息工程学院计算机应用 1602 班学生）

大学毕业也许是一个人一生中重要的事件之一，会带来很多"分水岭"式的改变。"毕业了，我想做什么"这个话题也因此特别有聊头，同学们用着将来时态假设自己的各种选择、各种可能，老师们则用着完成时态与同学们分享当年自己做了什么样的选择、为什么会那样选择。有人坚定，有人犹豫，有人迷茫，却都在喝茶的过程中，找到了愿意倾听的耳朵和油然而生的共鸣。

就业：寻找最适合自己的那个"饭碗"

说到毕业后干什么，教育学院学前教育1636班徐凡杰比自己的同伴要少一些选择的烦恼。作为一名定向生，徐凡杰进校的时候就与用人单位签了协议，完成大学学习并考取教师资格证就可以分配工作。徐凡杰还是班上唯一的一名男生，每天有那么多女同学做伴，别人都说徐凡杰幸福，徐凡杰却说自己很惨："唱歌不行，劈叉不行，声乐、舞蹈都比不过女生。"不过徐凡杰对自己毕业后的工作生涯充满了自信："男幼师有自己的优势，那就是阳刚、体力好。"徐凡杰说以前以为当幼儿园老师挺简单的，就是陪小孩子玩玩，进入教育学院一年后，他发现幼师这个专业并不简单，保健、声乐、舞蹈、心理学等各方面的知识都要会一点，"毕业后我会认真做好幼儿教师这份具有挑战性的工作"。

同样坚定选择毕业后就业的还有信息工程学院计算机应用1602班的谢妍。

因为喜欢文学，谢妍希望毕业后能从事和文字相关的工作，比如网站编辑，"学校提供我们去长城影视学习的机会，我打算毕业后就找和杂志社相关的企业去工作"。谢妍所在的计算机专业因为是大类招生，要一年后才专业分流，所以谢妍有充分的时间来考虑自己的兴趣和未来发展。"刚进校的时候我想选择电子商务方向，后来也进入了学校创业学院的雏鹰班学习。但经过学习和尝试，我觉得自己不太适合这条道路，所以分流的时候我选择了数字媒体方向。"谢妍说数字媒体的视频剪辑、摄影等课程，她都很喜欢，有信心能学好，"出于热爱地选择一个专业，选择一份职业，才能有动力一辈子坚持下去，也才能走得更远"。

两位同学的发言得到了工商学院杨文莺老师的赞同，"选择一份自己喜欢而且也适合自己的职业确实很重要"。杨文莺说自己原本的职业理想是从事经济类的工作，上了大学后发现学的内容太理论，她就转到了审计专业，然后考了会计专业的研究生，一门心思想进事务所上班。在事务所工作半年后才发现，会计这一职业也不是很适合自己，"幸好机缘巧合，我来到杭科院成了一名老师，终于找到了适合自己的职业岗位"。杨文莺说兴趣是一回事，能不能最终适应并游刃有余又是另一件事，也许在找到最适合自己的职业位置之前，会走一些弯路，"但机会是留给有准备的人的，或许你现在的工作并不直接服务你的最终目标，但你在这个过程中所学到的东西、所积累的经验是永远不会浪费的，它们将为你最终的职业选择奠定扎实的基础"。

创业：越来越多人选择的勇者之路

如果说毕业后找单位上班是"按部就班"的稳定模式，那么在很多人眼里，创业就是一条打破常规的勇者之路。机电工程学院机电 1502 班谭航镖就很想做这样的勇者，"选择创业，我是经过深思熟虑的"。高三毕业那年，谭航镖就开始考虑自己的今后发展，"我成绩只是中等，读书不是我的优势，但我胆子大肯吃苦，创业更适合我"。高考一结束，谭航镖就出门去打工了，做过快递哥，也做过酒店领班，"早点接触社会，积累经验"。很有目标也很有主见的谭航镖，大二的时候就通过参加学校组织的创业规划大赛，争取到了学校创业街的店面，开始了"实战体验"。谭航镖很自信地说，毕业后一定会继续创业，"创业方向大致是在餐饮业"。

　　工商学院连锁经营管理 1602 班林瑞超很喜欢自己的专业，"我性格非常开朗，喜欢与人打交道，所以这个专业挺适合我的"。专业学习的过程中，林瑞超有机会到包括星巴克在内的各个连锁店去观摩、实习，"怎样管理经营一家店，我还是有理论和实践基础的。"从专业出发，林瑞超也想毕业后走创业的道路，"之前也参加了学校组织的职业生涯规划大赛，趁着年轻，我什么事情都想去尝试一下。"

　　像谭航镖、林瑞超这样有创业意愿的学生，近年来在杭科院越来越多。招生就业处处长、行知创业学院副院长曲海洲介绍说，学校在校生注册企业的人数在逐年增长，每年平均有 30 余人。近两年来学校在创新创业工作方面做了很多的努力，可以为同学们提供场地、指导老师、课程等。曲海洲说，大家都知道创业难，"十个项目死掉九个很正常"，能不能成功关键在于坚持。而大学生创业最难的是获得"第一桶金"，学校开展创业教育就是要尽全力给予有创业意向的同学更多的支持。"我们会帮着大家理一理创业的思路，把一把创业项目的脉，尽可能地帮助大家少走弯路，熬过最难的起步破冰阶段，走进创业的顺境。"曲海洲还用身边学生创业成功的故事激励大家，不要觉得创业是如同中彩票般的"小概率事件"，创业其实是有章法可循的。"昨天我刚参加了一位学生的公司周年庆，这位同学的公司营业额已经超过了 500 万。另外一位同学成立的教育公司，一年的营业额也达到了 400 多万。还有一位同学在今年'双十一'的时候公司营业额超过了 1500 万。这几家企业都入驻在我们学校的创业园。"

专升本：机会总是垂青全力以赴的人

　　就业、创业之外，还有为数不少的同学选择专升本，继续提升自己的学历和能力。城市建设学院市政 1512 班施建飞说自己的目标是要开一家建筑公司。"我现在的能力、水平和经验还很不够，所以，毕业后我打算专升本，希望能考上浙工大或浙江海洋大学。"

　　工商学院会计 1604 班李翔是个学习上很有目标的人，进校一年就通过了英语四级，还获得了学校全额奖学金赴澳大利亚交流的机会。"我家庭条件很普通，感谢学校资助我，让我有机会感受留学生活。"李翔说那是自己第一次坐飞机、第一次看大海、第一次体验全英文的专业课程。"两周的交流，打开了我的视野，激发了我进一步求学的欲望。我也打算通过专升本进一步深造。"

听完同学们为了实现目标选择进一步深造的想法，机电工程学院教师程文和招生就业处处长曲海洲讲了自己的工作经历，来给同学们加油。程文来自农村，初中毕业考了中专，"因为当时中专出来就是国家二十五级干部。但我很早就有当老师的想法，所以中专毕业进企业做了几年技术员后，我读了专升本，毕业后再次回到企业，带了好几个徒弟。后来杭科院招有实践经验的老师，我就来应聘了。"程文说，也许初次就业找到的工作并不是你理想的工作，但只要坚持提高自己的能力，生活会给予你机会，"做任何事情都要全力以赴，而不是尽力而为"。

曲海洲说自己和程老师有类似的人生轨迹，也是从小就想当老师，也是毕业后进了国有企业，一干就是十年。但曲海洲一直没忘记自己的理想，他利用业余时间去培训机构、业余学校教计算机课，后应聘到一所民办高校当了编制外教师，担任过校长助理、支部书记等职务。然后考试成功，顺利进入成人科大，最终来到杭科院。"虽然我这一路过来圈子绕得有点大，但我一点点靠近自己的目标，最终实现了自己的目标。"曲海洲说，不论是就业还是创业或者专升本，他希望同学们能记住"责任"二字，"你做任何决定都要为你自己、为你的家庭、为社会负责，一旦做了决定，就要讲责任地坚持下去，世上无难事，只怕有心人"。

做选择：你需要自知、自信和坚持

还有几位同学在谈到毕业后想干什么时，显得有点举棋不定。机电工程学院机电 1502 班周建峰坦白地说，自己对于毕业后要干什么很迷茫。"我是从计算机专业被调剂到机电专业的，学习的过程中一点点了解和喜欢上了这个专业，但我还不太清楚毕业后自己能干什么。"

艺术设计学院室内设计 1611 班孙宜亮有差不多的感受，"我是单招单考进入杭科院的，没有经历过高考。毕业后我不想马上就业，打算专升本，一是给自己一点压力，多做一些学业上的积累，二是我还没准备好去面对社会，想再缓一缓。"

同样困惑的还有工商学院国商 1702 班郑婷婷，作为首届高考改革的学生，郑婷婷说自己填志愿的时候有 80 个选择，"因为对外语感兴趣，所以选了国际商务专业"。但也因为对自己的专业发展方向没有很透彻的思考，所以进了大学后郑婷婷反而迷茫了。"我现在还在专升本和创业之间犹豫。我是温州人，我爸妈希望我去经商，不过专升本他们也不反对。我想再多了解一点专升本的政策、创业的政策，然后再做评估决定。"

对于同学们面对就业那种胆怯、迷茫的心理，程文老师表示理解，"对专业前景的认识是有一个过程的"。他也一针见血地给害怕就业、想逃避就业的同学指出了"病根"："专业没学好、没学精，给自己的压力不够，所以才会害怕。"程文鼓励同学说，能认识到自己的问题是解决问题的开始，要想克服"就业恐惧症"，最好的办法就是"使劲读书，为自己的未来做好准备"。

在同学们都坦率地说出了自己的真实想法后，许淑燕校长为大家做了一个对症梳理："面对毕业之后要做什么这个问题，有的同学目标很明确，有的同学目标还不那么明确，思考、摇摆，我觉得非常正常，因为人生的目标总是在不断地进行调整的。"

那么如何摆脱这种不确定的迷茫呢？许淑燕建议同学们要做好自己的职业生涯规划，结合自己的兴趣，清楚地认识自己的能力。"兴趣对于职业发展非常重要，但同时要辅以能力，理想非常美好，但如果和你自身的基础差距非常大，那你做起来要比一般人多付出很多，收获却可能少得多。"在确定了规划目标之后，许淑燕说，同学们还需要学会坚持，"在做事的过程中，总会碰到各种各样的问题，比如创业，你可能会碰到资金、团队、政策等问题，这个时候，就靠坚持，靠你的爆发力和意志力。"许淑燕还提醒同学们要学会宽容，要能共享资源而不是单打独斗。"在整合社会资源、行内资源的过程中，你有多大的宽容度就决定着你今后能走多远。把你赚的六成给你的同伴，这样你的同伴才会帮你成就你的事业。"

高职生：会在就业竞争中处于下风吗？

高职生、本科生，在走出校门那一刻，在就业的市场上，两者就站在了同一条起跑线上。这个时候，手握本科文凭的毕业生，真的比高职生有优势吗？面对同学们普遍存在的不自信，几位老师纷纷用自己的实际体会来为他们打气。

信息工程学院教师刘昀说起了自己 2015 年到 2016 年去新疆支教的故事。

"当时同去支教的还有很多来自本科院校的老师，我心里也有点打鼓，怕自己一个高职院校的老师会被比下去。"刘昀说，支教结束后，他发觉这个社会其实是很公平的，"个人的努力是获得认可和尊重的最终砝码，而不是你的学历和资历"。因为援疆期间的出色表现，刘昀获得了"援疆传帮带"一等奖，被评为浙江省援疆指挥部系统先进个人、浙江省援疆指挥部优秀共产党员，并获得了援疆最高荣誉称号：新疆维吾尔自治区优秀援疆干部人才。刘昀说，做事要踏实，做人要自信，"你的努力一定能让别人高看你一眼"。

城市建设学院教师金波说，专业学生社团一般只招收成绩好的同学，但今年他让十几个班上的后进生分三个组，加入了创新社团，结果同学们的表现令他刮目相看，有两组学生各自成功申报了一项国家专利。前一阶段，他接了个义乌的 BIM（建筑信息模型）横向课题，找了自己 2014 级的一个学生当合作伙伴。"这名学生刚刚毕业 3 个月，在临平工作。起初我不太放心，就和他一起去义乌跑了建设局、房产公司等地，几个环节下来，我觉得他非常厉害，镇住了全场，完全可以独当一面。我们的项目课题完成得非常好，之后还有几个公司接连来找我们做项目，形成了良性循环。"金波说这两个故事可以证明，高职生并不一定比本科院校的学生差，成绩弱的学生也并不一定比成绩好的学生差，"你比你自己认为的有更大的潜能，只要让自己多经历些风雨，你一定可以看见彩虹"。

教育学院教师李丰意也表示，教育学院的学前教育专业非定向生班的学生需要自己就业和考编，要和很多本科生甚至研究生去竞争，很多同学觉得有压力。"但我觉得我们的学生是有优势的，因为本科生、研究生更多地倾向于理论性研究，我们的学生则更擅长实践操作，而用人单位更喜欢有实践经验、来了就能顶岗使用的毕业生。"李丰意希望同学们能更加自信、更有责任心，"教育学院的学生就业基本都没问题，只要有技能在身，走到哪里都不用怕。步入工作岗位后，要对自己负责、对单位负责，而不应当一味地要求单位给你什么，这样你今后的发展才会比较顺利。"

提建议：学校与学生是利益的共同体

在喝茶的过程中，同学们还给学校管理提了一些意见和建议。工商学院的林瑞超觉得和高桥校区相比，翠苑校区的图书馆藏书、自习室数量都相对较少。

"在翠苑校区生活的大三同学中有要参加专升本考试的，希望学校能为他们创造更好的学习环境，提供更多的图书资料。"

　　林瑞超和刘诗雨两位同学还都提到了体育测试挂科的问题。林瑞超说，体测不及格会影响到如期毕业和专升本，希望学校能制定个性化的辅导方案，帮助大家提高体育成绩。刘诗雨去年因为体育分数低了5分，很遗憾地与奖学金失之交臂，她希望体测项目能够再多一些替代选择，"比如用阳光长跑代替引体向上，有些同学并不是不注意锻炼，但就是因为个体差异在某项体育项目上特别弱"。

　　教务处处长卢杰骅对同学们关心的体测问题做了解释。他说，三年前的杭科院校园，傍晚时分大多数同学都在寝室里，而现在大家都在校园里跑步，这就是体测带来的运动氛围改善。"学校树立体育素养学分导向后，同学们运动的积极性普遍提高了。大家要继续重视体育锻炼，不论是专升本还是就业、创业，都需要良好的身体素质作为基础。"他表示，学校也一直在关注未通过体测的学生群体，"教务处与军体部进行了多次研究会商，也陆续出台了增加补考、强化训练指导等措施，学校会在上级政策和文件许可的范围内尽可能地拓宽体测项目，让同学们有更多的自主选择机会。"

学校教育：为学生的成长成才负责

　　在听完师生你一言我一语的交谈后，校党委书记谢列卫说，很高兴同学们能坦白地说出自己的心声，坦白地给学校提意见，同学们的呼声是学校深化改革发展的重要参考，"学校办学必须以学生为中心"。谢列卫表示，随着同学们越来越多元化的毕业去向选择，高职院校再仅仅以"就业为导向"就不适应形势要求了，而应该改进为"以职业发展为导向"，并且对人才培养方案进行新的修订。谢列卫认为，学校提出的职业技能与职业素养并重、基础理论与实践操作并重、校内教学与校外实习并重、第一课堂与第二课堂并重的"四并重"育人模式要进一步深化。"'满足学生的教育需求'"这句话说说容易，做起来很难。难在哪里？难在办学体制机制要跟上，师资队伍建设要跟上，学校方方面面的保障工作都要跟上。"谢列卫说，虽然学校现在还达不到这样的要求，但学校会认真思考破解难题，以行知文化为引领不断加强内涵建设，竭尽全力发展事业，提供优质的教育产品，最终满足同学们的各种职业发展需求。

许淑燕表示，"毕业后我想做什么"是个非常有意义的话题，党的十九大提出要办人民满意的教育，"这个'满意'代表着同学的满意，家长的满意，以及今后单位的满意。同学们今后一生的成长，都是我们应该关注的，也是我们要努力的一个方向"。

寿伟义副校长表示，同学们到学校来学习是为以后人生的发展打基础、做准备，希望同学们结合自己的特长、爱好制定目标，并把握好在校的三年学习时光。"学校会认真研究同学和老师们提出的问题和建议，在学习、社会实践、专升本、就业、创业等环节为同学们创造更多更好的条件，尽最大努力给大家提供一个更大、更好、更高的发展平台。"

【一杯茶的蝴蝶效应】

毕业后学生在怎样的起点开启自身职业生涯，并能在毕业后的数年时间内更好地成长为职场精英，是学校一直关注和思考的问题。无论是就业、创业，还是专升本、出国留学，学校都竭尽所能为学生创造更好的帮扶条件。

施建飞参加了这次"喝杯茶"活动，一杯茶让他做了人生的一个小决定。在那次活动中，许淑燕校长分享了自身从梦想成为丝绸工程师到成为教师、走上管理岗位的成长故事。受许校长故事的激励，施建飞没有继续在找一份工作还是读"专升本"之间犹豫，而是当机立断作出了参加升学考试的决定，"人生的下一步都是在走好眼前这一步的基础上迈出的，人不能太快进入舒适区，只有先努力积累，才有将来的水到渠成"。

从杭州科技职业技术学院毕业后，施建飞前往宁波财经学院计算机专业就读，从城市建设类专业改学计算机科学与技术（移动软件开发）专业。他说，想尝试一下自己本来没有接触过的知识领域，"更多的尝试才有更多的选择"。

长期目标的实现要与中期、短期目标相结合，即将本科毕业的施建飞牢牢记着许校长在"喝杯茶"活动时的建议，已经开始规划实习工作以后的目标，"工作以后，我想成为一名软件开发工程师，最终能开发出自己的APP，初期从前端开发或者后端程序员做起，中期希望可以通过努力成为公司的骨干力量，最终可以组建自己的研发团队。"施建飞说要实现这些目标还需长时间的努力，"我相信我可以。"

第 28 期：如果我是党代表

　　责任意识、服务意识、大局意识和带头意识是对"党代表"作出的画像勾勒，共产党员应该发挥先锋模范作用，而党代表更应是先锋中的先锋。

——本期活动师生对话金句

【主题背景】

高校党建工作是高校迈入新时代、实现新发展的坚强保障。如何发挥党建的导向和带动作用，以党建工作引领学校专业建设、人才培养、师资队伍、科学研究、社会服务等各项事业发展，是学校关注的重大议题。

2018 年，中国共产党杭州科技职业技术学院第一次代表大会将要召开，这是在学校全面加强党的建设，深入实施"十三五"发展规划，朝着"综合办学实力争取达到全国同类院校一流水平"的目标努力奋进的关键时期召开的一次十分重要的大会。

在积极筹备党代会的重要阶段，"校长请我喝杯茶"活动策划了一期特别节目，邀请学生党员、入党积极分子和党员教师一起来聊聊学校当前关注的这一重大议题，聊聊什么是党员的担当精神，什么是师生心目中的"综合实力一流"。

【场景描述】

主题： 如果我是党代表

时间： 2018 年 3 月 30 日

地点： 高桥校区综合楼 3 号楼二楼西露台

师生： 谢列卫（校党委书记）

　　　　许淑燕（校党委副书记、校长）

　　　　张小红（校党委副书记）

　　　　寿伟义（校党委委员、副校长）

　　　　卢杰骅（教务处处长）

　　　　谢晓能（信息工程学院计算机应用技术专业负责人）

　　　　高晟星（工商学院会计专业团队教师）

　　　　郑君华（城市建设学院建筑工程技术专业负责人）

　　　　刘　雯（旅游学院辅导员）

　　　　宋兆辉（工商学院辅导员）

　　　　竹　健（机电工程学院机械 1512 班学生）

　　　　何子君（艺术设计学院建装 1501 班学生）

　　　　翁铃杰（信息工程学院网络 1501 班学生）

　　　　徐　薇（教育学院学前 1512 班学生）

项倩茹（教育学院学前 1612 班学生）

李思远（旅游学院旅行社 1603 班学生）

陈锴洋（城市建设学院市政 1613 班学生）

管舒欣（工商学院会管 1602 班学生）

朱　亮（机电工程学院机电 1501 班学生）

潘柯米（城市建设学院房产 1601 班学生）

高校党建、学校党代会，这样的话题对学生来说可能有点"大"、有点距离，但如果让同学们来说说自己心目中理想的党员应该是什么样，理想的杭科院应该是什么样，那大家想要说的话就太多了。"校长请我喝杯茶"就从这两个"心中理想"说起，渐渐地打开了话题。

为党代表画一幅肖像画

"个人素质优秀""有责任意识""有服务精神"，说到成为党代表的条件，很多同学都用这三句话来概括。教育学院学前 1612 班项倩茹觉得，党员不仅要学习好，更要全方面发展。在教育学院担任团委副书记的她，常常被同学们开玩笑叫成"项妈"，"虽然把我叫老了，但是很亲切，是对我的信任，我觉得让自己更优秀一点就是向党更靠近了一步。"机电工程学院机电 1501 班朱亮目前是一名预备党员，她说她心目中的党代表首先必须是一个优秀的党员，然后必须有一定的代表性，"能代表我们广大学生，能密切联系群众同时还一定要有大局意识和议政能力，能够如实地反映学生和老师的意见"。同为预备党员的城建学院房产 1601 班潘柯米是一名退伍女兵，曾经在北京空军指挥学院服兵役。回校学习后，潘柯米把部队的工作精神带到学校日常工作中。"我比我的同学们要大两岁，是个大姐姐，我会尽自己最大的能力去帮助同学们。"旅游学院旅行社

1603 班的李思远则觉得党代表身上应该有一种亲和力，热情、善良、正直，"就像我的老师那样，不单单教知识，还用言行教我们如何与人交往，怎么样在社会上生存"。

在座的信息工程学院网络 1501 班的翁铃杰、机电学院机械 1512 班的竹键和艺术设计学院建装 1501 班的何子君，这次都被所在支部推选为学校首届党代会的学生党代表，他们说到"党代表应该具备什么条件"的时候，明显多了几分责任感和自警自励。竹键来自越剧的诞生地，美丽的绍兴嵊州，他觉得能被推选为学校首届党代会的学生党代表，"是对我个人很大的肯定，我一定会在党代会召开前，问问同学们的意见和建议，把他们的意见收集起来提交给代表团，希望我们的学校发展得更好"。何子君则表示当选党代表后，"不仅要完善自我，还要起到带头作用，用自己的态度和行动来激励大家"。

两位年轻的党员教师也接着同学们的话题，说了自己心目中党代表的标准。旅游学院辅导员刘雯觉得，党代表首先要能和学生走近些，听到他们的心声，"党代会讨论的问题，应该是我校师生真正关心的问题，要把学生、老师真正关心的问题反映上去并促成问题的落实解决，才可以算是合格称职的党代表"。工商学院辅导员宋兆辉用"信仰"和"榜样"两个词来形容自己心中的党代表："共产党员首先一定要坚持共产主义的信仰，其次要发挥榜样的作用。高校的价值观教育不能缺失，要发扬好先进党员的榜样力量。"

在听完同学们、老师们对"党代表应该具备怎样的素质"发表的各种看法后，许淑燕校长很赞同大家为"党代表"作出的画像勾勒。"责任意识、服务意识、大局意识、带头意识，大家概括得很好，"许淑燕说，"共产党员就应该发挥先锋模范作用，而党代表更应是先锋中的先锋。"

为第一次党代会做一个解读

描绘完党代表的"脸谱"，话题转到了学校首次党代会上。党委书记谢列卫为大家介绍说，学校第一次党代会主要要解决好两件大事，一是选举产生学校新一届党委，形成学校未来五年事业发展的一个核心；二是通过党代会报告，明确学校将来五年事业发展和党的建设的目标和路径，明确未来五年的主要任务和重点工作。"学校有信心到 2023 年年底，也就是差不多建校 15 周年的时候，学校综合办学能力达到全国同类院校一流水平，把原定目标中'争取'二字去掉。"谢列卫说，如果再往前展望，也许到建校 20 周年的时候，我们可以将"同类"两个字去掉，不仅在"政府主办的、综合型的、多科性"的同类型高职院校中达到一流，而且在全国 1400 所高职院校中成为一所特色鲜明的一流院校，"这个目标通过二十年的努力，是有希望实现的"。

综合实力"一流"不是自封的，需要上级部门、同行、企业、社会的共同认可，谢列卫告诉同学们，具体观察指标主要体现在育人质量、专业发展、技术技能、队伍建设、治理体系、国际交流、继续教育、校园文化、校园环境、党的建设这十个方面，"归结起来说，主要是看学校的人才培养能力、社会服务能力和文化影响力，这所有工作都要在党的有力领导下开展。是不是一流、有没有达到一流，比的不是某一方面的得失，而是以上十个方面的综合实力"。

如果我是党代表我想提这些建议

学校创一流的目标得到了在座同学们的"拥护"，"母校发展好了，所有学生都能受益"，教育学院学前专业的徐薇说自己对此深有感触。她在实习期间参加了教师考编，要和本科生一起竞争，现在在外工作，又经常会被别人误以为是金华职业技术学院的学生，"感觉杭科院学前专业办得晚，所以社会上对杭科院的认识度还不够"。徐薇说很希望学校经过五年或者十年的发展，能把专业办得更强，"让杭科院的学生走出去，也能自带品牌光环，给别人更深刻的印象"。

至于怎样才能把学校办得更好，同学们也站在"党代表"的角度，提出了很多建议。机电工程学院女生朱亮是学校有名的"全国冠军"，参加机器人大赛拿过两个全国一等奖，也拿过智能制造大赛的全国第一名。"我很喜欢自己的专业，所以愿意为学好专业花很多时间和精力，但是我同专业的很多同学对专业本身不是很了解，有的同学甚至还有抵触情绪，不喜欢也就学不好。我希望学校能适当放开转专业的条件，让学生都能找到自己喜欢的专业。"

信息学院翁铃杰说因为计算机专业实行的是大类招生，一年后才分方向，同学们倒是没有因为不了解而"误入"专业的困惑，"就觉得高职三年学制太短，学专业的时间不够充分，去企业里实践和本科生相比能力还是不够"，"希望学校能增加专业学习的课时，开设公选课也希望能在网上征询大家意见，看看同学们想要学习些什么"。

机电工程学院的竹键说自己不完全赞同翁铃杰的话，专业能力提升不一定要通过延长课内学习时长来实现，专业社团学习也一样有效。"进校以来，我参加过机械设计大赛、职业生涯规划大赛、挑战杯大赛，获得了三个浙江省一等奖，还获得了校职业生涯规划创业大赛创业类的一等奖。我觉得学校注重第二课堂、实践能力培养是很好的，我参加专业社团，经受大赛的历练，在第二课堂学到和掌握的 CAD、UG 等知识，水平明显比课程要求还高。"

提到社团，校学生会副主席、城市建设学院的陈锴洋觉得，学校提供的学生活动场地还不够多，"学校小剧场和大剧场基本天天全满，有的时候一个晚上要安排两场。学校可以开设更多的活动场地，比如舞蹈教室，提供给同学们和学生社团使用"。陈锴洋还建议学校在双休日或者星期五的时候也能开放室内篮球场、羽毛球场，让同学们有更多社团活动场地可以选择。

教务处处长卢杰骅表示，刚才同学们提到的一些意见其实正是对学校专业育人模式创新的真实体会，大类招生、专业社团建设，都是学校在做的创新实践，这样的改变哪些地方是好的、哪些地方还需要改进，特别需要听取同学们的意见，"作为学生党代表，就要去了解同学们有哪些想法、哪些呼声，了解哪些专业、哪些班级、哪些同学有更好的点子，这些都可以加速育人模式的改革创新"。

许淑燕校长听完同学们的建议后，鼓励大家要对学校有信心、对自己有信心。"我们学校办学时间晚，和骨干、示范高职比确实有差距，但发展势头和社会认同都很不错，给学校一点时间，我们的发展一定会很好。"许淑燕同时提醒同学要端正对专业的认识，提高自主学习的能力。"在快速发展的当今时代，如果模具就是模具、计算机就是计算机，那么毕业后你的个人发展之路会非常窄。今天老师教给大家的内容，过三年就会觉得落伍，因为发展太快了。"许淑燕表示在下一轮的学校专业改革当中，学校会考虑加强复合型人才的培养，"比如学模具专业的要跟信息技术专业结合起来，这样在岗位中才能发挥更大的作用"，同时学校也会考虑开设更多的专业方向，听取同学们的建议，把专业方向做得更合理。

发展要以问题为导向

信息工程学院计算机应用技术专业负责人谢晓能已经在杭科院工作了 20 年，看着学校从电大教育、成人教育转向高等职业教育，在不同的教育领域中不断发展壮大。"我们学校课堂教学手段越来越丰富，QQ 视频、项目教学等方式都被引入到了专业课堂学习中，还建设了设施先进的'未来教室'。学生课堂听课纪律越来越好，老师上课也很有成就感。"谢晓能说。作为一名一线教师，她很有信心"办好我们的专业"。

在为学校的快速发展自豪的同时，老师们也清醒地为学校后继工作"未雨绸缪"。城市建设学院建筑工程技术专业负责人郑君华经常走访企业，了解企业对学校毕业生的评价。她觉得在企业眼里，学生的专业能力固然重要，但肯干活、能静下心来做事的心态，与人交往的情商更重要，学校要更关注提高学生修养，关注学生的心理健康。"我当班主任，每届总会有一两个学生因为反感读书或者失恋，出现心理问题。希望学校能为每个学院都配备一名心理教师，学生身心健康比学习成绩好更重要。"

工商学院会计专业教师高晟星是一名年轻教师，他代表学校的"青椒"建议学校为年轻教师的科研创造更多的条件，成立教师培训发展中心来完善教师能力提升、继续学习的途径和服务，希望学校在保障网络安全的同时提高网络开放服务的能力，"让老师们在家也可以登录学校的管理网站，上传资料、批改作业"。

副校长寿伟义评价同学老师的意见建议"都来自自己日常生活工作中的经历，都涉及我们学校发展现在面临的问题，都很中肯"。寿伟义表示，心理健康问题、专业发展建设上的问题，都值得学校进一步研究，"即使党代会结束了，大家有意见也随时可以提。我们学校要发展得更好，就要知道我们学校的缺点是什么，我们和其他学校比还有哪些不足，这样才能提升我校的综合实力"。

党委副书记张小红表示，同学提到的学校知名度问题、转专业问题，看起来细小具体，但其实反映了深层次的情况。杭科院在整个浙江省 50 多所高职院校当中，开办相对较晚，办学不到十年，从基本建设、硬件建设到内涵建设，都在积极赶超，"既要加强社会宣传，更要以问题为导向，在解决问题中保持螺旋式上升的良性发展态势"。

许淑燕表示，学校经过这几年的努力，取得了不少成绩。"通过本次党代会，我们要凝心聚力达成共识，一起朝着同一个目标努力。校领导要带头谋划，老师要努力去进行产教融合、教学改革，开展产业试点，同学要在行知文化的引领下，设立自己的职业奋斗目标。"许淑燕说，做事要不忘初心，同学们要记得当初为什么选择杭科院，选择这个专业；老师要记得为什么选择教育事业，选择加入杭科院；党员要记得为什么入党，"要引领其他的老师和同学，为确定的共同奋斗目标踏踏实实地去努力"。

谢列卫表示，在学校召开首次党代会之前举行喝茶活动非常有意义，各位同学老师的建议意见都来自学习和生活，都很有价值。比如，同学们反映的转专业问题，如何学得更精一点、培养起核心能力的问题，第二课堂活动场地更宽裕一点的问题等，实际上都是涉及学校人才培养模式创新的问题。老师们关注的师资建设、心理健康问题，正是当前学校党政工作中要重点解决的问题。这些建议都会吸收到党代会的报告中，学校也一定会回应大家的需求。"大家对学校事业发展有期待，有责任心，让我很感动也很受启发。学校有这么好的氛围，肯定能发展得越来越好。"

【一杯茶的蝴蝶效应】

在"校长请我喝杯茶"活动后，学校又召开了多个不同层级的座谈会，广泛听取教师、学生、民主党派的意见和建议，全面谋划学校未来五年发展目标和主要举措。

2018年9月28日，参加了"喝杯茶"活动的竹健，被选为学校第一次党代会的正式党代表，代表全校近万名大学生参加了会议。"会议提出要建设全国一流高职院校的奋斗目标，特别振奋人心。"竹健说，佩戴着党徽参加党代会，参与学校发展的大讨论，让他对"尊重"和"责任"有了深一层的感受，"学校尊重我们学生参与学校事务管理的主人翁地位，我们也要履行好自己的责任，不但在校期间要爱校、护校，毕业后更要努力奋斗，用我们的敬业表现为母校争光，让母校以我们为荣。"

竹健是一个言行一致的人，他是这么说的，也是这么做的。在临近毕业前，他还和同学吴杰合作，拿下了一个全国奖项——"挑战杯——彩虹人生"全国职业学校创新创效创业大赛一等奖，充分体现了这名学生党代表身上的模范作用。

　　毕业后，竹健先入职杭州地铁公司，后又到中职学校任教。"不论在哪个岗位，我一直记得党员的初心，希望通过自己的努力帮助更多学生找到适合自己的职业志向，共同在奋斗中充实地走好自己的人生路。"

　　在竹健身上，我们看到了一个学生党代表朴实而又坚韧的精神，那也是所有杭科院人共同珍视的品质：在不同的岗位上为共同的目标踏实工作、力争上游！

第 29 期：敬畏生命，尊重自然

　　一个人的寿命代表了生命的长度，社会活动半径决定了生命的宽度，但最有价值的是人的精神，那是生命的高度。人的一生要活得像一个立方体，不只是追求长度，更要拓展宽度、增加高度，追求生命体积的最大化。

——本期活动师生对话金句

【主题背景】

到 2018 年，汶川大地震已经过去十年整，这十年是淬炼的十年，也是新生的十年，大灾与大爱引发的震撼与思考一直没有淡去。多难兴邦，慨当以歌，回望那段并不遥远的历史，可以让当下的我们更好地面对生命、面对时间、面对自然，更好地实现人与自然的和谐、人与人的和谐、自己与自己的和谐。

在"5·12 中国防灾减灾日"前夕，2018 年 4 月份的"校长请我喝杯茶"活动邀请到了公羊队全国总队长徐立军和校内部分亲历汶川地震的同学、教师，一同追溯历史、对话生命，在一杯清茶中感受生命的坚韧、责任的担当、生命的可贵。

【场景描述】

主题： 敬畏生命，尊重自然

时间： 2018 年 4 月 27 日

地点： 高桥校区综合楼 3 号楼二楼西露台

嘉宾： 徐立军（公羊队全国总队长、浙江省人民政府个人一等功）

师生： 谢列卫（校党委书记）

　　　　许淑燕（校党委副书记、校长）

　　　　寿伟义（校党委委员、副校长）

　　　　汪灿祥（学生处处长）

　　　　韩张尧（保卫处处长）

　　　　陈　丹（教育学院副教授、博士）

　　　　单文荣（心理健康教育中心主任）

　　　　朱金花（公共教学部思政教师）

　　　　周婧旻（信息工程学院团委书记、心理辅导员）

　　　　宋建国（城市建设学院造价 1701 班学生）

　　　　杨　雪（旅游学院旅行社 1711 班学生）

　　　　杜　霞（旅游学院会展 1702 班学生）

　　　　黄　丹（旅游学院会展 1703 班学生）

　　　　李思远（旅游学院旅行社 1603 班学生）

　　　　黄心亮（工商学院会计 1704 班学生）

杨　璐（工商学院国商1702班学生）

周　煊（机电工程学院气检1611班学生）

王诚瑜（机电工程学院汽电1612班学生）

沈　强（机电工程学院机械1611班学生）

陶行知先生曾经写过一首名为《生命》的诗，说"生命之美如春花、生命之泉如夏雨、生命之花如秋月、生命之洁如冬雪"。陶先生对生命抱有深刻的敬畏，也因此特别推崇博爱精神。以"爱满天下"为学校精神的杭科院并不囿于人道主义立场，而是从德智体美劳全面发展的角度，从纪念汶川地震入手，引导师生一起来审视自然、审视生命。

一份剪报本里的十年深情

一本 A3 大小的剪报本在师生们的手中不断传阅，本子略有些泛黄、有些卷边，这是一本有关汶川地震相关新闻报道的剪报合辑，制作剪报的人就是校党委书记谢列卫。"当时没想过这图册能派上用场，就是想在捐款之外再做点什么事，来祭奠逝去的生命。"这本特殊的剪报引起了全场师生的关注，大家挨个传阅、品读，在那些鲜活的图文中打捞记忆。剪报如线，串联起大家对生命、生活的回忆与希冀。

工商学院国商 1702 班的杨璐有一个"胆大包天"的爸爸，汶川地震的第三天就带着当时只有九岁的杨璐回了四川老家，"老家很美，现在地震了，我不确定它是不是还美，所以我要带你去看一看。"杨璐说她亲眼看到了屋倒地陷的苍凉，体验过露宿街头大家一同唱起"明月几时有"的乐观，感受到了生命是那么渺小却又那么坚韧，"经历过危险更觉得生命的可贵"。

机电工程学院汽检1611班的周煊曾经在校门口车祸现场参与救援过受重伤的保安大叔，"一开始没有人站出来，等我和两位同学冲上去帮大叔止血、拨打报警电话后，越来越多的人围了过来"。周煊说人心并不冷漠，缺的可能只是带头的人，"在灾难面前生命很脆弱，但灾难发生时人与人之间凝聚起来的力量很强大、很暖心、很感人"。

听到同学们的发言，许淑燕校长也特别动情地和同学们分享了自己两次去汶川的所见所闻，劝勉同学们"一定要珍惜生命，因为我们不只是为自己活着"。许淑燕表示，人的一生总会遇到困难和挫折，要把这当成人生的"必修课"，用积极乐观的心态去面对和解决，"热爱生活，奉献社会，每天都以阳光的心态继续前行，生活会更美好"。

一份志愿工作中的职责与坚守

创建于2008年的公羊队是浙江省公羊会公益救援促进会下属的一支专业执行应急救援任务的志愿者队伍，专门开展户外山林山难应急救援、突发性城市应急救援、国家次生灾害抗险救援，以及城市走失失智老人搜寻救助等公益救援行动。从创建至今，公羊队参加了四川雅安，浙江余姚、丽水等地救援，也参与了尼泊尔、巴基斯坦、意大利等众多国家救援活动。

公羊队全国总队长徐立军在百忙当中接受邀请来和同学们喝茶交流。身着黄色救援服的徐立军，皮肤黝黑，语言质朴，说到动情处忍不住流下了热泪。"因为参与了很多的救援行动，看到过很多生命的消逝，所以我们可能比大家更热爱生命，更懂得生命的珍贵和不易。"徐立军表示，在救援过程中，公羊队的队员们经常面临生命危险，但大家都义无反顾，"这并不是因为我们不怕死，而是因为这是我们的职责所在"。即使明知余震不断，明知两边的山石滚落下来，砸到就有危险，还是会坚决果敢地往里冲，"如果我们不进去，焦急的家属就会冲进去，我们是专业人士，我们一定要上"。

旅游学院旅行社1603的李思远同学听到徐立军队长的谈话后特别激动，"我的父亲和徐立军队长有相似的经历，他也喜欢户外运动，也参加了救援队。小时候，我不理解父亲为什么做这些事情，觉得费那么大的劲，也没有什么物质奖励。现在我知道了做这些事情的意义所在。父亲是我的骄傲！"

一种教育理念下的生命关怀

杭科院的校门口铭刻了四个大字：爱满天下。这是一所高职院校的大学精神与办学胸襟，是对师生生命尊严的庄严保证。在这次"喝杯茶"活动中，谢列卫全程认真听取师生的发言并做好笔记，在他看来，"敬畏生命、尊重自然"与学校坚守的行知精神一脉相承，这八个字不是一句空话，要落实到行动上，走进师生的心里。

"生命是个沉重的话题，因为生命很脆弱；生命也是个美好的话题，因为生命充满希望。一个人的寿命代表了生命的长度，社会活动半径决定了生命的宽度，但最有价值的是人的精神，那是生命的高度。人的一生要活得像一个立方体，不只是追求长度，更要拓展宽度、增加高度，追求生命体积的最大化。"谢列卫说，要站到更高的视角去理解生命的意义，去体验和享受活着的过程，"人生为一大事来，做一大事去，这就是学校倡导的'爱满天下'精神最终目的之所在"。

珍爱生命也是一门课程，也需要学习。围绕着心理危机干预、克服焦虑、树立健康意识，大家展开了讨论。单文荣老师主抓心理健康工作，对灾难、危机带给人的心理健康影响十分关心。"灾难会给当事人带来一些负面影响，主要表现在身体上和心理上。大家可以尝试三种方法：一是自我关注、自我调节，比如做一些放松的事情，分散注意力；二是利用社会自助系统调节，比如与朋友、家人、老师多沟通交流，不断疏导情绪；三是寻求专业心理救助，比如去专业心理机构、学校心理咨询中心，通过心理干预等进行治疗。"

"我对单老师的话有一些扩展，"教育学院陈丹老师对灾难中的焦虑问题有着比较深入的认识和体察，"虽然现在大家不缺衣少食、不太会碰到野兽，但大家内心的这种具有人类共性的焦虑仍旧存在着。焦虑并不可怕，只要大家能正确地认识它、了解它。所以我觉得，改变焦虑状态的最好方法就是正确地认识我们赖以生存的自然环境和社会环境，并努力地充实自己，让自己放松地享受生活的幸福"。

学生处处长汪灿祥、保卫处处长韩张尧、公共教学部思政教师朱金花、信息工程学院团委书记周婧旻也都结合自己的工作和专业，交流了关于校园安全、心理健康的案例经验和建议，激励同学们珍爱生命热爱生活，"也许我们每天都遇不上轰轰烈烈的事，但对生命的珍惜、对生活的热忱可以在每一个日常细节里得到体现"。

活动最后，寿伟义副校长结合学校一年来的校园安全稳定工作，对生命的意义这一话题进行了具体化的解读，他认为珍爱生命应化为一个个具象的行动，如不在校园抽烟、认真参加防火演习等，把爱生命和遵守学校的规章制度结合起来，"要认真地、充实地过好每一天"。

【一杯茶的蝴蝶效应】

那本质朴的剪报本，给了参加"喝杯茶"活动的同学极大的震撼。"这么原汁原味的生动素材，我想让更多同学都能看到。"王诚瑜主动请缨，和陈旭等几个学生会的同学一起，翻拍了剪报本上的图文资料，再加上搜集来的网络视频，在学校图书馆大厅办了一场题为"敬畏生命，尊重自然"的"5·12汶川地震纪念展"。

开展仪式选在了 2018 年 5 月 11 日，全体参展人员为 5·12 汶川地震中遇难的同胞和为抗震救灾献出宝贵生命的英雄默哀，并亲手写下祝福语，为希望树系上了代表思念和美好愿望的黄丝带。开展的十天里，无数师生在那些影像面前驻足沉思，王成瑜说自己"第一次感受到，'活着'是那么沉重的两个字"。

参与策展的陈旭同学则在"喝杯茶"活动后采访了公羊队队长徐立军，在校团委微信号做了一期题为《中国救援力量：用另一个视角告诉你"中国崛起"》的报道。徐立军更是把学校官方微信发布的活动报道文章《追求生命体积的最大化》转发到自己的朋友圈，在杭州青年群体中引起强烈的反响。

参加那期"喝杯茶"活动的沈强，2019 年 6 月毕业后，申请成为团中央"大学生志愿服务西部计划"的志愿者，踏上了远赴青海的行程。沈强说，去西部，去祖国需要的地方，就是对自身生命宽度的拓展，"追求生命体积的最大化，我会一直记得这句话。"

第 30 期：追寻工匠足迹

学校从建校以来就一直秉承行知文化，而行知文化的最高境界——知行合一，其实就是工匠精神。

——本期活动师生对话金句

【主题背景】

2018年4月，以"中国梦劳动美——杭州工匠为你喝彩"为主题的第二届"杭州工匠"认定发布会在杭州市职工文化中心举行。30名在职业技能、技术创新等方面处于同行业拔尖水平的优秀技术人才和在技艺传承上有突出贡献的专家获此殊荣。杭科院余云建老师荣登榜单，喜获"杭州工匠"称号。

"工匠"，乃是对具有特定专业技能之士的一种称谓。他们专注于某一领域，全身心投入，一丝不苟、精益求精地对待自己的工作。在杭科院，无论是专任教师，还是后勤教工，亦或是尚在求学阶段的学生，从来都不乏具有这种精益求精、一丝不苟"工匠精神"的"工匠"。

【场景描述】

主题：追寻工匠足迹

时间：2018年6月8日

地点：高桥校区旅游学院"咖啡来伴"综合实训基地

嘉宾：沈凤池（全国电子商务行职委移动商务专委会主任、信息工程学院兼职教授）

师生：谢列卫（校党委书记）

　　　　许淑燕（校党委副书记、校长）

　　　　朱宝宏（旅游学院党总支书记）

　　　　陆亚文（教务处副处长）

　　　　余云建（第二届杭州工匠、国家高级导游员、旅游学院教师）

　　　　韩　敏（汽车维修高级技师、机电工程学院教师）

　　　　陈伟苗（校科新公司首席技师、工程维修部经理）

　　　　孟庆东（旅游学院团委书记）

　　　　余洛奇（机电工程学院模具1612班学生）

　　　　李天赐（信息工程学院应电1601班学生）

　　　　杨望云（城市建设学院市政1611班学生）

　　　　陈家豪（机电工程学院机电1602班学生）

　　　　涂子杰（艺术设计学院建装1601班学生）

　　　　孟　婕（艺术设计学院广告1601班学生）

潘思思（工商学院会计 1602 班学生）

胡乐乐（旅游学院会展策划 1602 班学生）

陈雅婷（旅游学院酒店 1603 班学生）

陈思嘉（教育学院学前教育 1611 班学生）

什么样的人有资格被称为"工匠"？什么样的素质会被赞许为"工匠精神"？第34期"校长请我喝杯茶"活动分外热闹，每位"茶客"都抢着说话，而且一开口就是"长篇大论"，对"工匠"这个话题，每个人都有自己的故事要讲。

跨越职业：人人都可成为工匠

第二届"杭州工匠"、国家高级导游、旅游学院专业教师余云建首先回应了大家的好奇——身为导游员，他是如何"靠一张嘴"成为杭州工匠的。余云建说2017年他被推选去参加第二届杭州工匠评选时，认为自己一定选不上，"因为总觉得只有动手制作出实体的物质产品的大师才能算工匠"。当得知自己光荣入选后，余云建觉得自己对工匠、对工匠精神都有了新的认识，"不仅生产物质层面东西的人能成为工匠，从事精神层面服务工作的人也能成为工匠"。余云建说在杭州这样一个服务型、旅游型城市，导游们用自己的知识和语言传递着中国和杭州的历史故事和传统风俗文化，让游客们在旅游的过程中增智长识。"专业导游应该学问渊博、有超强的团队管理和服务能力，如果你能全身心地投入到一个工作领域中，成为这个行业的翘楚，谁又能说你不是这个行业的'大匠'。"

全国电子商务行职委移动商务专委会主任、信息工程学院兼职教授沈凤池很赞同余云建对工匠的理解。"我也觉得对现代工匠要有现代认识，工匠不一定只存在于制造业，在我所从事的电子商务领域里，也有很多杰出的工匠。"沈凤池说自己早在 1998 年就开始接触电子商务，之后一直坚持在这个领域耕耘，"很多教授跟我说他们是看着我的书学习电子商务的。"2005 年沈凤池还为阿里巴巴写过一本书，"当时他们面向全国招老师，最后觉得我编写的教材好，就通过出版社找到了我"。在沈凤池看来，阿里巴巴之所以成功，很重要的一个原因就是专注和坚持，"阿里巴巴刚成立的前两年是在摸索阶段，到第三年就定下心来，一心一意地做电子商务，所以当互联网泡沫经济来临，很多互联网企业转行甚至倒闭的时候，阿里巴巴活了下来"。专注、精益求精、敬业、创新，沈凤池鼓励学习电商的同学坚持自己的专业选择，"做精一个领域，你就是工匠"。

汽车维修高级技师、机电工程学院教师韩敏也认同各个领域都有工匠的说法，"任何一个人专注于自己的工作，热爱自己的工作，就是有工匠精神的工匠"。韩敏在东风杭州汽车有限公司干了 43 年，没有换过工作。早在 2004 年和 2006 年，韩敏就被评为杭州职业技能带头人，他带了两届 30 个徒弟，其中有 10 位现在是高级技师，"我并没有什么独门绝技，我的经验就是专注于自己的工作，并坚持下去"。

工匠精神：人人都有一杆标尺

说到精益求精的工匠精神，旅游学院团委书记孟庆东和同学们分享了自己的思考：在物质生产极其丰富的今天，杯子、水壶等等物品通过大规模流水线源源不断地生产出来，但这些千篇一律流水线生产出来的东西，是不是缺少了那被叫作"匠心"的"灵魂"。"在物质生活越来越丰富的当下，我们什么都不缺，所以我们才更追求那种用心、独特的东西。这种用心、独特其实就是工匠精神的体现。"

顺着老师们打开的话题，同学们开始讨论起站在各自专业的角度，他们眼中的"工匠精神"是什么。教育学院学前 1611 班陈思嘉认为，"工匠精神"更多的是指敬业精神。"我们教育学院的合唱团在参加省赛前每天下午都坚持训练，连续唱几个小时，嗓子都哑了。"合唱团的指导老师周金元鼓励同学们，好的音乐能带给别人快乐，能抚慰心灵，坚持音乐之路就是坚持幸福之路。陈思嘉说，老师与同学们对音乐的坚持，就是种"工匠精神"。

校社联副主席、工商学院会计1602班学生潘思思则认为，对于会计专业来说，工匠精神主要意味着严谨、专注。"前两天我班账目实训课在做最后的数据整理分析，有一组同学中间环节某个数据出错导致后面的数据全部错。他们连夜修改并重新计算，一直做到凌晨四五点。"潘思思说，这种严谨、专注的态度就是会计专业领域所需要的工匠精神。

艺术设计学院建装1601班学生涂子杰是非遗木匠工作室社长，正和同学们一起，跟着富阳非遗木匠传人陶林峰老师一凿一铲地学做木器。涂子杰觉得工匠精神是一种精益求精、追求完美并不断创新的精神。"学习和做事，不能觉得差不多就行了，一定要追求百分百。同时对老师讲的、书上写的，要有自己的思考，要有自己的创新认识。"

同在艺术设计学院的学校社联副主席、尚意平面工作室副社长、广告1601班孟婕和涂子杰有同感，她觉得学习艺术专业的人，追求完美、追求创新非常重要。孟婕说做广告设计最痛苦的莫过于创意，想一个点子然后推翻，再想点子再推翻，循环往复，直到找到最好的点子。这个过程很枯燥，如果没有精益求精的精神，很容易退缩和放弃。去年孟婕和同学接到了一个设计单子，为绍兴的一家国酒厂设计一套酒的包装，"我们用了很多时间来思考方案，不断和客户沟通，不断修改调整，直到最近才完成"。孟婕说，工匠精神对于设计专业而言，就是一种追求极致，精益求精的精神。

说到工匠，城市建设学院市政1611班杨望云开玩笑地表示自己的专业和传统工匠是最贴近的，"明年的这个时候我可能就是某个工地上的小泥瓦匠"。杨望云觉得随着时代的进步，工匠精神也与时俱进了，"从业者将注重细节和不断创新相结合的一种对职业的追求，就是工匠精神"。

工匠养成：兴趣与坚持是最好的法门

说完了对工匠精神的理解，话题开始转到"怎样才能成长为一名具备工匠精神的现代工匠"。一直在旁边默默喝茶的陈伟苗师傅是学校的"首席技师"，大家邀请他讲讲自己的故事，这位朴实寡言的陈师傅不好意思地开了口，他一讲自己的故事就把大家给讲愣了：这不就是传说中的少林寺扫地僧！

　　陈伟苗来自农村，只有小学学历，他从小就喜欢拆装留声机、小电器，因为对电子有兴趣，他常常自己学习和琢磨。陈伟苗在学校负责后勤维修，他发现很多东西由厂家维修效率不高，比如学校水房的机械注水泵智能控制柜里有个配电柜，是用厂家电脑来控制的，出现问题必须联系厂家来解决，这个过程非常耗费时间和精力。陈伟苗就从网上买了 APP 编程器来研究，他在水房里装了两个配电柜，一个用于自动供水，另一个用于消防供水，压力高了自动减压，压力低了自动升压，"这样一旦出现问题我自己就可以进行检测维修了。"去年学校开展"美丽校园"建设，陈伟苗心思一动，想把自己在某个生活小区看到的景观水雾"复刻"到校园里来，让师生们都能欣赏到更美的校园风景。陈伟苗在淘宝网上买了材料，自己动手做了两个高压泵，很快把这个景观水雾效果做出来。他还嫌每次都要到固定的地方去操控太不方便，又开始研究编程，把这个校园景观水雾改良成了"手机远程操控版"。"我家里的窗帘、电灯都是可以手机控制的，都是我自己设计安装的，"陈伟苗谦逊地说，"我没有太多文化，但为了自己的爱好我愿意学，也坚持在学。我就是觉得找到了自己喜欢的事情就要用心地做好，并且要一直做下去。"

　　听完陈伟苗的故事，在座师生都自发地为他鼓掌。大家一致认为，兴趣和坚持，是工匠之所以能成为工匠的不二法门。几位出于兴趣参加社团进而参加技能大赛的同学，更是深有感触地讲起了自己的体会。信息工程学院应用 1601 班的李天赐今年参加了全国职业院校技能大赛"嵌入式技术应用开发"赛项，获得了一等奖。李天赐说比赛要为智能小车设定行走路线、写好运行程序，为了解决车子转弯的时候一侧轮胎有可能会悬空打滑的问题，他和同学们把整辆车拆卸下来研究，一遍一遍地尝试。参赛前一晚，李天赐和同学们还在为改进智能小车的表现做最后的冲刺，一直干到凌晨两三点，"我们不觉得累，为了自己的目标忙碌是有动力的，这种追求完美、不认输不放弃的精神值得我保持一辈子"。

　　机电工程学院模具 1602 班陈家豪是行知电子创新工作室社长，他今年刚刚参加了全省机械设计大赛，获得了一等奖。"大赛要求做一个车库，经过反复比较，在通行的航道式和摩天轮式两类车库中，我们选择了后者。"陈家豪说自己所在的团队之所以能胜出，是做了一个小小的创新，"车辆开到'摩天轮'里去的时候有个台阶，容易撞到。我们就查找了很多资料，设计了一个转盘，这个转盘可以让车 360 度旋转，并自动把车送进车库里"。陈家豪说为了实现这个创意，自己熬夜写程序，直到参赛当天凌晨才把程序写完，"我很享受这种为了把事情做到完美而执拗地沉浸其中的状态，我觉得正是这种出于兴趣爱好的'迷狂'劲头，才让我们最终拿到了一等奖"。

机电工程学院模具 1612 班余洛奇也是位"大赛达人"，他今年斩获了第 45 届世界技能大赛全国机械行业选拔赛塑料模具工程项目的一等奖。说到大赛与"工匠精神"，余洛奇同样觉得精益求精的态度和锲而不舍的精神非常重要，"要把一个产品做到最好、最精致，这需要很强的专注力"。余洛奇说这次参赛虽然拿了一等奖，但他和指导老师也看到了团队在抛光技术方面的不足，"比赛一结束，老师就带着我们针对抛光技术做了专门的培训"。余洛奇说，要成为一名好工匠，必须对自己有极高的自律要求，"敬业、专注、精益求精、不断超越，能够坚持到最后的才是高手"。

旅游学院酒店 1503 班学生陈雅婷也有过参加餐饮服务技能省赛的经历，但她最深的感触却来自参加晨晖剧社出演《暗恋桃花源》春花一角。"从 2017 年 11 月选剧本、选角色，到 12 月正式开始排练，再到 2018 年 5 月 22 日演出顺利结束，历时近一年。"陈雅婷说在具体排练的大半年里大家每天晚上从八点排练到十点，周末的时候则提早到晚上六点开始，每天坚持，"常常为了谁先出场、谁先伸手等等细节讨论很久，因为对角色理解的不同大家还会发生争吵"。话剧正式上演后好评如潮，本校同学、外校同学、台湾地区交流团的同学，看完演出都夸演员们演得好，有水平。陈雅婷感慨地说，参演的演员们来自各个二级学院，大都是零基础，"没有报酬，不图什么，就是因为喜欢话剧，大家走到一起来以最大的真诚打磨这部作品。"落幕那一刻，很多演员都流泪了，这泪水既是融入剧本、身在故事的情绪使然，也是对自己付出和坚持的感动感慨，"从大家对我们这部剧的评价来看，我们是成功的，而能让我们获得成功的就是永不放弃、精益求精的工匠精神。"

传承匠心：老师们说自己要先行

听完同学们关于兴趣、坚持的感悟，教务处副处长陆亚文小结说，无论是学习还是工作，以兴趣为动力才能做得好，因为内心有一种精神支撑。在古代，老师被称为"教书匠"，其实当老师也是需要精神支撑的。同学们在技能大赛中、在学习和社团活动中所展现出来的不怕辛苦、不言放弃、追求完美的精神，或多或少来自老师们的潜移默化。技术可以通过人工智能来替代，但工匠精神只能靠老师一代代地传承。杭科院不仅是传授大家知识和技能的地方，更是传承精神的地方，"这种精神传承不是思政老师的责任，而是全体教工的责任"。

旅游学院党总支书记朱宝宏赞同地表示，身为老师应该进行反思，有没有在工作上做到自始自终都这么投入，有没有把专注、敬业、精益求精、不断创新的这种工匠精神融入进去，有没有给学生树立好的榜样，"要让学生具备工匠精神，我们老师应该先行动起来"。

党委书记谢列卫很认可老师们的想法，"杭科院作为一所高等职业院校，育人目标就是要培养高素质的技术技能型人才，这里的'高素质'其实指的就是工匠精神。"谢列卫说学校提出的"职业素养与职业技能并重、基础理论与实际操作并重、校内教学与校外实践并重、第一课堂与第二课堂并重"的人才培养方案，其中的职业素养与职业技能并重说的就是工匠精神的培养与技术技能的学习要两手抓、两手都要硬。说到"教书匠"这个词，谢列卫说有段时间大家把那些默默无闻、没有科研项目、没有论文发表，只守着讲台上课的老师叫作"教书匠"，"我觉得现在学校缺少的恰恰是这种专注三尺讲台，爱学生爱课堂，不断'磨课'，甘于寂寞的新时代教书匠"。不仅是教师队伍，谢列卫还希望学校的管理队伍也能具备工匠精神，"学校从建校以来就一直秉承行知文化，而行知文化的最高境界，知行合一，其实就是工匠精神"。谢列卫希望无论是专业老师、管理岗位的老师，还是同学们，都能沿着工匠的足迹一步一步踏实地走下去。

榜样力量：我们要追随工匠足迹

提到追随工匠足迹，同学们也都有话要说。旅游学院会展1602班的胡乐乐直言不讳地表示，自己就是余云建老师的"忠粉"，"虽然我是会展专业的，但我们也要和旅行社专业的同学一起学习导游课程。听了余云建老师几次课，我就迷上了余老师的课。他非常棒，上课超级专注，我们能感觉得到他对导游这个职业的热爱。"胡乐乐说2016年自己参与了G20杭州峰会的服务工作，和其他同学一起封闭集训了120天，"这个过程中老师一直陪伴着我们，激励着我们，告诉我们别人能做到的我们也一样能做到，而且能做得更好"。胡乐乐说自己要像老师们那样热爱工作、不放弃不懈怠。

城市建设学院市政 1611 班的杨望云对我国的建筑业发展特别有感触，"中华人民共和国刚建立的时候，稍微大一点的工程都需要苏联专家来援建，因为当时中国没有能力建造大桥和铁路"。而今，中国的建筑业已经完全不一样了，杭州湾跨海大桥、粤港澳大桥一个个大工程都完美收官，国家还到非洲等国家进行援建，帮助他们建桥建路。"如果不是当初老一辈们坚持不懈地探索和实践，就没有现在的建筑业。他们是中国的工匠，他们身上都凝结着工匠精神。作为杭科院的一分子，作为未来建筑界的一分子，我会用老一辈的工匠精神严格要求自己，争做一个与时俱进的新时代工匠。"

许淑燕校长肯定了同学们的想法，并鼓励同学们毕业后不管从事什么岗位的工作都要保持兴趣，将兴趣与工作相结合，"因为只有有了兴趣你才会专注"。在兴趣的基础上，要能坚持，许淑燕给同学们讲述了台湾地区顶级铲花师傅张振才的故事：铲花是一门很辛苦的技术，要通过刮刀一刀一刀地凿，使得工件达到规定的尺寸、形状、表面粗糙度等。刚学铲花的人，三天下来手掌就会因出力反噬，脱皮、起水泡，一个月下来双手又肿又痛，十个学徒至少九个会逃走。张振才就是坚持下来的那一个，他整整坚持了 30 年，现在的年薪达到了八百万元，他的手艺影响着产值上千亿元的工具机产业的竞争力。"做任何事情都会碰到困难，每个成功的人都经过了很多的磨炼，所以不管身处什么岗位，我们都要学会坚持，这也是工匠精神不可或缺的一个元素。"许淑燕还鼓励同学们学会用欣赏的眼光去发现身边人的长处、学习他们的长处，"在向他人学习的基础上创新，在向他人学习的过程中学会与人协作，从别人身上得到帮助和启发，同时也给予别人帮助和启发，这样才是长久的共赢"。

许淑燕表示，杭科院虽然建校时间不长，但近年来发展速度非常快，很多办学指标位列全省前几位。"杭科院的成绩取得依靠的就是工匠精神，执着、坚持、创新，有了这种精神，杭科院今后的发展会越来越快，势头会越来越好。假如同学们都能习得这种执着、坚持、创新的精神，离开杭科院后你也一定能够作出不凡的成绩。"

【一杯茶的蝴蝶效应】

第 34 期"校长请我喝杯茶"活动在校内引发了广大师生对工匠精神的热烈

讨论，校党委顺势组织开展了"学习宣传和弘扬工匠精神系列活动"，在全校营造推崇工匠精神、学习工匠精神、实践工匠精神的良好氛围，进一步引导广大师生刻苦学习、钻研技术，爱岗敬业、争创一流。

荣获第二届"杭州工匠"的余云建在2019年获得"杭州市劳动模范"荣誉称号，他在学校支持下成立了"余云建金牌导游工作室"，与团队教师共同努力，结合工作实际开展教学改革，优化人才培养模式，显著提升了教学质量。余云建所在团队指导的学生，导游考试通过率高出全省平均水平近50个百分点。用余云建的话来说："越工作越知道自己的不足，唯有保持斗志，才能不负学校和社会对自己的期许。"

全校各部门（二级学院）组织全体教职工围绕工匠精神与岗位成才、工匠精神与师德师风建设、工匠精神与事业发展等议题，深入开展座谈研讨。全校各班级、社团组织通过开展新生入学教育、主题班会、专题讲座、座谈会等形式，深入学习研讨工匠精神内涵。组织开展"追寻工匠足迹"教育实践活动，通过寻访在校师生、优秀校友和社会各行各业中的"能工巧匠"，近距离感受精湛技艺和工匠精神，树立青春榜样，激发学习兴趣和成才动力。响应"一带一路"倡议，学校还将工匠精神注入对南非留学生的培养中，打造一专多能、特色明显的国际化"数字工匠"。

第31期：不一样的"零零后"

　　希望同学们能经常用陶行知先生的"每日四问"反思自己——健康有没有进步、学问有没有进步、工作有没有进步、道德有没有进步。

——本期活动师生对话金句

【主题背景】

9 月是各大高校的开学季，每一年的新人入校都热闹非常。2018 年的 9 月的新生入学式更是备受瞩目，因为，出生在新千年伊始的"千禧一代""互联网宝宝""零零后"们年满 18 岁，他们要上大学了。

2018 年的 9 月 14 日、15 日，杭科院迎来了 3675 名"零零后"，他们来自浙江、安徽、江西、广西、河南、贵州、山西、四川、云南、新疆 10 个省份和自治区，他们将成为大学校园的"新主力"。

2018 年的 10 月 30 日，"校长请我喝杯茶"活动再一次组织了一场新生专场，与往年不同的是，这次喝茶活动的参与学生，是分管学生工作的副校长寿伟义从长长的新生名单当中，随机抽取确定下来的。传说中生活富足、特立独行的"零零后"，面对大学新生活会是怎样的心情，会有怎样的期待？也许"盲选"出来的"萌新"能给出最真实的答案。

【场景描述】

主题： 不一样的"零零后"

时间： 2018 年 10 月 30 日

地点： 高桥校区综合楼 3 号楼二楼西露台

师生： 谢列卫（校党委书记）

　　　　许淑燕（校党委副书记、校长）

　　　　寿伟义（校党委委员、副校长）

　　　　朱宝宏（校党委委员、党委宣传部部长、艺术设计学院党总支书记）

　　　　汪灿祥（学工部部长）

　　　　曲海洲（招生就业处处长）

　　　　吴太胜（教务处副处长）

　　　　吴　龙（信息工程学院副院长）

　　　　秦　星（学生资助服务与公寓管理中心主任）

　　　　邹　烨（艺术设计学院学工办主任）

　　　　刘红红（工商学院学工办主任）

　　　　蒋建勋（机电工程学院学工办主任）

　　　　王金丹（教育学院团委书记）

　　　　王雁君（旅游学院教师、优秀班主任）

张一辰（教育学院学前1804班学生）

王　菲（工商学院会计1812班学生）

李京畅（旅游学院旅行社1811班学生）

余应楠（城市建设学院建工1801班学生）

周晨阳（信息工程学院信管1812班学生）

池　强（机电工程学院模具1824班学生）

李晨佳（艺术设计学院室内设计1801班学生）

张佳慧（工商学院会计1803班学生）

徐肖敏（旅游学院酒店1801班学生）

胡炜杰（信息工程学院计算机1803班学生）

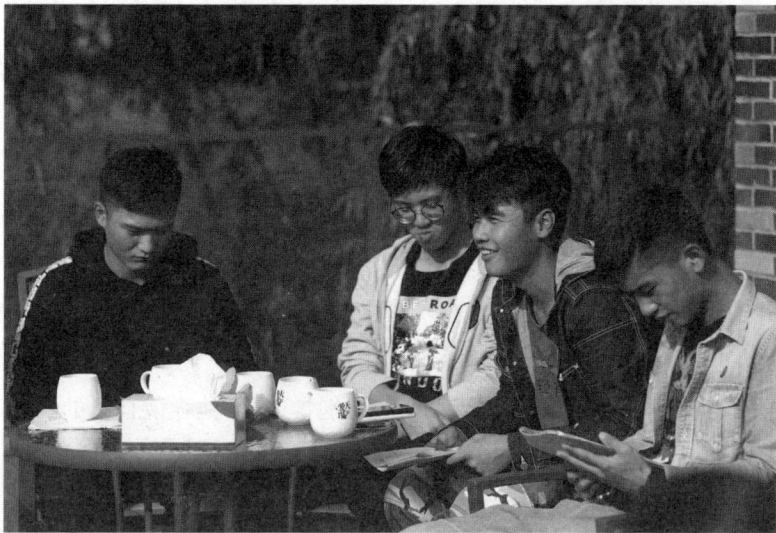

　　三年大学时光，数一数不过一千余天。"零零后"的一千天怎么过？围绕这个话题，学校借"喝杯茶"活动组织了一次师生交流。

知于心、始于行，"我的杭科千日生涯想这样度过"

　　"和高中相比，大学比较自由，不会被赶着学习，时间也比较充裕。"

　　"军训那几天很热，杭科院的太阳太热情了。"

　　"学校图书馆特别大，特别好。"

　　问起对大学生活的"初印象"，"零零后"们比较一致的感受是条件更好、时间上更自由。但理性的"零零后"们经过一个月的生活与学习，并没有被相对宽松、舒适的环境"腐蚀"，而是琢磨起了自己的大学生涯规划。

　　"在今后的一千多个日子里，我想用50%的时间投身专业课学习，30%的时间参加社团活动，10%的时间锻炼身体，最后10%的时间培养一个爱好。"工商学院会计1812班王菲"一鸣惊人"，言谈中俨然已经把自己的大学生活安排得明明白白，"我大一的小目标是拿到会计初级证，通过英语B级考试，然后参加一些技能大赛"。王菲解释说，之所以想多参加技能大赛和实习实践，是因为光学理论没有用，很多理论只有在实际操作运用的时候才能让你豁然开朗。

　　想当程序员的胡烨杰一开口说话，大家就都乐了。这名来自山西的大男孩说，他选择来杭科院读书，是觉得杭州有阿里巴巴，有很好的信息技术工作环境，他会将40%的时间和精力用在课内学习上，其他时间用在积累实践经验上，"现代社会科技进步太快，很多技术知识一晃就过时了。我觉得就计算机专业来说，学历只是一块敲门砖，经验远比理论学习强"。胡烨杰说自己一进校就报了两个专业社团，以便有机会跟着社团里的"大牛"们学一点课内学不到的东西。提到计算机专业的辛苦、从业人员往往年纪轻轻就开始脱发，胡烨杰风趣地表示，"我的愿望就是成为一名有浓密头发的程序员。"

机电工程学院模具1824班的池强是中高职"3＋2"五年制的学生，"专业已经确定，在校学习时间只有两年，时间特别紧迫"。池强说自己的大学目标很明确，就是学好专业技能，将来找一份好工作。"我想加入一些社团锻炼个人能力，还想在大学里收获一份爱情。"

学好专业当一名幼儿教师顺便帮助亲戚教育好"熊孩子"，考出计算机证书、英语证书提高就业能力，参加专升本提升学历水平，一进学校就偷偷参观了创业园希望有朝一日自己做老板……"零零后"新同学愉快而大方地谈论着自己的三年目标。虽然对未来各有规划，但同学们对理论学习和实践锻炼之间关系的认识却有着惊人的一致。校党委书记谢列卫做了一个现场举手调查，结果在场的10位新同学全部参加了大学生专业社团。

"要学习专业知识，也要进行实践锻炼，两者同样重要"。看来"千禧一代"不仅是见多识广的"触网一代"，还是善于思考勇于实践的"知行一代"。

想一想、试一试，"学校要为学生的多元选择提供所需的帮助"

当然，对大学生活，"零零后"们也存在着"没想好"的地方和"咋回事"的好奇。

"当初选择建工专业是因为觉得现在的房子很漂亮，我也想自己有一天能造出这么漂亮的房子。上了两个月的课之后，我有点蒙了，要造房子居然要学力学、测量、绘图这些东西。我觉得自己还要重新思考下将来的规划。"城市建设学院1801班余应楠同学略带苦恼地讲述着自己两个月来的学习感受，并表示会用今后两三年的时间去认真思考自己的人生规划，"我大学要搞清楚的事情就是我想要什么，我不想要什么"。当被问及用两三年去思考自己的人生方向耗时是否太长，余应楠严肃地说："我觉得通过用两三年的时间让自己知道今后的五六十年到底想做什么、不想做什么，非常值得，耗时一点也不久。"

来自教育学院的张一辰是一名未来的"男幼师"，他不担心自己的就业，却苦恼自己基础不够好，"跳起舞来一瘸一拐的，外教的全英语授课也很怕跟不上。学院有跟新西兰的合作，不知道有没有机会出去看一看"。池强、余应楠则表示，很想了解一下创业项目，"感觉创业更加自由，但听说创业很容易失败，不知道适不适合自己"。

听了同学们的想法，工商学院学工办主任刘红红笑着表示："知道'零零后'要进校，我们辅导员就一直很忐忑，怕和他们有代沟，今天一聊天才发现原来'零零后'这么率真，这么可爱。"刘红红建议还没有明确三年规划的"零零后"新生，多找优秀的学长学姐聊一聊，找班主任、辅导员聊一聊，"过来人的经验可以帮助大家更快地打开思路，修正引导你的人生规划。"

在场的老师们也纷纷为同学们出主意。信息工程学院副院长吴龙说，每年学院都会安排各个专业的负责人对新生进行始业教育，详细介绍专业的定位、毕业后的薪资水平、专业培养方案，"同学们要尽可能清楚地了解自己的专业方向、每学期的课程、可以参加的专业技能大赛，多听一听企业专家讲座，通过参观企业、校外实训基地，对所学专业和岗位多一些亲身体验，然后再来做决定"。

招生就业处处长曲海洲建议大家进入大学后都要认真学习职业生涯规划课程，并热诚邀请有创业兴趣的同学到行知创业学院交流参观。曲海洲说："不论是创业还是就业，大家都要清楚地认识自己的性格、能力、兴趣爱好，科学合理地制定自己的职业生涯规划，如果有需要，我们非常愿意帮助你们分析。"曲海洲觉得当大目标不太明确的时候，务必先确定自己的小目标，"大学生活最怕的是因为对前景的迷茫而痴迷于网络，沉迷于游戏。作为学生的第一要义是管理好学习，同时要落实好自己的阶段小目标，贵在坚持"。

学生处处长汪灿祥鼓励同学们加强英语学习，积极参加学校的交流生项目，"境外交流学习可以开阔眼界，任何想法最终都要依靠实践，实践了才知道自己想要什么不想要什么"。

教务处副处长吴太胜表示，为了激发同学们的学习热情和学习情绪，今年学校对 2018 级人才培养方案进行了个性化设计，将拓展课程纳入学分、引进多门网络课程丰富学生公选课程、将体育教育进行整体设计提升体育教育的质量和水平，希望能更好地满足同学们的需要。

知行千日、每日四问，"培养高素质高技能的阳光杭科人"

在场的师长们还从各自经历、岗位的角度，给"零零后"们如何拥有出彩的大学生活提建议。

机电工程学院学工办主任蒋建勋说，希望同学们能在大学三年里获得四个"一"：一次获得校奖学金的经历，一次提高管理能力的机会，一次校外获奖经历，一次恋爱经历。

旅游学院王雁君老师说，作为一名班主任，她希望旅游专业的同学们都能让自己的个人形象变得更加美丽，"美丽不来源于面孔，而来源于气质和气场。怎样做到美丽？最关键的就是要提高自信"。王雁君鼓励同学们积极适应大学生活，参加各种活动，积累成长的经验，提高自己的技能，"用美丽这个小目标来引导大目标的实现"。

寿伟义副校长向"零零后"加入杭科院大家庭表示了欢迎，并对大家的三年大学生活提出了两个建议，一是要制定好规划，"大学三年怎么度过，大一这一年怎么度过，这一学期要怎么度过，大家要做到心中有数"；二是要落实规划，"制定目标计划重要，贯彻落实更重要，计划完美却不落实，到头来将是一场空"。寿伟义表示，为了同学们的成长，学校会尽一切力量为大家创造更好更优的条件，也希望同学们能有效地利用资源提高能力、拓宽视野，为今后走向社会打下坚实的基础。

谢列卫用"个性、率真、可爱"三个词语概括了自己对"零零后"同学的印象。"'喝杯茶'活动举办了七八年，每年都会组织新生专场，请新生代表来聊一聊对学校的印象、对大学生活的设计和对今后的规划，这对学校发展思路、发展战略的设计完善具有非常重要的参考价值。"谢列卫表示，当前学生对教育的需求更为多样，学校也必须尽可能地为同学们提供丰富多样的教育平台和服务，"人才培养方案只解决了专业学习的需要，专业以外的能力素质培养要靠'知行千日'方案来解决"，要坚持以立德树人为根本要求，坚持以陶行知生活教育理论为指导，坚持以学生为主体，坚持整体设计、重点突破，坚持创新开放、品牌培养，坚持统一领导、部门联动，进一步完善好"知行千日"方案，促进学校工作上台阶。谢列卫也希望同学们能经常用陶行知先生的"每日四问"反思自己——健康有没有进步、学问有没有进步、工作有没有进步、道德有没有进步。同时学校也应时常反思自己搭建的教育平台、设计的活动载体是否有利于实现陶行知先生倡导的"六个解放"——是否解放了同学们的头脑让大家更愿意思考，是否解放了同学们的双手让大家更愿意实践，是否解放了同学们的眼睛让大家更喜欢观察，是否解放了同学们的嘴让大家更喜欢交流，是否解放了同学们的时间让大家能够做自己喜欢做的事情，是否解放了同学们的空间让大家到大自然中、到社会上去拓展视野。通过学校和学生的共同努力，"帮助大家成为德智体美劳全面发展的建设者和接班人"。

许淑燕校长感谢大家报考杭科院及对学校各方面工作的肯定，她表示此次参加活动的同学是学校在三千多名新生中随机抽选出来的，大家能在阳光明媚的午后相约喝茶是一种缘分。许淑燕与同学们分享了湖南环境生物职业技术学院向"混学""混教"者开炮、清退不合格学生，日本哈德洛克工业株式会社生产"永不松动的螺母"，特斯拉在上海招聘工程师这三个故事，告诫同学们学生的本职是学业，大家要选定自己的短期小目标和三年大目标，专注地朝着目标前进，并在大学三年的生活中学会学习、学会合作，"'爱满天下'是我们的学校精神，'行知文化'是我们学校事业发展的引领文化，希望大家都能汲取行知思想的有益营养，成长为高素质高技能的阳光杭科人。"

【一杯茶的蝴蝶效应】

2019 年 6 月，本期在"喝杯茶"活动后的半年，经过足够的时间酝酿和精力倾注，学校的《学生"知行千日"教育实施方案》终于成文。

实施方案以社会主义核心价值观为引领，以理想信念教育为核心，以学风建设、文明礼仪教育为基础，以提升职业能力、职业素养为重点，通过理论学习、思想教育、制度规范、生活指导等方式，教导学生"明德"；通过职业规划、技能大赛、课外实践等方式，帮助学生"立业"。尊重学生主体性，调动学生能动性，引导学生在"知行合一"上下功夫，最终实现每位同学在校三年（1000 日）能够健康成长、协调发展、知识增值、优质就业，为社会输送具有较高职业素质的技术技能型人才，培养德智体美劳全面发展的社会主义建设者和接班人。

参加了"喝杯茶"活动的新生王菲，到 2019 年 6 月已经完成了自己三分之一的大学生涯。她说自己在这一年里最大的改变是，以前对图书馆毫不感兴趣，现在越来越喜欢往图书馆跑；以前胆子小，很怕失败被人笑，现在通过学生会和社团工作的锻炼，胆量也变大了，更愿意去尝试新事物。"学校的阳光长跑也让我养成了每天都跑步的好习惯。每天一点改变，1000 天以后都会变成大大的进步。"

第 32 期：连接教育"丝绸之路"

　　在电影里我见识了中国功夫。来到中国，我知道了"功夫"在汉语里还有很多含义，很多优秀的技术都可以称作"功夫"，我希望把更多的"功夫"带回非洲。

——本期活动师生对话金句

【主题背景】

2018 年 1 月，杭科院签署了《"一带一路"暨金砖国家技能发展国际联盟成员单位协议》，正式加入"一带一路"暨金砖国家技能发展国际联盟。同年 5 月 29 日，首批中国—南非职业教育合作项目的 10 名南非留学生来到杭科院开始了为期一年的学习生活。

学校为他们量身定制了学习计划，还带着他们喝中国茶、包饺子、写春联、吃清明团子、练武术……一年时间里，南非留学生们苦练模具专业本领，勤学专业理论知识，理实结合、手脑双挥，荣获了 2018"一带一路"暨金砖国家技能发展与技术创新大赛首届模具数字化设计和智能制造技能大赛一等奖，更与杭科院这个"中国的家"结下了深厚的情谊。

【场景描述】

主题： 架起教育"丝绸之路"

时间： 2019 年 3 月 26 日

地点： 高桥校区综合楼 3204 会议室露台

师生： 谢列卫（校党委书记）

　　　　许淑燕（校党委副书记、校长）

　　　　赵悦林（校党委委员、副校长）

　　　　罗明誉（校党委委员、党委组织部部长）

　　　　罗晓晔（机电工程学院院长）

　　　　孟庆黎（机电工程学院党总支书记）

　　　　吴　龙（信息工程学院党总支书记）

　　　　傅华世（国际教育处副处长）

　　　　蒋建勋（机电工程学院学工办负责人）

　　　　谭小红（机电工程学院模具设计与制造专业负责人）

　　　　叶　子（南非留学生班主任）

　　　　马丽维（Makubu Siphilile Lethiwe 南非留学生）

　　　　康　耐（Kunene Mthembeni Hendry 南非留学生）

　　　　马林扎（Mahlinza NdumisoSphelele 南非留学生）

　　　　董可思（Dlamini JabulileKhanyisile 南非留学生）

　　　　孔西亚（Khumalo NolizwiSithembile Cynthia 南非留学生）

杜安迪（Duma Ando Andile 南非留学生）

韦自勤（Vilakazi AlibuyeSibonelo Desmond 南非留学生）

卢韵佳（Luvuno Sthembile Fortunate 南非留学生）

倪至纯（Nene Siyabonga Innocent 南非留学生）

唐守信（Thabede Sizwesamatheku Promise 南非留学生）

　　唐守信、倪至纯、韦自勤……十个月的时间，十位来杭州科技职业技术学院学习模具设计与制造的南非留学生已经都能说上几句中国话了，还给自己起了寓意美好的中国名字。转眼，他们就将结束留学生活，迎来归国的日子。"校长请我喝杯茶"活动邀请10位"洋学生"和中国老师座谈交流，畅谈在中国学习的经验体会，聊聊学习"中国功夫"的美好记忆。

喝可乐吃青团，洋学生说学到各色"中国功夫"

　　喝学校后山自产的绿茶，是"喝杯茶"活动的传统。但这一次，学校根据南非留学生的口味偏好，准备了可乐，并混搭中国传统美食清明团子。在这场中非文化交融的"Talking Party"上，10位洋学生聊起了自己10个月的学习收获。

　　"现在给我一个二维图，我可以用UG软件，绘出三维图纸。"来中国之前，杜安迪还没接触过电脑，这10个月，她进步飞速，学了一手技术上的好"功夫"。除了学模具绘图技术，她还加入了学校的空手道社团，学习"拳脚功夫"，交了很多中国朋友。

　　韦自勤是班长，去年他和倪至纯一起获得了政府来华奖学金。他在总结自己的杭科院生活时，连用好几个加了重音的"Great!"来中国，对他影响最大的是规则意识和求同存异的思维："中国人规矩很多，但是规矩是有必要的，它能让不同的人有秩序地一起工作、生活。"

"我喜欢学中文，现在我已经能拼音书写了，但中国字有点难。"董可思说，自己很爱学中文，去年她和唐守信一起参加了在学校举办的 2018 "一带一路"暨金砖国家首届模具数字化设计与智能制造技能大赛，获得了一等奖的好成绩。拿到这张很有含金量的"国际证书"，回国工作也有了底气和基础。

"听到大家畅谈自己的收获，我终于松了口气"，党委书记谢列卫回忆起 10 个月前看望刚刚到校的南非留学生时候的情景，那时学校对留学生们能否适应学校的环境，能否顺利完成学业，都心存担忧，"今天聊完，我们都得到了答案，大家的成长超出预期"。

在聊天中，马扎林调皮地反问老师们："10 个月的时间，大家从我们留学生身上学到了什么？"副校长赵悦林为这个问题竖起了大拇指："同学们非常聪明，学习努力，遵守纪律，给我们留下了很好的印象，也让我们对南非有了好印象。"

从课程到生活，留学生项目会越办越好

今年 4 月，10 位留学生将学成归国，学校也将迎来下一批南非留学生，人数更多，专业更丰富。刚把茶沏上，机电工程学院的谭小红老师就用英语向同学们要建议，她要为新来的学生修订教学计划。机电工程学院、信息工程学院学工办的老师，也为改进留学生的日常管理"讨方法"。

"我们看到中国学生晚上也上课，我希望我们也可以有。""学霸"杜安迪喜欢实践课，喜欢中文课，还喜欢电脑课。在她看来，10 个月时间非常宝贵，需要抓紧一切时间学习。杜安迪的建议得到很多同学的认同，"中国人很擅长技术，我们希望多学一点，带回祖国。"

马扎林对杭州的移动支付和淘宝印象深刻，不能在中国办理银行卡，只能请班主任帮忙在淘宝上买东西，让他觉得不方便，希望学校能出面解决。

在学校 10 个月，让马丽维印象最深刻的是和结对的中国同学一起吃饭、一起逛博物馆："我和结对的同学成了好朋友，我要把这份友谊带回国，希望学校

把'一对一'的结对活动继续做下去，让下一届来的同学也能收获友谊。"

作为班长的韦自勤则提议南非留学生和中国留学生一起上语言课："我们讲英语，中国学生讲中文，我们可以在课堂上一起学习练习，一定很有意思。"韦自勤的提议，得到了在场老师的一致认可。

"感谢大家为杭科院带来了新的活力，带来了文化的多样性，也带来了留学生管理的有效经验。"谢列卫感谢留学生为学校工作出谋划策，表示学校一定把这些点子落实好。

谈理想说发展，"一带一路"友谊绵长

10位留学生即将归国，校长许淑燕非常关心他们回国后的打算："你们是继续求学还是参加工作？有什么样的目标？能不能用好在中国学到的知识和技术，为祖国发展作出贡献？学校能为大家以后的发展做些什么？"

倪志纯介绍了自己的家乡纽卡斯尔。据他了解，纽卡斯尔的大部分模具工厂都是中国人开的，他希望学校能帮忙牵线，让他们有机会进入中国工厂工作。

唐守信在去年的国际竞赛中获得了一等奖，他说中国的教学条件比较好，学校有没有可能向南非输出教学设备和教学团队，让更多的南非同学有学习的机会。他也希望自己能再回到杭科院继续学"功夫"。

"一切都在计划中，"机电工程学院院长罗晓晔介绍说，"学校正在修订模具设计与制造的教学资源库，还在考察南非的工厂，希望通过协商，让合作企业开放一部分在南非的工厂，这样同学们来中国之前就能接触到模具制造的前沿技术，输出课程，输出标准，提供方案，在'一带一路'的合作上，我们还大有可为。"

信息工程学院党总支书记吴龙是一个足球迷，喝茶现场，他和南非留学生约起了球赛，希望用一场球赛纪念他们的留学之旅。

"有机会去南非，我会到大家的母校看望大家，"喝茶活动结束的时候，谢列卫和10位同学许下一个"南非之约"，"留学时光有限，友谊无限，希望大家学业顺利，前程远大。"

【一杯茶的蝴蝶效应】

2019 年 4 月 16 日，10 位留学生身着汉服从副校长赵悦林手中接过结业证书，正式完成在杭科院机电工程学院模具设计与制造专业的学习。南非学生 Duma 在毕业典礼的致辞中说："学习模具设计与制造需要大量的时间，而我们只用一年时间就学会了模具制作的工艺，特别不容易，简直像奇迹！非常感谢给我们上过课的所有老师，不管是炎热夏日还是寒冷冬天，他们都很耐心地给我们讲解，这群聪颖、勤奋的老师教会了我们关于模具的一切。"

2019 年 12 月，谢列卫书记履行自己的承诺，在带队赴南非洽谈教育合作期间，特意到访南非开普敦理工学院，与首批毕业回国的模具设计与制造专业南非留学生会面。听说杭州科技职业技术学院即将迎来建校十周年庆祝，杜安迪开心地录制了一段祝贺视频，"在杭州的学习经历让我如此难忘，我们学校的环境非常好，我爱杭科院，祝杭科院生日快乐！"

杜安迪的 75 位南非"学弟学妹"于 2019 年下半年加入了杭科院大家庭，学习电子商务、机械制造与自动化、广告设计与制作专业。学校还与南非西南豪腾学院签署了合作框架协议，筹建杭州科技职业技术学院南非丝路学院。互联互通，互学互鉴，新时代的教育"丝路"连接的不仅是知识与情谊，还有对美好生活的共同向往。

第 33 期：我们都有一个家

我们身处在不同的"家"，父母小家是家、寝室是家、班级是家、学校是家、祖国两岸也是一个"家"。但凡是家，"理解"是一切的基础，大家要多交流、多表达，让家更温暖。

——本期活动师生对话金句

【主题背景】

中华民族自古以来就重视家庭、重视亲情，"家和万事兴"说的是"小家"的和睦，可以带来"大家"的和睦，并最终推动"国家"的兴旺发达。中华民族的"家文化"可谓是中国文化的"基因"，更是中华民族强大凝聚力的源泉。

杭科院的学校精神"爱满天下"源于陶行知教育思想，也植根于中华传统的"家文化"。"校长请我喝杯茶"活动就从"家文化"出发，邀请台湾东南科技大学的师生共同参与，在交流与沟通中，加深对"中华一家亲"的认同。

【场景描述】

主题：我们都有一个家

时间：2019 年 5 月 14 日

地点：高桥校区综合楼 3204 会议室露台

嘉宾：王　强（杭州市人民政府台湾事务办公室交流处处长）

　　　董益吾（台湾东南科技大学副校长）

　　　陈彦君（台湾东南科技大学国际事务处国际长）

　　　孙瑞琴（台湾东南科技大学通识中心主任）

　　　陈长煌（台湾东南科技大学教授）

　　　吴雅婷（台湾东南科技大学能源与冷冻空调系学生）

　　　江谢诠（台湾东南科技大学能源与冷冻空调系学生）

　　　谢禹颉（台湾东南科技大学电机工程系学生）

师生：谢列卫（校党委书记）

　　　许淑燕（校党委副书记、校长）

　　　赵悦林（校党委委员、副校长）

　　　徐永刚（教师工作部部长，人事处、离退休工作处处长）

　　　丁水娟（计划财务处处长）

　　　柳　洴（直属党总支书记、校工会副主席）

　　　钱世凤（城市建设学院党总支书记、副院长）

　　　苗　凯（党委学生工作部、学生处、招生就业处副部长、副处长）

　　　王　敬（城市建设学院辅导员）

　　　郑瑞哲（城市建设学院设计 1701 班学生）

　　　潘苗苗（信息工程学院计应 1802 班学生）

潘维维（艺术设计学院室外 1704 班学生）

章家伟（机电工程学院模具 1712 班学生）

褚雅萍（旅游学院酒店 1702 班学生）

龚周帆（工商学院会计 1705 班学生）

吴　越（教育学院学前 1712 班学生）

5月14日，杭科院每月一次的"校长请我喝杯茶"活动邀请到了一批特别的客人。台湾东南科技大学"创新创业体验营"访学团的师生代表和杭科院的师生一起，聊起了心中最爱的"家"。杭科院与台湾东南科技大学于2015年开始合作举办建筑设备工程技术专业，并从2017年开始合作举办一年一届的"创新创业体验营"活动，不仅共享优质教育资源，还保持着密切的文化交流。"我们都有一个家"，海峡两岸师生说起父母、说到家庭，都很有共鸣感。

家庭风俗，藏着共通的文化密码

说起家里的风俗，同学们首先想到的就是"吃"。

"中秋节我们会吃柚子和月饼，还会聚在一起烤肉，一家人围坐在一起吃肉赏月，感受团圆佳节。"来自台湾东南科技大学的江谢诠介绍着家乡中秋的味道。

来自信息工程学院的潘苗苗说："我最喜欢的是元宵节，一家人一起包汤圆、吃汤圆，感受家的团团圆圆，很美好。"和潘苗苗一样，工商学院龚周帆也最喜欢元宵，他的家在塘栖古镇，元宵灯会是他家乡的传统，那一天的镇上灯火通明，热闹非凡。

来自教育学院的吴越最爱春节，这和她儿时的记忆不无关系。"小时候过年会放鞭炮，晚上被吵到睡不着觉，就躲在爸爸妈妈被窝里看春节联欢晚会。我们那里还有祭祖的习俗，可以和爸爸妈妈一起去。"说着这些，吴越满满幸福感。

"大家习俗相似，而且都很重视亲情"，旅游学院诸雅萍原本就对旅游文化很感兴趣，听完大家的介绍后，她发现两岸风俗相差并不大，"文化的力量真强大，一道海峡能隔开空间距离，却隔不断同源文化基因的传承与生长"。

父母和我，爱有那么多的表达方式

平时羞于表达，难得聊起和父母间的小故事，同学们却滔滔不绝，说到动情处甚至有同学忍不住掉下了眼泪。

吴越说有一次自己生病，妈妈几次打来电话，她却嫌妈妈啰唆，态度生硬地拒绝了妈妈的好意，到现在，她的心中还藏着一句"对不起"。吴越还表示，不管自己成绩好不好，爸爸从来不给她压力，始终以自己为荣，"父母的宽容和信任，是对子女最大的爱"。

中华民族人民普遍性格内敛，大家都是"爱在心头口难开"。杭州市人民政府台湾事务办公室交流处处长王强说，他每次从父母家归来，车子后备厢都塞着满满的家乡特产，"用美食喂胖你就是父母无声的爱"。

"善意谎言"则最为通用。诸雅萍参加技能大赛期间三餐不定、经常熬夜，但父母来电话，她总是说自己吃得好、睡得早。在场的老师们，也总怕自己的父母不舍得吃穿，父母询问价格时，总是自动给买的东西打个大大的"折扣"，小小的谎言里藏着大大的爱。

陪伴是另一种形式的爱。校党委书记谢列卫和大家分享了自己如何陪伴父母的故事，也分享了自己对于"孝""顺"两个字的理解。他提醒大家："小时候父母陪我们，长大了我们陪父母，大家一旦出门在外，陪伴父母的时间就不多了，大家一定要珍惜时间。"

台湾东南科技大学副校长董益吾儿时最崇拜父亲，特别是父亲的"义气"和"守信"对他影响颇深。"父亲14岁到台湾，没有亲戚相助，全靠自己在台湾扎根"，董益吾说从父亲身上学到了有益的教育观念，"关注子女是所有中国人的传统，但是父母的关注和帮助应该是有限度的，要让孩子体会奋斗的乐趣，成果来之不易，大家才会倍感珍惜"。

继承良好家风，把父母教导牢记于心，这是对父母的另一种爱。

"小家""大家"，我们有一样的底色

交友软件是否屏蔽父母、家庭沟通的方式与技巧、男女在家庭中的角色分工……关于"家"，海峡两岸的师生们有源源不断的话题，现场也不断激起共鸣。

"和台湾来的老师和同学在一起聊天很轻松"，来自艺术设计学院的潘维维说，听了老师们"过来人"的经验，和自己同龄人"现在时"的感受，"觉得大家心意相通，都希望家庭幸福，都相信幸福来自奋斗和经营"。

长期在台湾事务办公室交流处工作的王强曾经参加过很多两岸交流活动，在这次"喝杯茶"活动中王强分享了他的"小家"经历，也分享了他对祖国"大家"的看法，"大家语言相通，思维模式相同，不管身处台湾还是大陆，中华民族的底色是一样的。"

"我们身处在不同的'家'，父母小家是家、寝室是家、班级是家、学校是家、祖国两岸也是一个'家'，"许淑燕校长总结说，"但凡是家，'理解'是一切的基础，大家要多交流、多表达，让家更温暖。"

【一杯茶的蝴蝶效应】

参加完这次喝茶活动后，吴越终于鼓足了勇气对妈妈说了一句"对不起"。她说以前会嫌弃爸妈唠叨，总在提醒、管教自己，听多了就会很不耐烦，"老师们说得很对，我们往往会在陌生人面前保持克制的礼貌，却反而在最在乎我们的父母面前不注意控住情绪"。吴越说那次喝茶给了她很大触动，"家庭之于个人就是水之于鱼，需要我们的经营、呵护"。

"小家"的温暖源于两代人之间的相互理解和关心，学校这个"大家庭"的温暖，也一样源于所有成员的共同付出。建筑设备工程1711班的郑天奇同学，2019年8月份到台湾东南科技大学进行了交流学习，进一步感受到两所学校一个"大家"的协同力量。"课程都是衔接好的，同样的语言，同样的文化根脉，完全不觉得有隔阂。"郑天奇说。有"两个母校"是自己大学生活中最美好

的记忆。

2019 年 11 月 5 日，城市建设学院举办了 2019 级建筑设备工程技术两岸合作班新生见面会，台湾东南科技大学副校长董益吾再次来到学校，为新生介绍东南科技大学的办学条件和学习生活安排。从 2012 年建立合作关系，到 2015 年合作举办建筑设备工程技术专业，再到 2017 年互派学生交流团，杭科院与台湾东南科技大学的办学交流从教育资源的层面，逐渐深化到文化层面。董益吾高兴地称两岸合作班的学生是两校"共同培育的孩子"，既秉承了杭科院"德业兼修、知行合一"的校风精神，又深刻了解台湾东南科技大学现代职业教育理念，"真心希望两校间合作越来越好，中华大家庭越来越繁荣"。

第34期：我心中的好老师和好专业带头人

师德师风过硬、专业能力出众、管理经验丰富、具有奉献精神，大家的这些标准，也将成为学校评价"好"老师的标准。

——本期活动师生对话金句

【主题背景】

"千军易得，一将难求"。人才是学校发展的第一资源，人才对于高校而言，就如活水之源，为高校改革发展动力勃发、前行不止提供了队伍支撑保障。

2018 年 9 月，杭州科技职业技术学院隆重召开第一次党代会，学校党委为学校下一步的发展确立了"两步走、创一流"的宏伟发展目标，争取办成一所特色鲜明的全国一流的院校，并围绕这一核心目标提出了四大发展战略，人才强校则是其中一大战略。

2019 年是杭州科技职业技术学院正式建校十周年，也是学校按照党代会制定的目标，全面抓落实的一年。在"不忘初心、牢记使命"主题教育中，学校以"三学三促创一流"为主题教育总载体，把人才强校作为学校加强内涵建设的重要内容。这次"喝杯茶"活动是聊天喝茶，也是座谈调研和头脑风暴，邀请老师和同学们献计献策，让他们的真知灼见成为学校制定具体人才强校战略的锦囊，推动学校"创一流"建设。

【场景描述】

主题： 我心中的好老师和好专业带头人

时间： 2019 年 10 月 11 日

地点： 高桥校区综合楼 3204 会议室露台

师生： 谢列卫（校党委书记）

　　　　寿伟义（校党委委员、副校长）

　　　　卢杰骅（党校办主任）

　　　　徐永刚（教师工作部部长，人事处、离退休工作处处长）

　　　　丁水娟（计划财务处处长）

　　　　陆亚文（网络信息中心副主任）

　　　　张晓东（机电工程学院机械制造及自动化专业教师）

　　　　吕文晓（城市建设学院建筑工程专业教师）

　　　　袁炼红（信息工程学院应用电子技术专业教师）

　　　　谭梦娜（旅游学院会展策划与管理专业教师）

　　　　翟娟娟（工商学院会计专业教师）

　　　　宋　坤（教育学院学前儿童发展与教育教学团队教师）

　　　　童　俐（艺术设计学院室内艺术设计专业教师）

熊　蕾（基础教学部思政教师）

马江浩（城市建设学院市政 1713 班学生）

章　薇（艺术设计学院广告 1701 班学生）

卢旭栋（机电工程学院模具 1711 班学生）

张　蕾（教育学院学前 1804 班学生）

周婉龄（旅游学院会展 1802 班学生）

郑海伦（信息工程学院应电 1811 班学生）

俞清豪（工商学院连锁 1811 班学生）

　　10月11日，"校长请我喝杯茶"如期举行。这一期的"喝杯茶"活动也是"不忘初心、牢记使命"主题教育人才强校战略的专题调研会。怎样的老师才是同学们心目中的好老师，怎么样的专业带头人才能"带好头"，校党委书记谢列卫、副校长寿伟义与师生代表们一起为好老师和好专业带头人"画像"。

　　"主题教育要求我们找差距、抓落实，今天我们就来好好找找教师队伍建设的差距，为落实人才强校战略把把脉"，校党委书记谢列卫表示，人才建设是推动我校内涵建设的基础，也是我校实现"创一流"目标的破题关键。他鼓励大家多谈教师队伍建设的短板，"让学校能以问题为导向，让学校的教师队伍真正强起来"。

他们说，这样的专业带头人能"带好头"

　　怎样才是好的专业带头人，教师们最有发言权。

　　"我来抛砖引玉，"教育学院宋坤老师说，"一个好的带头人自身在专业领域里要有话语权和权威。权威从哪来？就是老师在这个学术领域里进行长期的研究，形成经验，有了积累性后，才慢慢有话语权，成为一个好的专业带头人。"同时，宋老师认为好的专业带头人要有前瞻性，要能"带在前头把方向"，在幼儿教育领域，一个好的带头人能够带领教育学院其他老师走访各地的幼儿园，让大家和各地的幼儿园建立横向的合作研究关系，对团队的帮助非常大。

城市建设学院吕文晓老师曾经担任过专业带头人，她觉得这一职务对老师的组织能力和协调能力要求更高："好的专业带头人其实就像是大管家一样，既有能力管好内部，也有能力加强外部交流。所以我觉得，好的专业带头人要具备的重要的能力就是组织、协调、管理能力。现在，所有的项目申报、专业调研都不可能单打独斗完成，都是要有团队合作，因此组织好、协调好、管理好特别重要。此外，专业带头人一定要有无私的奉献精神，为专业服务的精神，才能特别用心地策划每一次专业调研，分清调研主次，甚至量化每一个调研活动的细节。"

工商学院翟娟娟老师认为专业带头人要有良好的政治素质，以学生为本；要有较高的业务水平和学术威望；要有一个较强的组织管理能力；要有一定的合适的年龄、健康的体魄、强大的心理。只有"知人善用"，才能发挥好每位老师的专业特长。她说："最忌讳的就是带头人本身的专业能力很强但带动不了这个团队，那这个团队就是个死团队，像一盘散沙，很多事情就是做不了。好的专业带头人能够调动整个团队，像下棋一样让棋局活起来。"

信息工程学院袁炼红老师谈了自己对于"引进人才"的希望："希望进来的同事能够融入团队，成为专业和团队发展的历史传承者和开拓创新的实力担当者。特别希望引进高层次人才，能够引领我们专业团队冲上新的制高点，形成凝聚向上的动力。"

艺术设计学院童俐说："我认为，专业带头人要有真心、雄心、诚心、虚心、良心和细心，做事情应该像春风化雨，润物无声。要以德为先，要有凝聚力，善于发现团队成员当中个体的优势。"艺术设计学院童俐还希望专业带头人有专业能力，又有干事魄力，"能撸起袖子干瓷器活"。

机电工程学院张晓东老师认为人才建设更需注重"人才团队"的建设，要让专业教师形成梯队，有传承的生命力。他说："人才培养不能是随意的，而要有针对性，确定好某个领域之后，在这个领域中有重点地去持续推进。在梯队建设过程中，沉下心来开展的培训肯定比走马观花式的培训有用。"

基础教学部熊蕾老师从自己的成长经历出发，认为专业带头人要关注每一个教师的个人成长："我 2013 年到学校，很有幸，有前辈吴太胜老师一直带着我申报课题、发表论文，鼓励我遇到难题时迎难而上。他说，'你行的，你可以的，我们一起来讨论。'他从选题和申报书开始，帮我逐字逐句斟酌，帮我修改，这个过程让我成长很快。"

旅游学院谭梦娜老师觉得专业带头人的师德师风必须过硬，要成为教师队伍中的精神旗帜。

他们说，这样的老师是"理想型"

在活动现场，同学们用心描绘着自己的"理想型"老师。张蕾、马江浩、俞清豪更注重老师们的教学能力，认为好的老师要能激发学生的好奇心，教会同学们学习方法，培养同学们的思考能力。

张蕾说："大一时，给我们上思修课的老师有一个特点，他会用一个实事来引出今天所要教授的课程内容。思政课本来是比较严肃的课堂，这样一来，我们都觉得很感兴趣。"让原本乏味的课堂生动起来，张蕾心中好老师的标准是这样的。

"给我们上专业课的马春燕老师很好，她会带我们实地参观工程项目，要求我们根据不同的参观位置以小组的形式分别做 PPT 上台演讲，介绍工程情况。在我们讲的时候，她会提一些比较刁钻的问题，迫使我们课后绞尽脑汁地去查阅资料。"马江浩认为的好老师标准，是能够充分发挥学生主动性的老师。

俞清豪说："如果让我推我心目中的好老师，我就推李悦老师。她在社团活动和上课时都在倡导陶行知先生的'小先生'制度，每节课都有安排课程项目，让我们以小组的形式去调研，然后进行汇报，所以我们班的课堂氛围都是比较活跃的。大家都在动脑子，知识也就学进去了。"

卢旭栋同学则更注重老师的责任心，认为这样的老师最受人尊敬，能成为自己人生的榜样。他说："我认为，老师管理学生一定要言传身教，什么事情该做，什么事情不该做，都应该起带头作用。管理的老师要定期走访寝室，能与我们沟通。"

郑海伦说："我们老师做得最好的就是她们跟学生之间沟通很融洽，能在一个团体里知道每一个学生的能力是怎么样的，他们的差距在哪里，他们擅长的领域和特点在哪里。"

周婉龄是射击国家二级运动员，拿过不少省级的、国家级的冠军奖牌，退役后就读我校，觉得学校老师都和蔼可亲，"我认为好老师和好学生是相互成就的，大家平等交流，相互学习才像大学"。

新画像带来新思路

"师德师风过硬、专业能力出众、管理经验丰富、具有奉献精神。"听了师生们的意见后，副校长寿伟义为大家的画像做总结。他认为好的专业带头人首先是好老师，虽然大家的侧重点不同，但是对好老师的标准具有共性，"大家的这些标准，也将成为学校评价'好'老师的标准"。

"大家的画像有血有肉，让我们有了新的思路"，谢列卫对师生们积极建言献策表示肯定，认为老师同学们对学校事业的发展关注"远超想象"，"有了大家的意见，我们的人才工作才能真正落地"。谈及举措，谢列卫表示学校将出台意见，科学规划，完善制度，引进一批专业领军人物、一批专业带头人和骨干教师、一批高技能人才、一批青年博士、一批专技人才，不忘初心，把"立德树人"的目标贯彻人才工作始终。

【一杯茶的蝴蝶效应】

这次"喝杯茶"活动后两个月，学校党委讨论通过的《关于实施"人才强校"战略若干意见》和《高层次人才引进三年计划（2020~2022）》正式印发。

作为一所高职院校人才工作的纲领性文件，"三年计划"用 22 条内容系统地做了人才强校工作的顶层设计，既有关教师队伍、管理人才队伍、辅导员队伍、教辅人员队伍、后勤服务队伍，又突出重点明确了高层次人才队伍建设的具体目标和要求。既坚持问题导向，针对当前学校人才队伍建设存在的主要问题提出解决路径，又坚持改革创新，对岗位管理、职称评聘、考核评价、收入分配、科研考核、荣誉评审等提出改革方向。

第35期：这，就是新工匠！

在技术一线最重要的是耐得住寂寞，等熬过最困难的阶段，你就会发现自己朝"新工匠"标准又近了一步。

——本期活动师生对话金句

【主题背景】

2019 年 4 月，浙江省政府批复同意设立杭州钱塘新区，优化资源配置，强化科技创新，加快转型升级。同年 9 月，杭州市召开了全面实施"新制造业计划"动员大会，提出要实现数字经济和制造业高质量发展"两个引擎一起转"。在"新制造业计划"中，计划到 2025 年，全市工业总产值达到 25000 亿元，规上工业增加值达到 6800 亿元。很显然，新制造业将让杭州这所美丽的城市更加动力十足。

在新区建设和新制造业计划的大背景下，校政企密切合作成为服务杭州城市发展的迫切需求，其意义更加凸显出来。聚焦杭州的这项新制造计划，学校教育培养将把更多的年轻人送到合适的新制造业岗位上，成为杭州新区建设的新时代工匠。

【场景描述】

主题：这，就是新工匠！

时间：2019 年 12 月 15 日

地点：杭州市钱塘新区英冠华美达广场酒店

嘉宾：陈国锋（钱塘新区社发局副局长）

陈炳霖（东风裕隆汽车有限公司制造部总部长）

邓冰峰（格力电器〈杭州〉有限公司人力资源部部长）

柳叶红（杭州友成实业有限公司人力资源部部长）

梅宝平（长安福特汽车有限公司杭州分公司人力资源部主管）

彭林林（杭州吉利汽车部件有限公司人才经营中心经理）

师生：谢列卫（校党委书记）

袁　俊（校党委委员、副校长）

任红民（图书馆馆长、校史校友办公室主任）

张朝山（科技处、产学合作处副处长）

彭宽栋（产学合作处老师）

周俊炯（团委书记）

夏　村（党委宣传部老师、团委副书记）

罗晓晔（机电工程学院院长）

孟庆黎（机电工程学院党总支书记）

董虹星（机电工程学院副院长）

谭小红（机电工程学院模具专业负责人）

张晓东（机电工程学院机械专业教师）

冯雪丽（机电工程学院汽车工程群负责人）

蒋建勋（机电工程学院学工办负责人）

张伟伟（机电工程学院辅导员）

顾　雷（机电工程学院辅导员）

邹　芸（机电工程学院机电1502班毕业生）

徐嘉铭（机电工程学院机电1502班毕业生）

陈　葱（机电工程学院机电1502班毕业生）

胡烨科（机电工程学院模具1611班毕业生）

冯　裕（机电工程学院模具1512班毕业生）

张志峰（机电工程学院模具1511班毕业生）

李　镇（机电工程学院模具1512班毕业生）

余慧艳（机电工程学院汽电1511班毕业生）

倪董伟（机电工程学院高电1104班毕业生）

麻镇南（机电工程学院机械1212班毕业生）

陈　康（机电工程学院机械1211班毕业生）

范巧巧（机电工程学院模具1202班毕业生）

郑　坤（机电工程学院模具1711班学生）

管奕博（机电工程学院机自1711班学生）

章家伟（机电工程学院模具1712班学生）

卓千智（机电工程学院汽电1811班学生）

徐浩哲（机电工程学院机电1801班学生）

　　12 月 15 日，"校长请我喝杯茶"活动走出校园，来到了钱塘新区。在杭州新制造业发展的主阵地，在机电工程学院校友会成立之际，领导、师生、企业以"聚焦杭州新制造计划，争做新区工匠"为题，共叙情谊，共话政校企协同发展。校党委书记谢列卫，副校长袁俊，钱塘新区社发局副局长陈国锋，东风裕隆汽车有限公司、格力电器（杭州）股份有限公司、杭州友成实业有限公司、长安福特汽车有限公司杭州分公司、杭州吉利汽车部件有限公司的相关部门负责人及 31 名师生代表参加了本次活动。

为新制造业发个言

　　"不简单""有高度"，谢列卫一开始就这样评价本次喝茶活动。他从杭州"新制造业计划"和"工业 4.0"出发，介绍了本次喝茶活动的特殊意义，鼓励企业负责人、校友、学生谈谈自己对新制造业的切身感受，为学校的人才培养方案提供新参考，"新制造业，'新'在技术技能，'新'在用工方式，也需要我们的同学成为'新'工匠。何为'新工匠'，在座各位最有发言权"。

　　长安福特汽车有限公司早在 2013 年就与杭州科技职业技术学院达成合作协议，是学校合作企业中的"元老"，评价学校的十年发展，人力资源部主管梅宝平用了"给力"两个字。他介绍，今年有四位"现代学徒制"的同学，因为实习期间表现出色，一上岗就被安排在重要的技术岗位，这次尝试也成为企业的一次大胆突破，"如何让学生满足高技能的工作要求也是企业的一道'思考题'，需要和学校共同寻求答案"。

杭州友成实业有限公司人力资源部部长柳叶红从一名车间工人成长为人力资源部负责人，她回顾自己的成长历程，认为"务实""上进"是"新工匠"的基本品质，"扎根自己所做的工作，有基础加上能吃苦，大家的前途不可限量"。

东风裕隆汽车有限公司制造部总部长陈炳霖以生产刀具为例，具象地向大家介绍了什么是"工业4.0"和"新制造业"，他对"新工匠"的理解是技能加创新，"10个人一天拧2万颗螺丝，'新工匠'就要发挥专业优势，想办法增加产量，甚至设计机器人来完成"。

力争成为新区新工匠

除了企业部门负责人，生产生活在企业一线的校友和实习生们也对"新制造业"和"工业4.0"感受深刻。

邹芸是机电1502的学生，也是新当选的机电工程学院校友会副会长，她与徐嘉铭、陈葱在毕业时选择留在格力电器工作，现在都已经是管理人员，"我们是格力在钱塘新区的拓荒人"。说起一年得到成长，邹芸感触最深的是"天道酬勤"，"在技术一线最重要的是耐得住寂寞，等熬过最困难的阶段，你就会发现自己朝'新工匠'标准又近了一步"。

郑坤和管奕博是机电工程学院2017级学生，现在在福特公司实习。说起工作，他们最大的感触就是"成长飞速"，"赶上了杭州新制造业发展和学校发展的黄金期，我们一定加倍努力，在工作上踏实钻研，争取成为新区的新工匠"。

政企校携手创优大环境

企业的需求、学生的成长都紧跟"工业4.0"的步伐，大家在活动中畅所欲言，纷纷发表高见。

"力争成为新区新工匠"的目标获得了陈国锋副局长的认可。他给同学们的鼓励可谓"干货"满满，从人才引进到经费补贴，陈国峰详细介绍了钱塘新区对新技能人才给出的政策红利，"希望同学们抓住机会，沉下心去刻苦钻研，为自己的发展打下基础，也为杭州新制造业的发展作出贡献。"

在"喝杯茶"活动前的一个月，学校位于钱塘新区的国家"十三五"产教融合发展工程规划项目"智能制造"开放性公共实训基地正式开工。这个基地占地 40 余亩，计划投资 3 亿元，是学校高水平发展的新空间，是学校发挥专业优势服务杭州市打造世界级智能制造产业集群的新平台。聊到这些，在座的毕业生们都为母校感到荣耀。范巧巧说："毕业那么多年，母校就在身边。"

"'师傅领进门，修行在自身'，这句老话在新制造业的大背景下依旧适用。"在听了企业负责人和同学们的讨论后，袁俊颇有感触，他表示政府、企业、学校都会进一步创设条件，为大家的成长成才提供良好支持，"钱塘新区是开创事业的一方热土，也是新技能人才的福地，但最终还需大家的刻苦努力"。

【一杯茶的蝴蝶效应】

学校对标国内一流高职院校，制订"创一流"内涵建设三年行动计划，优化专业布局服务产业发展，助力"新制造业计划"。行动计划全面围绕服务杭州区域经济社会发展，涵盖专业群建设工程、人才强校工程、创新平台工程、智能校园工程、文化校园工程、国际教育工程、社区教育工程、优质管理工程等 8 大工程 34 个建设项目。

行动计划以专业群建设为龙头，抢抓杭州市打造"全国数字经济第一城"和全面实施"新制造业计划"的发展新机遇，聚焦"新一代信息技术及应用"万亿级产业集群，打造智能制造、智慧建造、物联网技术应用三个国内一流专业群，重点建设国家级产教融合"智能制造"开放性公共技能实训基地和一批"五位一体"产教融合专业群实训基地，并着力建设好"浙江省汽车模具及零部件智能制造技术应用协同创新中心"、省级创业示范学院、杭州乡村振兴学院等一批高水平创新发展平台；聚焦"智慧建造""数字安防"等千亿级产业集群，打造"杭州耀华数字建筑学院""杭州数字工匠学院"等一批产业学院；聚焦"人工智能、5G 应用、智能网联汽车、机器人、增材制造、工业设计"等百亿级产业集群的发展需求，学校在 2020 年新增"工业机器人技术"专业，并在模具设计与制造、物联网应用技术、计算机应用技术等专业新增设"增材制造技术""人工智能"和"5G 应用技术服务"等专业方向，为杭州市"新制造业计划"助力护航，提供强有力的智力和人才支撑。

第 36 期：每一种经历都是成长

新冠疫情带来了危机，也促使我们去深度思考一些在常态下不太会去思考的问题，给我们上了一堂非常好的人生课，这堂课来之不易，代价很大。来源于生活的体验为每个人的灵魂塑形，为每个人的成长"供氧"。热爱生活吧，活出热力来，生活是我们的"终身课堂"。

——本期活动师生对话金句

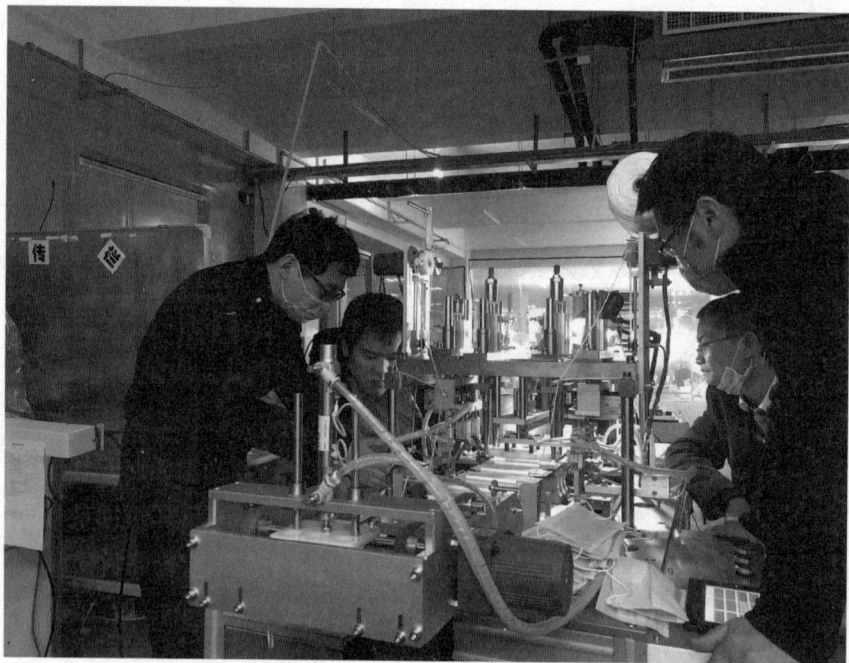

【主题背景】

2020年的新冠疫情，给了校园生活一个特别的打开方式。同学和老师过了一个漫长的寒假，"啥时候开学"这一灵魂追问成了官微后台的热门留言。在数次修改防疫方案，数次现场演练防疫场景之后，2020年5月7日，学校师生顺利返校开学，清冷的校园重新变得生机勃勃。但新冠疫情并未真正结束，疫情防控的弦仍需紧绷。怎样调适自己，适应不同以往的校园生活，"校长请我喝杯茶"活动为师生带来了特别的"开学第一课"。

【场景描述】

主题： 每一种经历都是成长

时间： 2020年5月14日

地点： 高桥校区校史馆活动室

师生： 谢列卫（校党委书记）

　　　　赵悦林（校党委委员、副校长）

　　　　曲海洲（学工部部长、学生处处长）

　　　　高　勇（公共事务管理处处长）

　　　　汪　晟（艺术设计学院副院长）

　　　　林碧纹（思政教学部教师、援疆思政教师）

　　　　裘肖平（思政教学部教师）

　　　　夏　村（团委副书记、党委宣传部老师）

　　　　劳佳锋（信息工程学院教师）

　　　　胡冬冬（城市建设学院辅导员）

　　　　王富祚（保卫处校卫队队长）

　　　　沈　强（我校2019届毕业生、西部计划志愿者，目前就职于共青团青海省委）

　　　　张仲文（艺术设计学院建筑装饰工程技术1901班学生）

　　　　俞清豪（工商学院连锁1811班学生）

　　　　沈心发（信息工程学院电子商务技术1901班学生）

　　　　蔡世杰（旅游学院会展策划与管理1802班学生）

　　　　史　展（机电工程学院机电一体化1802班学生）

　　　　张名博（城市建设学院建筑经济管理1802班学生）

　　　　胡静宜（教育学院早期教育1811班学生）

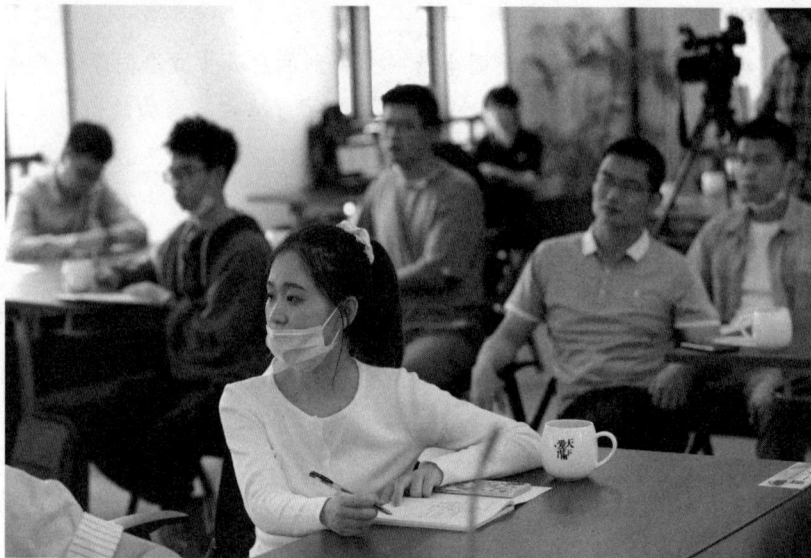

5月14日，杭科院的师生们迎来了"校长请我喝杯茶"活动，也迎来了长长假期后的"开学第一课"。校党委书记谢列卫、副校长赵悦林和师生代表们畅聊疫情中对自然、对世界、对祖国、对家庭、对自我的"重新思考"，"在疫情这样的'非正常'生活状态下，同学们有着和平时不同的见闻和体会，"谢列卫表示，疫情给我们带来伤痛的同时，也让我们看到人性的美好，感受到家国的力量，"这些疫情带来的感受，对师生来说，都是重要的人生课。"

说自然、观世界，"伟大祖国就是我们的最大底气"

"疫情之后我们再来看习总书记提出的'两山理论'，有什么新启示？""为什么美国的圣诞节离不开中国的义乌小商品城市场？"纵向梳理疫情发展的时间脉络，横向比较各国疫情状况与应对策略，谢列卫用翔实的数据和身边事例为同学们拓宽思考问题的格局，上了生动的新学期"第一课"：

面对疫情，我们要重新思考自然。这次新冠肺炎的流行是大自然对人类的一个警告，人类要敬畏自然、顺应自然、保护自然，要认识到山水林田湖自然生态共同体是人类命运共同体的基础。

面对疫情，我们要重新认识世界。全球已经有两百多个国家和地区出现了新冠疫情，人类生活在同一个地球村，你离不开我，我也离不开你。正如习近平总书记所说，"没有哪个国家能够独自应对人类面临的各种挑战，也没有哪个国家能够退回到自我封闭的孤岛"。和平、发展、合作、共赢是我们这个地球村的时代潮流，像美国特朗普政府那样大搞单边主义是行不通的。

面对疫情，我们要重新认识国家。美国政府抗疫不力，就千方百计将过错推给中国，一方面转嫁危机分散国民注意力，一方面打压中国阻挡中国的发展。中美两国在抗疫这件事上分别交出了高分卷和低分卷，也比较出了社会制度孰优孰劣。在实现中国梦的道路上，坚定四个自信，再大的困难也能扛住。

面对疫情，我们要重新认识家庭。居家抗疫期间，以往被距离掩盖的家庭关系问题都凸显了出来。家庭要经营好，一要讲爱，二要讲责任，三要讲宽容，家庭这艘小船以爱为船体，以责任与宽容为船桨，才能驶向幸福的远方。

"新冠疫情带来了危机，也促使我们去深度思考一些在常态下不太会去思考的问题，给我们上了一堂非常好的人生课，这堂课来之不易，代价很大。"谢列卫在"第一课"即将结束时表示，"在抗疫这场非凡的战役中，中国共产党、中国政府、中国人民都表现出了与众不同的魄力，我们每个人都是这场战疫中的一员。在中国'强起来'的道路上还会遇到各种困难，这些困难也将会与我们的成长、成才息息相关，但伟大祖国是我们的最大底气。"

走他乡、为社会，"个体和家国不可分割"

思政教师林碧纹作为浙江省第十批援疆教师，今年 4 月 25 日抵达阿克苏，而机电工程学院 2016 级毕业生沈强毕业后加入"大学生志愿服务西部计划"，目前就职于共青团青海省委。这两位远在他乡的师长、学长通过视频连线，与"校长请我喝杯茶"来了一场"相隔 3000 多公里"的对话。

"在党和国家的支持下，这里发展很快。学校防疫措施到位，师生们在校园里行走都要求戴口罩。"刚刚在阿克苏教育学院中专部"上岗"二十余天的林碧纹老师说自己最近的主要任务是备课、熟悉教学环境，"看到比我早到新疆的很多医生、教师，都很努力地在工作，他们是我学习的榜样"。当被问及"是否挂念明年要高考的儿子"时，林碧纹笑着说，儿子高中住校，已经不需要父母多管，"个人小家的事可以暂时放一放，到了阿克苏我也会想家、想学校，但更多地是想尽快进入角色，做好支教工作"。

"青海是全国第一个实现学生复学返校的省份，开学已经三周多了。"说起当地的疫情防控，沈强流露出难以掩饰的自豪感，俨然将青海当作了自己的"第二故乡"，他说青海是他"为祖国奉献'光和热'的地方，也是实现自己青春价值的地方"。曾经在学校团委工作过的沈强，将自己的团工作经验用在了青海的志愿者协会工作当中，"今年大学生志愿服务西部计划正处在报名阶段，希望有更多的学弟学妹一起加入，到我们祖国最需要的地方去工作"。

两通连线，深深感染在场师生。信息工程学院沈心发同学是退伍空降兵，他对林碧纹、沈强的心情感同身受。学校里的学习和生活让他感到幸福满满，也让他对未来发展有了新的规划，但"我永远是祖国的战士"，祖国"若有招"，自己"战必回"！

城市建设学院的胡冬冬老师刚刚收到由团省委联合省文明办、省民政厅联合颁发的"浙江省新冠肺炎疫情防控志愿者服务"荣誉证书，他没有分享喜悦，而是分享了"被曲解"和"被感谢"的两次经历，戳中师生"泪点"。家住萧山机场附近的胡冬冬，听说因为外来输入确诊病例较多引发当地社区居民的恐慌，就主动报名参加了社区疫情防控志愿服务。有一位居民不肯配合出示健康码，还污蔑志愿者"肯定都是冲着钱来的，每天赚三百元的志愿费"。但也有一位年近七十岁的老奶奶，直接把两千块钱放在了志愿者执勤的桌子上，说要表达一下自己的心意，"希望我们的国家能够国泰民安，风调雨顺"。胡冬冬说这两件事让他感受到，在困难面前团结、包容是多么重要，"相互指责只能加重焦虑和混乱，人人讲担当才能更快、更好地战胜困难。"

"教育不仅在课堂里、理论上，更在与祖国同向同行的实践中。"谢列卫表示，身边的人和事，最能触动人心，"因为疫情，因为身边的人和事，同学们切身体会到了什么叫'我和我的祖国一刻也不能分割'，大家对祖国与家庭、祖国与个人的关系会有更自主的、更深的思考"。

说心情、诉压力，"把不确定的焦虑变成确定的行动力"

首日返校那天，有位学生家长拉着校领导"吐槽"，漫长假期母子矛盾凸显，"把孩子送进学校，我真是松了一口气"。谢列卫感慨地表示，疫情带给我们的影响，不只是生病、死亡、经济衰退和国际矛盾，"也体现在家庭生活里，微缩在每个人的心里，我们需要正视它"。

"学校既要保证大家的安全又要维持正常教学秩序，我的压力也很大，会有深深的焦虑感，"谢列卫坦诚地说，"有句话分析得好，'焦虑的本质是对未来的不确定'，要想不焦虑，只有靠行动去减少这份不确定。"

在场师生很有共鸣地纷纷打开了话匣子。旅游学院的蔡世杰是个"乐天派"，虽然父母远在2000多公里外，疫情让他们春节也未能相聚，但即使只是通电话，他也能感受到父母对自己的爱意，"平平淡淡的聊天也能幸福满满"，"每天开开心心，才能不辜负生活"。

艺术设计学院副院长汪晟是疫情期间学校线上教学"第一人"，她用英语给南非留学生上"印刷品设计与制作"，在手忙脚乱中完成了"不可能完成的"任务。"为了能让留学生听懂我的讲课内容，我准备了十页纸的英文讲稿。上课的时候同时用三个电脑，一台放文案，一台看效果，剩下一台用来直播。"从"哑巴英语人"变身艺术设计课程英语主播，汪晟说自己从惶恐不安到轻松自在，靠的就是行动起来，抓紧做好万全的准备，"我女儿旁听我上课，夸我英语真棒，那一刻我最有成就感"。

信息工程学院劳佳峰老师疫情期间一直奔波在口罩生产一线，作为学校"技术先锋队"的成员为口罩生产企业解决技术难题。他坦言，头一次接触口罩生产设备，心里也发怵，"刚开始的时候又急又焦虑，晚上睡不着，一天十几个小时泡在车间里，就怕帮不上忙"。到了4月下旬，眼看杭州口罩产能慢慢放大心情才放松下来，"对自己的专业也更加自信了"。

你倾诉，我聆听，"热爱生活的人会被生活厚待"

艺术设计学院张仲文说，从抗疫这件事体会到"每个人出一点力就可以聚沙成塔"，"个体和社会是一同进步的"。

工商学院俞清豪、机电工程学院史展都讲述了同学们共同遵守班级制度、积极参与抗疫工作的故事，他们认为"一个优秀的班级是由一群懂得自我约束、懂得互相帮助的人造就的"。

城市建设学院张名博讲述了自己在当公安的老爸影响下，参与志愿服务的故事，"中国人总是被他们之中最勇敢的人保护得很好，我们这一代也要把勇气和担当传承好"。

教育学院胡静宜有一个在美国的姐姐，比对了中美两国民众对"戴口罩"这件事截然相反的态度后，胡静宜说个人自由不能超越共同福祉，"我为守望相助、同舟共济的中国人感到骄傲"。

学校校卫队队长王富祚说，为了确保校园安全，全体校卫队队员从过年到现在都坚守在岗位上，没有人请假，没有人喊累，"只要学校平平安安，就是我们最大的欣慰"。

在疫情期间线上直播教学中获得优秀示范课荣誉的思政教师裴肖平很认可老师、同学们的发言，她说大家喝着茶谈自己对疫情、对工作，对自然、世界和社会的认识，本身就是一堂最生动的思想政治课。"老师们被疫情倒逼提升了线上教学技能，同学们被疫情倒逼着提高了自主学习的能力，加深了对与他人的关系、与社会的关系的认识，这种往更积极、更好的方向所发生的改变，就是我们从疫情中得到的收获，从危机中得来的成长。"

副校长赵悦林被师生们的倾诉打动，在活动接近尾声时主动说起了自己作为"前浪"的思考："疫情影响了每个人的生活，大家都在探讨如何有意义地度过这一生。在危机时刻，很多'九零后''零零后'站出来挑大梁，我想说，勇敢闯、不放弃，不管'前浪''后浪'，都要做生活里的'真心英雄'。"

"同学们倾诉的过程也是'治愈'的过程，我们愿意静静聆听。"这一期喝茶活动历时3个多小时，创下了活动开展以来的时长之最。谢列卫表示，"生活即教育"，同学们真诚的所思所感才是疫情这堂思政大课中的"主角"。自然、世界与祖国有着大视野的高度，家庭和个人却有着寻常生活的温度，"来源于生活的体验为每个人的灵魂塑形，为每个人的成长'供氧'。热爱生活吧，活出热力来，生活是我们的'终身课堂'"。

【一杯茶的蝴蝶效应】

新冠疫情下的"喝杯茶"活动，严格遵守了校园疫情防控要求：场地提前消毒，进场人员出示健康码并接受测温，间隔就座。虽然现场交谈显得"有距离"，但同步开展的线上"云喝茶"却打开了另一片广阔的空间。

除了现场20位师生代表，还有1500多名师生在线聆听了谢列卫书记的"开学第一课"，并通过留言区实时评论，参与到讨论交流中。学校信息中心为本次活动搭建了数字转播台，开通了认证码，"上千人一起听讲座、交流讨论，全程无障碍，还可以'精彩回放'，这就是数字平台的魅力"。信息中心主任陆亚文介绍说，为应对疫情挑战学校加快了智慧校园建设进程，主动对标国家"双高"建设标准，推出了信息化建设水平提升工程，加快建设智能校园环境、建设"互联网＋"教育教学平台，推进大数据共建、共享、共管。

"在不久的将来，师生可以'一码一脸'行遍校园，虚拟仿真教学和线下实体教学更加无缝对接，个人学习可以更灵活、自主。"陆亚文说，在智慧教育环境下，无论是教育的供给、服务，还是教育的治理，都会有一个突破性的发展。

在危机中发现问题、主动改变，以发展来回应困境和挑战，这是中国人从实践中得来的智慧和方略。"听完谢书记的'第一课'，我庆幸自己生在中国！"参与线上"云喝茶"的艺术学院建装1701班刘金说，"疫情之下我们依旧能安心上课、生活，疫情之下我们依旧对未来充满信心和希望，这是伟大祖国带给我们的安稳和底气。我们为祖国骄傲，也为自己是中国人而骄傲！"

第 37 期：健康是生活的出发点

大家加强锻炼、提高免疫、注重生活的细节，才是人生最大的"安全感"，是一辈子的宝贵财富。

——本期活动师生对话金句

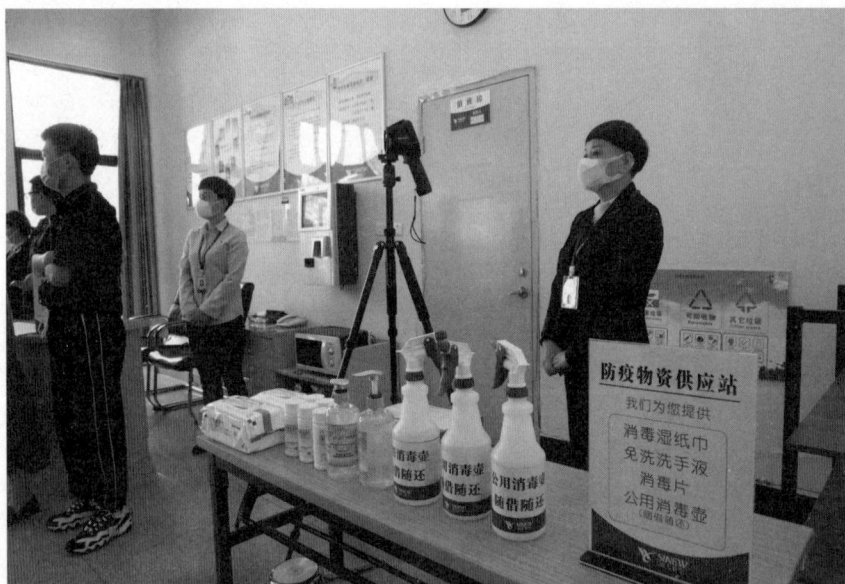

【主题背景】

在度过了一个月的校园封闭式学习生活后，同学们既感受到群防群控、共筑卫生安全的重要意义，也对个人权益与集体利益之间的关系有了更多的认识。如果说寒假在家抗疫还更多属于"旁观者视角"，那么校园抗疫就要求每个人"主角代入"。雪崩的时候没有一片雪花是无辜的，公共卫生预防体系就是从"雪花"开始抓起的"未雨绸缪"阵线。校园公共卫生怎么管？健康的生活从何得来？"校长请我喝杯茶"延续上一期的思路，请师生以校园生活为切口，一起来聊聊。

【场景描述】

主题：健康是生活的出发点

时间：2020 年 6 月 17 日

地点：高桥校区综合楼 3204 会议室露台

嘉宾：李欢龙（富阳区疾控中心副主任）

师生：谢列卫（校党委书记）

　　　寿伟义（校党委委员、副校长）

　　　曲海洲（学工部部长、学生处处长）

　　　韩张尧（杭州科新后勤管理服务有限公司总经理）

　　　郑　龙（公共事务管理处副处长）

　　　陈小群（医务室医生）

　　　王敏敏（心理健康中心老师）

　　　周　斌（浙大新宇管理人员）

　　　刘龙强（机电工程学院模具设计与制造汽车方向 1811 班学生）

　　　陈雨琦（工商学院会计 1905 班学生）

　　　赵子阳（城市建设学院建筑工程技术 1801 班学生）

　　　滕灵娅（艺术设计学院环艺 1813 班学生）

　　　李永统（机电工程学院汽车电子技术 1912 班学生）

　　　徐甜甜（旅游学院会展策划与管理 1803 班学生）

　　　童恺昕（教育学院学前教育 1904 班学生）

　　　刘　君（信息工程学院信息管理 1921 班学生）

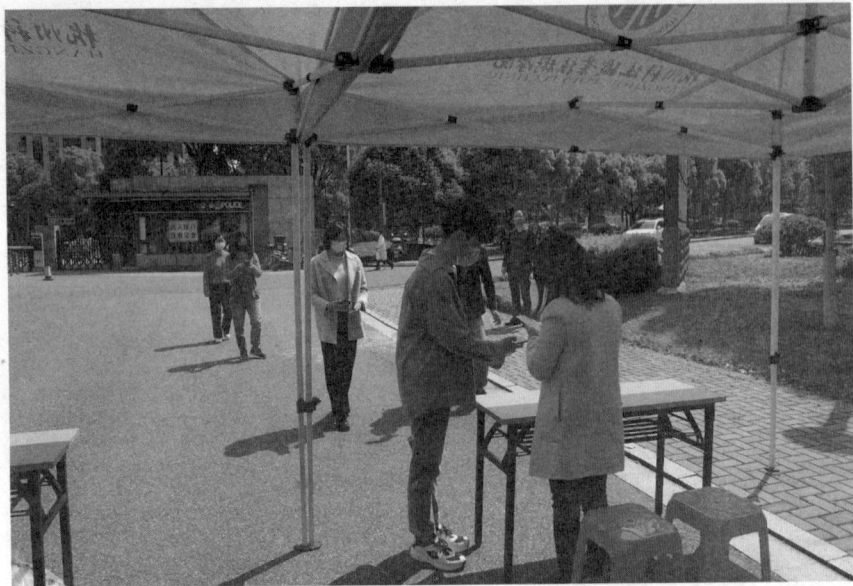

6 月 17 日，"校长请我喝杯茶"如期举行。在新冠疫情的大背景下，本次喝茶活动以"健康校园、健康生活"为主题，师生代表一起为学校的"健康教育"出谋划策。

关注疫情，培养健康好习惯

北京新发地疫情重现，特邀嘉宾李欢龙老师刚落座，师生们就开始打听起疫情发展的最新情况。北京疫情是如何传播的，对浙江省有什么新影响，口罩还要不要戴，海鲜能否安心吃……李欢龙为同学们带来了详细的专家解读。"疫情让我们对健康更重视了，我们今天的话题很有意义，"李欢龙充分肯定了同学们的防控意识和学校的健康教育意识，"防疫不仅是一门科学，也是同学们的生活习惯"。

聊起生活习惯，旅游学院的徐甜甜这么讲述疫情期间的生活，"我所在的学院实行区域化的网络管理，我就是区域负责人之一。我会每天提醒同学们合理设置空调温度，提醒大家少吃外卖，健康饮食。每晚十点半的时候，我要检查大家的到寝情况，还会和文体委员一起给大家发送室内健身的视频，提醒大家加强锻炼提高自身的免疫力"。

"你们班的同学开空调一般开到多少度?"校党委书记谢列卫关心地问道。

"一般都开到二十六度，晚上睡觉的话，还要再高一点。"

"对对，年轻人不要贪凉，很多发热的同学都是因为着凉而身体不舒服，小习惯，大健康，小徐同学，你的责任不轻哟。"

好的生活习惯是健康的基础，但在实际生活中，我们也存在很多不利于健康的习惯。机电工程学院刘龙强同学是校学生会生活部负责人，这是他第四次参与"校长请我喝杯茶"的活动，不同的是，前三次他是以组织者的身份参与，这一次他成了"座上客"，他对外卖现象最为担忧。疫情期间同学们不能出门换口味，外卖数量就明显增多。学校在西大门增设了外卖领取点，经常有同学"姗姗来迟"，过一两个小时才来取自己的外卖。"天气热了，外卖食品在室外放那么久，很容易滋生细菌。何况外卖食品本身的卫生监管问题就令人担忧。"

刘龙强的话引起了公共事务管理处副处长郑龙和医务室陈小群医生的共鸣，他们介绍了疫情期间学生的就医情况，"疫情以来我们对学生就医情况进行了统计，发现天气转热之后同学们腹泻的比例大大增加了，这和外卖不无关系"。

"考虑到安全，我们还是希望同学们尽量食堂用餐。"后勤公司总经理韩张尧为食堂打起"广告"：食堂保证同学们能一人一桌，并日日消杀，碗筷严格消毒，定期抽检，"堂食可能不是同学们最喜欢的就餐方式，但是绝对是相对更安全的选择"。

"疫情期间大家想要丰富一下口味，很能理解，但一定要注意饮食卫生。"谢列卫鼓励学生组织积极发挥作用，和学校职能部门一起，对学校周边的外卖商家进行监管，确保自身的饮食安全，"食堂也要不断丰富菜品，让同学们经常能'尝鲜'"。

"我要补充一点，疫情期间，除了常见的生理防疫，我们的心理健康也至关重要。"校心理健康中心的王敏敏老师十分关注疫情危机下师生的心理卫生、心理保健，"疫情期间，人与人的距离，感情与感情的关系都发生了很多变化，尤其是封闭管理期间，师生的心态、情绪比较容易出现波动。健康是一个全面的概念，身心和谐的人，才能积极地学习、工作"。

加强自律，健康才有最大"安全感"

教育学院童凯昕和工商学院陈雨琦分享了自己疫情期间特殊的校内经历。

童凯昕因为肠胃炎出现了体温异常，学院老师快速送她就医，"我被测出体温异常之后没几分钟，室友们就打来电话说自己被留观了，学校的反应简直神速！陪我就医的辅导员老师很有耐心，用微信电话一样一样地问我情况，并帮我细心准备隔离所需的随身物品，专业老师事后还帮我单独补了课"。

陈雨琦是班级的测温员，在发现同学体温异常后，学院、医务室纷纷赶来，她听到最多的一句话就是"放心，有我们在！""真遇到有同学发烧，我自己还是会不知所措，关键时候还要靠老师，我知道很多一线的老师都是 24 小时待命，基本每天都要陪学生就医，特别辛苦，感谢老师们的奉献，是学校给了我们最大的安全感！"

"我们要谢谢同学们的理解，封闭式管理确实有很多不便，但这是保护师生安全的有力方法，是同学们给了我们最大的支持。"校防疫工作领导小组常务副组长寿伟义表示，疫情给大家上了重要的一课，同学们比以前更注重健康，"大家加强锻炼、提高免疫、注重生活的细节，才是人生最大的'安全感'，是一辈子的宝贵财富"。

"我们都很理解学校，学校的防疫政策一定是为了大家的安全健康，有暂时的不便都可以克服！"城市建设学院的赵子阳同学还将自己生活中的案例与大家分享，"自控意识很重要，有小问题别忽视，不要觉得年轻无所谓，这根弦一定要绷紧"。

校园生活，健康教育不能缺位

主持人施炯炯介绍道："4 月 1 日，在浙江考察调研期间，习近平总书记强调，要深入开展爱国卫生运动，推进城乡环境治理，改善公共卫生设施，营造文明健康、绿色环保的生活方式。就这个话题，我想请大家一起探讨。"

"疫情以来，同学们外卖多快递多，垃圾增量明显。"垃圾分类这件事，成为喝茶现场的焦点话题之一，浙大新宇周斌老师为大家介绍了学校现在的垃圾处理情况。"垃圾分类看似小事，但和细菌传播、公共环境息息相关，是同学们健康生活中不容忽视的问题。"

城市建设学院赵子阳觉得要做好垃圾分类工作，和推行健康生活理念一样，关键要靠师生们增强意识，加强自律。"我们有学习计划、健身计划，学校推行垃圾分类也应该有个整体计划，要有赏罚机制，坚持下来一定能打造出干净、整洁的校园。"

"垃圾分类是个系统工程，要各个单位、每个个人联合行动。"寿伟义表示，学校垃圾分类工作的实施计划已经开始起草，不久就要正式启动，减少总量和精准分类将是其中关键。"垃圾对环境的影响巨大，垃圾分类不仅是国家的事、学校的事，还是我们每个人的事，是影响我们健康的大事。"

"垃圾分类还是一个习惯问题，要常抓不懈。"

"除了垃圾分类，我更关心健康卫生知识能不能进课堂？起码开一门公选课。"

"希望疫情过后，校园健康还能保持，危机意识不能淡化。"

"同学们都说得很好，给了我很多新启示。"谢列卫对师生的思考表示充分认同。他表示，学校将进一步研究、打造和构建好学校公共卫生预防体系、心理健康教育体系，引导师生培养良好生活习惯。"健康生活、健康校园是我们生活学习的基础，也是学生未来发展的基础，健康教育是学校人才培养中的重要一环，学校有责任做好健康教育，为同学们的健康保驾护航。"

【一杯茶的蝴蝶效应】

戴口罩、测体温，吃饭一人一桌……一场疫情，让自觉防疫成为杭科院师生的公共礼仪，让卫生教育进入学校的教课程系，也让学校把打造和构建公共卫生预防体系提上了日程。

随着学校防疫政策的贯彻与实施，师生健康意识有效提升，学校维护健康、保持健康、倡导健康的风气渐浓。乘好健康教育的"东风"，引导学生培养科学的健康观念，学校出实招求实效。7 月，学校印发《杭州科技职业技术学院关于 2020 级专业人才培养方案制订与实施工作的指导意见》，强调增强学生身心素质培养，将"公共卫生"课程纳入学校公共选修课体系，"公共卫生"正式成为学校"第一课堂"中的重要内容。

　　除了在课程体系上"见真章"，《杭州科技职业技术学院生活垃圾分类实施方案》也在积极修订中，为学校公共卫生体系构建拉开"序章"。公共事务管理处副处长郑龙介绍，学校将成立垃圾分类领导小组，由分管校领导牵头，各部门、二级学院共同负责，构建起科学、细致、可操作的分类、收集、运输体系，"我们积极听取同学们在喝茶现场提出的建议，在方案中建立责任制度，有赏有罚，确保学校垃圾分类工作推进有实效。"此外，学校还将组织聘请垃圾分类的督导员和志愿者，"垃圾分类是重要的生活教育，既是科学普及，也是责任培养，是内涵丰富的第二课堂"。

　　陶行知说："健康是生活的出发点，也是教育的出发点。"杭科院立足师生健康，用丰富实践诠释新时代的、具有杭科院特色的陶行知健康教育理念，打造健康校园、平安校园。

第 38 期：走读文化中轴线

　　"德"与"业"是人生的"大局"，不管老师还是学生，都要将两件事情紧紧联系在一起，以"知"与"行"为轴，最终实现"德之升、业之成"。

——本期活动师生对话金句

【主题背景】

由陶行知先生一手指导、创办的浙江省湘湖师范学校是杭科院重要的办学渊源之一。从高职办学伊始，杭科院就秉承文化育人的高度自觉，传承和倡导陶行知"生活教育理论"，弘扬"爱满天下"的学校精神，凝聚起师生共识，形成独具特色的行知文化。经过10年的培育实践，2019年，杭科院"一训三风"正式出台，标志着学校文化价值体系的构建成型。其中学校校训是"德业兼修　知行合一"，校风是"苦硬进取　惟真惟实"，教风是"教学相长　自化化人"，学风是"手脑双挥　匠心致远"。

学校精神和"一训三风"是广大师生的共同价值追求和行为规范，是社会主义核心价值观的杭科院解读，对我校回答好"培养什么人、怎样培养人、为谁培养人"这一根本问题具有十分重要的意义。在学校2018年召开的首次党代会上，"文化引领"正式成为学校发展的四大战略之一。之后，无论是学校重点实施的"创一流"内涵建设三年行动计划，还是谋划学校事业发展的"十四五"规划，"文化引领"都是其中的关键热词。

【场景描述】

主题： 走读文化中轴线

时间： 2020年9月29日

地点： 高桥校区校史馆活动室

嘉宾： 叶小峰（中国美术学院教师、学校文化景观设计项目负责人）

师生： 谢列卫（校党委书记）

罗明誉（校党委委员、党委组织部部长）

朱宝宏（校党委委员、党委宣传部部长、艺术设计学院党总支书记）

杨悦梅（发展规划处处长、质量管理办公室主任）

丁水娟（计划财务处处长）

高　勇（公共事务管理处、校园规划与建设处处长）

钱　伟（党委宣传部文化建设岗负责人）

毛高仙（基础教学部思政教师）

赵鹏起（机电工程学院汽电1911班学生）

沈长河（城市建设学院设计1901班学生）

王　玥（旅游学院会展1903班学生）

吴章龙（信息工程学院物联网 1901 班学生）

胡　超（艺术设计学院建装 1902 班学生）

孙家乐（工商学院国商 1801 班学生）

孙许诺（教育学院学前 1805 班学生）

刘博奇（艺术设计学院建装 1902 班学生）

2020 年暑假，杭州科技职业技术学院高桥校区中轴线景观改造提升，从校门口到图书馆，由校名石、"爱满天下"墙、校训石、生利桥、"三风"主题墙、主题雕塑等构成的中轴线文化景观带初步形成。杭科院第 38 期的"校长请我喝杯茶活动"就在新提升改造的中轴线文化景观带上拉开序幕。校党委书记谢列卫和师生代表一起边走边读，畅聊学校文化。

开心事、暖心事，"一训三风"有着生动解读

什么是学校文化，师生们用一件件身边小事为心目中的校园文化做注解。城市建设学院设计 1901 班沈长河分享了自己参加校运会、竞选当班长、组织捐款时的三个小故事，阐述了自己对"大爱与小爱"的理解，"爱是人与人之间最美好的连接，学校说'爱满天下'，以后我走上社会也要做一个有爱之人，爱祖国、爱社会、爱家人"。艺术设计学院建装 1902 班胡超在活动前一晚送别大三毕业的学长，"我几次与学长一起合作参赛，相互帮助，熬夜赶工，经历了最辛苦的备赛时间，也结下最深刻的友情"。胡超说学长临走前和他在校门口的合影，会是自己最珍贵的影像记忆，"大家一起奋斗学习的经历，让学校有了'家'的归属感。"计划财务处处长丁水娟老师是原湘湖师范的教师，回顾教师

生涯，她"最伤心"和"最高兴"的事情都是学生毕业——伤心是不舍，高兴是又一批学生学有所成。"每一次学生毕业，也是自己成长的一次小结，老师与学生的成长相互成就。"

文化虽然抽象，体现在每位师生身上却入细入微。谢列卫对同学们的深刻感受表示欣喜，"'一训三风'是学校的核心文化价值体系，大家用身边的故事为她作了生动的注解，'一训三风'不再只是32个字，而是充满生命的精神力量。"

说环境、谈建设，一草一木都是爱校之情

公共事务管理处处长高勇是学校的"老后勤"，高桥校区的11年建设工作让他对校园里的一草一木都充满感情。回顾高桥校区的建设历程，他觉得"苦硬进取　惟真惟实"最能体现杭科人的刻苦精神，"不管条件如何，后勤人都脚踏实地做好事，担好责，当好'灶台上的老师'，这是我们对校风的解读，也是对学校的一份感情"。教育学院学前1805班孙许诺最喜欢在美丽的校园里散步，觉得校园的四季皆美，"希望学校给每个建筑、每条道路都取个富有文化内涵的名字，这会是学校微小而独特的文化风景，会是杭科院学子的独家记忆"。

中国美术学院教师、学校文化景观设计项目负责人叶小峰老师是本场喝茶活动的特别嘉宾，他被师生们的话深深触动，觉得自己"一下子回到了学生时代"。作为中轴线文化景观带提升改造项目的负责人，师生们的分享让他对杭科院的学校文化有了更深入的理解，"同学们的感受很鲜活，为我们接下来的设计工作提供了灵感源泉。"

发展规划处处长杨悦梅是同学们眼中的"杨阿姨"，她长期站在教学一线，也是学校"创一流"内涵建设三年行动计划的主要参与者。同学们的丰富表达让她感叹"文化的力量"，"学校在第一次党代会上提出'文化引领战略'，作为牵头部门之一，我们一定规划好、落实好。"

重文化、强内涵，立德树人需要落地落实

信息工程学院物联网 1901 吴章龙结合近期开展的"光盘行动"谈了自己对"苦硬进取"四个字的理解，"'苦硬进取'也是告诫我们要忆苦思甜，在物质丰富的现在有着更为特殊的意义，牢记苦难，珍惜当下"。党委宣传部部长朱宝宏是中轴线文化景观提升项目的主要牵头人之一，他对吴章龙的思考表示赞赏，"暑假里，我们的老师、工作人员高温作业，抢抓时间做学校文化建设，现在看来，一切都很值得，文化育人润物无声。"

党委组织部部长罗明誉谈了他对"中"和"轴"的认识，"中国文化讲究'中'的精神，是强调大局；'轴'强调重要的连接"。学校的校训"德业兼修 知行合一"也体现了人生的大局和平衡，立身要以德为本，以业为基，"'德'与'业'是人生的'大局'，不管老师还是学生，都要将两件事情紧紧联系在一起，以'知'与'行'为轴，最终实现'德之升、业之成'"。

谢列卫为师生们的分享点赞，称赞同学们思考"很走心"，"我们不但听到了大家对学校文化的理解，更看到了'一训三风'的入脑入心，陶行知说真教育是心与心的碰撞，我想学校文化就是这样一种碰撞"。谢列卫还向同学们描绘了自己心目中的学校文化发展蓝图，强调文化建设是学校的发展大局，是思政教育的重要途径，也是学校内涵建设的重要一环，"学校文化建设是完成'立德树人'根本任务的重要抓手，只有进行时，没有完成时，需要每个杭科院人的接续努力。"

【一杯茶的蝴蝶效应】

2020 年是学校"创一流"内涵建设三年行动计划的开局年，也是学校事业发展"十四五"规划的布局年，在这个关键时期，"校园文化"不仅是师生的"心中所想"，更是学校文化事业的"发展所愿"。根据育人需求和师生诉求，一张更全面、更鲜活的学校文化发展蓝图渐渐绘成。

提升校园文化建设水平，学校既注重"软实力"，也加快"硬建设"。围绕校园文化内涵提升，学校将实施"校训文化建设工程"，深入挖掘校训丰富内涵、生动讲述校训故事、培育践行校训精神；实施"行知文化建设工程"，形成

具有杭科院特色的以生活力、学习力、思想力为基础，以自动力为引领，以创造力为关键的行知文化育人体系。同时，学校还将开展"十大育人"项目立项建设，邀请政府部门、行业企业专家组建学校发展"智库"，建立校友联动、家校联动等工作机制，构建文化育人"共同体"。围绕显性的校园环境优化，学校提出了"全域公园化"的建设目标，计划再用三年时间建设高桥校区"一溪""两湖"自然景观和"陶园""行园""知园"三大主题公园，进一步提升环境育人的浸润力和辐射力。根据师生们的意见建议，学校还将完善校园导引系统，并结合教学区、办公区、生活区的功能布局完成景观小品、主题雕塑、文化墙等人文景观的选点建设。此外，学校"三馆"（陶研馆、校史馆、图书馆）、生产实训基地等重要文化场所的后续建设也已提上日程。

"文化校园是通过校园文化不断内化为师生行为素质的动态的生成过程所形成的充满活力、创造力和人文精神的教育环境。"从校园文化到文化校园，这是学校对文化发展规律的遵循，也是对"立德树人"育人目标的积极回归。

"这个坚持了八年的喝茶活动，缘何享誉教育圈"，2020年10月21日《杭州日报》第10版以二分之一的版面报道了本期喝茶活动的精彩片段，在社会各界产生了广泛的影响。

第 39 期：一起展望"十四五"

　　让我们集思广益绘好学校发展的规划蓝图，一起期待下一个五年的学校变化，也期待五年后一个更好的自己。

——本期活动师生对话金句

【主题背景】

10 月 29 日，中国共产党第十九届中央委员会第五次全体会议闭幕。会议审议通过了《中共中央关于制定国民经济和社会发展第十四个五年规划和二〇三五年远景目标的建议》，提出了"十四五"时期经济社会发展指导思想、主要目标和必要遵循，为夺取全面建设社会主义现代化国家新胜利注入强大思想和行动力量。

会议召开后，校党委积极部署，学校掀起了学习贯彻党的十九届五中全会精神热潮，同时"十四五"规划工作也拉开序幕。学校的下一个五年该如何规划发展，成为全校师生的共同关注。

【场景描述】

主题：一起展望"十四五"

时间：2020 年 11 月 25 日

地点：高桥校区综合楼 3204 会议室门厅

师生：谢列卫（校党委书记）

　　　　袁　俊（校党委委员、副校长）

　　　　赵悦林（校党委委员、副校长）

　　　　朱宝宏（校党委委员、党委宣传部部长、艺术设计学院党总支书记）

　　　　卢杰骅（党办校办主任）

　　　　韩张尧（杭州科新后勤管理服务有限公司总经理）

　　　　郑　龙（公管处副处长）

　　　　钱明红（党委学生工作部、学生处老师）

　　　　屠肖菁（党办校办文秘机要）

　　　　王　玥（旅游学院会展策划与管理专业 1903 班学生）

　　　　卢宇帆（机电工程学院模具设计与制造专业 1912 班学生）

　　　　刘博奇（艺术设计学院建筑装饰工程技术专业 1902 班学生）

　　　　岑子敬（城市建设学院工程造价专业 1902 班学生）

　　　　沈心发（信息工程学院电子商务技术专业 1901 班学生）

　　　　李文楷（机电工程学院机电一体化专业 1901 班学生）

　　　　吴辰燚（旅游学院酒店管理专业 1901 班学生）

　　　　陈雨琦（工商学院会计专业 1905 学生）

　　　　张梦艺（教育学院学前教育专业 1905 班学生）

　　　　张　蕾（教育学院学前教育专业 1804 班学生）

11 月 25 日，"校长请我喝杯茶"第 39 期在综合楼举行，10 名新当选的校学生会委员成为校领导的座上宾，与老师们"一起展望'十四五'"，为学校未来五年的规划出谋划策、擘画蓝图。校党委书记谢列卫，校党委委员、副校长袁俊、赵悦林，校党委委员、宣传部部长、艺术设计学院党总支书记朱宝宏出席活动。此次活动也是我校教师代表专场后的第二场"十四五"规划师生座谈会。

心中所想，"美"和"智能"成为关键词

2020 年是学校"十三五"规划的收官之年，也是"十四五"规划的谋划年。"喝杯茶"活动伊始，谢列卫就鼓励大家用一句话描绘心目中的理想校园。

工商学院陈雨琦用"好看"两字概括，"最大的愿望是学校越来越漂亮，随时随地拍照都美"。陈雨琦的意见得到了同学们的认同，也提出了让学校"越来越美"的具体意见。教育学院的张梦艺和信息工程学院的沈心发希望学校的教学设施要定期更新，"让琴更新一点，让电脑跑得更快一点"；城市建设学院岑子敬关注到学校的后山有一片杂草，"希望学校能经常修剪，角角落落的景致也需要精致"；机电工程学院的李文楷想要学校的水系更加漂亮，"我们是山水校园，希望校园里的河水更加干净，学校的美也更加灵动"。

数字经济是杭州的一张金名片，这也让同学们对校园的智慧化建设提出了更高的要求。教育学院张蕾想要学校实现无卡化，"女孩子经常换衣服，一旦忘带校园卡就很不方便"。陈雨琦希望学校可以不带手机出门，"阳光长跑的时候带个手机格外累赘，但是不带就不知道自己跑了多久"。大家讨论热烈，最后更智慧化的"刷脸"成为师生们的第一选择。

作为智慧化建设的主要牵头领导，袁俊对同学们的提议表示赞同，"疫情让数字化建设的重要性凸显，这是我们'十四五'期间的一项重要工作"。他也希望同学们认真思考"便利"和"隐私"之间的关系，"你们要更方便就要让渡更多数据，在校园之内有老师们'设防'，但是走出校园，你们该如何辨别，如何找到合适的界限？"他鼓励同学们多观察，在生活中培养独立思考的能力。

美育教育，既要"低门槛"也要"高标准"

第二课堂建设，这次同学将目光聚焦美育教育。机电工程学院卢宇帆是标准的"理科男"，他表示学院的社团都以专业为主，"我们学院都是理科男生，一板一眼做模具可以，唱唱跳跳真都不大行，所以学校是否可以为我们开设一些艺术普及教育的社团，让零基础的同学找到课堂"。和卢宇帆相反，艺术设计学院刘博奇希望能在"第二课堂"里得到绘画的专业培训，"学校很多专业和绘画有关，但是我们都只有和学科对应的社团，没有基础绘画课程，这对喜欢画画和需要绘画基础的同学都是遗憾"。

作为艺术设计学院的负责人，朱宝宏为同学们的细心点赞，"艺术设计学院和教育学院都有很好的绘画教师师资，开设专门的绘画课程，我们完全可以做到"。

赵悦林回顾了近年来学校在公共艺术教育中取得的丰硕成果，表示学校在语言、歌舞、设计等艺术种类的教学上都有着丰富经验，"在刚刚结束的省大学生艺术节上，我校师生又拿下了 17 个奖项，在全省高职院校中名列前茅"。学校要进一步细分专业和类型，既要有"低门槛"的普及教育，又要有"高标准"的专业教学，满足同学们对美育教育的不同需要。

教育服务，"同学所需"才是第一标准

"十四五"不止是国家发展、学校发展的下一个五年规划，也是同学们个人的五年展望。

旅游学院的吴辰燊等同学都有专升本的打算，这让他们对基础课程特别关注。"专升本需要考语数外，但学校里的课程设置以专业技术类为主，我们都报了校外的专升本培训班。"同学们希望学校能加强基础课程的设置，让大家在校园内就能接受专升本辅导，"一是可以省去一笔额外学费，二是学校的专业老师教学我们也更放心"。吴辰燊还提出开设"英语角"，让有口语需求的同学找到开口的机会，"最好配上外语老师和外教，可以及时纠正发音"。

旅游学院会展专业的王玥为就业做打算，所以对实践特别关注。在多次参加校外会务服务后，她关注到学校里也有很多实践机会，"校园里的会务赛务很多，能否开放出来给会展专业的同学参与，我们可以就近实践，老师们也可以有更多帮手"。

学生处钱明红老师多年从事学生的职业生涯教育，对同学们的话感触颇深，"不管是基础课的需求，还是实践岗位的需求，其实都是同学们对学校教育服务有更多要求。"她希望大家不要割裂看待"学习"与"就业"，"两者不矛盾，都需要大家打下良好的学习基础"。校办的屠肖菁老师原来是信息工程学院的辅导员，她从自身经历出发，谈了自己对学业、职业和事业的看法，"一个人发展的过程有机遇有挑战，但始终不变的是自己的职业素养和待人接物的能力，这也是大家能行稳致远的根本"。

"同学们的所有意见，都是我们在'十四五'期间的进步空间。"谢列卫高度赞许同学们的思考，"大家的需求为学校提供'十四五'的努力方向，充分体现了党委领导、师生参与、共谋发展"。他强调十九届五中全会召开在"两个一百年"历史交汇点上，是谋划布局第二个百年奋斗目标的关键会议，标志着新的发展理念、新的发展格局、新的发展阶段，也对学校实现"立德树人"的根本任务提出了新要求，"让我们集思广益绘好学校发展的规划蓝图，一起期待下一个五年的学校变化，也期待五年后一个更好的自己"。

【一杯茶的蝴蝶效应】

"十四五"时期是学校进一步加强内涵建设、提升综合办学实力、实现"两步走、创一流"发展目标的关键阶段。科学编制并认真实施学校"十四五"教育事业发展规划，对深入贯彻落实党的十九大和十九届五中全会精神，积极应对高等职业教育新发展阶段的新机遇新挑战，推动学校事业持续健康发展，具有十分重要的意义。2020年12月26日，校党委下发《中共杭州科技职业技术学院委员会关于学校"十四五"教育事业发展规划编制建议和工作方案》，明确学校"十四五"编制工作的指导思想、总体要求、基本原则、主要任务、规划体系、组织机构和工作要求。方案强调要进一步"开门编规划"，充分听取上级教育主管部门、相关行业主管部门、合作企业的意见和建议，关心了解师生员工的需求，调动广大师生参与规划编制工作的积极性、主动性和创造性；要从学校现状出发，坚持问题导向，客观分析当前制约学校事业发展的突出问题和明显短板，提出针对性的任务举措，切实提升师生的满意度和幸福感。

在方案中，八个"十四五"专项规划的要求格外引人注目。人才培养和学生工作、专业群建设和国际教育、人才工作和教师队伍建设、社会服务和创新平台建设、思政工作和校园文化建设、校园基本建设和信息化建设、国资管理与后勤保障、开放教育和继续教育，师生在座谈会、"喝杯茶"中提到的"心中所想"和"未来所愿"将变成学校的专项规划予以落地，最终成为校园生活和学校发展的现实。

下一个五年学校事业发展的蓝图正在等待书写，而这个书写的过程本身，也是杭科院人集思广益、凝聚人心、激励奋进的励志图卷。

第 40 期：一份炫彩成绩单

有的人每天做到自己能力的 1.01，有的人每天做到自己的 0.99，1.01 的 365 次方是 37.8，0.99 的 365 次方却只有 0.03。我们只是坚持每天多做好那 0.01。

——本期活动师生对话金句

【主题背景】

2020，一场新冠疫情影响了很多人的工作与生活，也打破了师生们原有的赛事节奏——上半年原本满满当当的竞赛季突然按下了暂停键，有的比赛项目突然取消，有的则改为线上进行；下半年各类比赛又开启了"加速模式"，给老师和学生们带来不小的挑战。

然而，机遇与挑战共存。在不平凡的 2020，杭科院的师生们顶住疫情压力、苦硬进取、转危为机，在技能竞赛、创新创业、体育艺术等多个领域获得突破，特别是在 2020 年即将结束的时候，捷报频传，喜获丰收，交出了一张炫彩成绩单。

【场景描述】

主题：一份炫彩成绩单

时间：2020 年 12 月 22 日

地点：校史馆活动室

师生：谢列卫（校党委书记）

高云飞（校党委委员、纪委书记）

潘晓萍（基础教学部党总支书记、军体部副主任）

孟庆黎（机电工程学院党总支书记）

周俊炯（团委书记、公共艺术教育办公室主任）

刘　昀（教务处、实训处副处长）

徐莉君（行知创业学院，创新创业竞赛指导老师）

王　强（继续教育学院，经典诵读竞赛指导老师）

吴祝昕（教育学院，大艺节群舞项目指导老师）

黄煜栋（信息工程学院，浙江省教师技能大赛获奖选手，电子商务竞赛指导老师）

胡冬生（机电工程学院，全国人工智能应用技术技能大赛获奖选手，全国技术能手）

徐观生（机电工程学院，全国人工智能应用技术技能大赛获奖选手，全国技术能手，机械设计大赛等指导老师）

胡玉洁（教育学院学前 1836 班学生，全国"三下乡"暑期社会实践优秀个人）

史　展（机电工程学院机电 1802 班学生，全国"自强之星"称号获得者）

傅煜杰（工商学院连锁 1922 班学生，省第五届大学生田径锦标赛 5000 米破纪录）

朱海雯（工商学院连锁 1922 班学生，省大学生乒乓球锦标赛乙组女子单打冠军）

蔡梦雨（教育学院学前 1812 班学生，省大学生艺术节群舞一等奖《额尔古纳河》领舞）

葛钢锋（机电工程学院机自 1811 班学生，第九届全国大学生机械创新设计大赛一等奖项目负责人）

邵佩月（艺术设计学院广告 1922 班学生，第三届省大学生乡村振兴创意大赛金奖获得者）

谢雨衡（城市建设学院市政 1903 班学生，省中华经典诗文诵读大赛一等奖获得者）

杨豫浙（城市建设学院建经 1802 班学生，担任杭州市学生联合会驻会主席）

李安迪（艺术设计学院建装 1902 班学生，话剧《莲花》导演）

　　宝剑锋从磨砺出，梅花香自苦寒来。获得佳绩固然高兴，但背后努力实属不易。第 40 期"校长请我喝杯茶"活动请来了十余位"摘金夺银"的师生代表，与校党委书记谢列卫、校纪委书记高云飞一起，聊聊"成绩单"背后的故事。

"1.01 的 365 次方与 0.99 的 365 次方"

　　不管在哪个领域获奖，"苦"是师生们的共同感受。

　　机电工程学院葛钢锋的团队刚刚拿下第九届全国大学生机械创新设计大赛金奖，实现了该赛项国家级一等奖的"零突破"。从 5 月回校开始备赛，他的团队没有周末，没有假期，寝室、教室、实训室构成了他们 7 个月的全部生活。"备赛、学习，我们每天基本从早上 8 点到晚上 10 点，最怕老庄（指导老师庄敏）来拍我肩膀，让我们晚上加个班，那就要到第二天凌晨三四点了。"

　　艺术设计学院邵佩月的团队为招标村农产品做视觉形象识别系统，最终捧回省大学生乡村振兴创意大赛金奖。"大家总觉得设计靠的是灵感，但实际靠'死磕'，我们多次进村走访，不断提炼特色磨方案，单单主页面中间的图案，就画了 20 多稿。"

　　工商学院朱海雯是浙江省大学生乒乓球锦标赛乙组女子单打冠军，她 5 岁练球，进入大学后在校外俱乐部坚持训练，"疫情期间不能出校门，我们为了不让手生，就自己在学校找对手打，从未间断"。

在今年的省大学生艺术节上，我校获得了 17 个奖项，其中 3 个一等奖。吴祝昕老师的作品获得省高校美育改革创新优秀案例一等奖，而他参与指导的舞蹈作品《额尔古纳河》获得了舞蹈组的一等奖。就在活动开场前，他又得到了一个好消息，他的作品入围了全国大学生艺术节。

三喜临门背后，是老师们对自己、对学生的高要求。舞蹈组一等奖获得者、教育学院蔡梦雨坦言，大家的成绩都是被老师们"凶"出来的，"暑假训练，好多人都累哭了。但指导老师没看到我们的眼泪，反而发现了我们的体能短板，在每天六个小时的高强度训练外，又加了两公里的长跑训练"。彼时不理解，觉得很委屈，收获后舞蹈队成员领悟到了辛勤付出的"高性价比"，"哭过笑过，青春值得"。

机电工程学院史展同学在今年获得了全国"自强之星"的称号，学习成绩优异、学生干部工作出色、参加技能竞赛屡次获奖，他的一个励志公式表达了在场师生们的心声：有的人每天做到自己能力的 1.01，有的人每天做到自己的 0.99，"1.01 的 365 次方是 37.8，0.99 的 365 次方却只有 0.03。我们只是坚持每天多做好那 0.01。"

"我们想通过自己的努力，让学校更好"

第 40 期的"喝杯茶"活动充满了励志故事，在这些故事里同事情、师生情、同学情、爱校情交织交融，温情满满，格外生动。

机电工程学院徐观生、胡冬生两位老师是搭档，他们在 11 月份的"人工智能"国赛中获得一等奖，双双获评"全国技术能手"称号。徐观生说自己最感谢胡冬生，"胡老师是项目负责人，在备赛期间自己要训练，还要负责带我。"徐观生原来有晚睡晚起的习惯，"胡老师天天盯着我早起，督促我抓紧一切时间训练"。而胡冬生老师又最感谢学院，"备赛的过程中，我们面临过设备短缺、课程调整、比赛经费等一系列问题，但凡遇到困难，学院的领导和老师永远让我们安心备赛，困难留给他们去解决"。机电工程学院是技术技能竞赛领域的得奖"大户"，学院党总支书记孟庆黎亲历了两位老师的参赛过程，也见证了两位青年教师的成长。"培养青年教师，做好后勤保障是我们的职责。"孟庆黎说，感谢两位老师通过比赛学习，把最前沿的技术带进了课堂，"两位老师的课越来越受到同学们欢迎，老师们的获奖，最终是为了让同学们受益，让学校更好"。

工商学院傅煜杰在浙江省第五届大学生田径锦标赛中勇夺男子 5000 米冠军和 1500 米亚军，并以 16 分 11 秒 55 的成绩打破浙江省大学生田径锦标赛乙组 5000 米赛会纪录。进入大学前他练习跆拳道，半路转攻长跑项目，他比别人都努力，"我每月要跑完 300 公里，风雨无阻，这是我给自己定下的规矩。"现在，傅煜杰已经是省内小有名气的长跑运动员，"出去比赛，大家都知道我是来自杭科院的傅煜杰，能为学校代言，我充满自豪感。"由于是"3 + 2"的学制，傅煜杰明年 6 月就要毕业，与 2021 年的全国大学生运动会失之交臂，这是他的最大遗憾。"个人荣誉是其次，我想出赛，拿下学校第一块全国大学生运动会的奖牌，也拉起一支属于杭科院的长跑队。"

王强老师今年带队出征省经典诗文诵读大赛，带领谢雨衡等四名同学一举拿下四个一等奖，成为比赛中最大"黑马"。语言的训练不是一朝一夕，王强老师的团队已经坚持十年，在校园内普及语言艺术，"此次得奖是意料之外，也是情理之中"。说起坚持这项工作的原由，他表示："语言是人文素养的积淀，希望通过浓郁的人文氛围，把学生的'情'留在学校。"

校纪委书记高云飞在听了师生们的故事后感受到了满满的"正能量"。"去年是我校建校十周年，所谓十年磨一剑，今年能得这么多大奖，正验证了厚积薄发的道理。"他表示，学校的人才培养最关键要看学生，"看到这么多优秀的师生，我们觉得很欣慰，说明我们的人才培养方向是正确的"。他还激励同学们要再接再厉，"学校的'一训三风'，在你们身上有着最生动的体现"。

听完同学们的感言，校党委书记谢列卫却有着自己的感受和思考，"大家都很棒，你们就是杭科院青年师生的缩影，是学校办学价值的集中体现。但我发现学校要做的还有很多。"在同学述说"苦"和"难"的过程中，谢列卫听出了学校开展活动场地还不足，师生参加比赛设施还不够，学校对优秀学生的奖励、激励政策没有跟上，对有特长的学生还缺乏个性化的人才培养方案。"这些问题再难，没有师生们得奖难，在即将到来的'十四五'中，我们都得补上。"谢列卫感谢同学们的付出，为学校争得了荣誉，也为社会作出了贡献，"高水平的人才培养，高水平的社会服务，一直是我心目中的'双高'，这两项工作做得怎么样，你们给出了最炫彩的成绩单。"他还与同学共勉，"让我们展望 2021，那将是一个更灿烂的明天。"

【一杯茶的蝴蝶效应】

在此次"校长请我喝杯茶"活动中，党委书记谢列卫向同学们作出了承诺，针对活动场地、比赛设施、激励政策、培养方案等方面的短板，在即将到来的"十四五"发展规划中都会补上。补什么，怎么补？在12月召开的学校校园规划修编工作领导小组专题会，给出了一个可能的答案。

这次专题会，讨论了学校学生公寓项目规划，审议了建筑面积2000平方米的"公共艺术中心"规划方案。这个中心将建于学生公寓区内，也是"十四五"规划中隶属于"行园"的重要建筑，包含多功能剧场、艺术项目排练室、学生组织办公区、日常休闲区、学生作品策展区、阅读自习区等，承载了美育教育、党群服务和日常活动的多样功能。

这座公共艺术中心将是山水校园中的"现代风格地标"，不仅要解决学生活动的场地需求问题，更是学校人文景观建设的重要一环。党委书记谢列卫强调，要打开想象的翅膀，充分考虑建筑的亲水性、功能性，"让这座新的建筑成为校园新景点，'网红打卡点'"。

正是对师生点滴需求的真诚回应，才让校园的每一幢建筑、每一条道路都在"器物"之外，有了人文的温度。

后 记

　　高校育人工作只有起点没有终点，只有更好没有最好。从"做学生的贴心人"这么一个朴素的念头产生出来的"校长请我喝杯茶"活动，是我校探索高职院校大学生思政工作创新的重要举措。在"没有终点，可以更好"的执着追求下，活动走过了8个年头，走到了很多师生的校园记忆里。

　　2018年11月，"校长请我喝杯茶"被确立为"浙江省高校文化育人示范载体"，将"校长请我喝杯茶"的育人故事整理、记录下来，也成为示范载体建设的重要工作内容摆上了议事日程。为克服活动前期资料保存不够完善的困难，本书在汇编过程中做了大量师生回访工作，得到了广大师生的热心支持。除了尽量"原音重现"，还有部分有关成长的后续故事也收录在了本书的"一杯茶的蝴蝶效应"中，这可能是"校长请我喝杯茶"成书的最大"副产品"：不仅收获了40个案例，还体现了文化育人工作的特点——有时立竿见影，有时"后知后觉"，虽然很难"百发百中"，却常有"无心插柳柳成荫"的意外之喜。

　　衷心感谢我校发展咨询委员会总顾问顾明远先生数年来对我校各项育人工作的悉心指导和鼎力支持，感谢他亲临"校长请我喝杯茶"活动现场，并于百忙之中为本书作序。

　　衷心感谢参加"校长请我喝杯茶"活动的每一位校外嘉宾和上级领导对学校育人工作的鼎力支持，感谢各家新闻媒体和兄弟院校多年来对我校育人实践工作的关心和帮助，感谢学校各职能部门、二级学院（部）和校属企业等对本活动的大力支持，感谢学校广大师生争做"校长请我喝杯茶"活动的"茶粉"，并在本书成书过程中不厌其烦地提供素材和修改建议。

　　本书在编辑出版的过程中得到了光明日报出版社的大力支持，在此也表示衷心的感谢。

编者

2020 年 12 月